1 MONTH OF
FREE
READING

at

www.ForgottenBooks.com

By purchasing this book you are eligible for one month membership to ForgottenBooks.com, giving you unlimited access to our entire collection of over 1,000,000 titles via our web site and mobile apps.

To claim your free month visit:

www.forgottenbooks.com/free1049015

ISBN 978-0-364-70446-2
PIBN 11049015

MABLY.

—◆—

THÉORIES SOCIALES

ET POLITIQUES.

Paris. — Imprimerie de I. MARTINET, rue Mignon, 2.
(Quartier de l'Ecole-de-Médecine,)

Gabriel Bonnot de

MABLY.

THÉORIES SOCIALES

ET POLITIQUES,

AVEC UNE INTRODUCTION ET DES NOTES

PAR

PAUL ROCHERY.

PARIS.

GUSTAVE SANDRÉ,

ÉDITEUR DES ŒUVRES DE PIERRE LEROUX,

Rue Percée-Saint-André-des-Arts, 11.

1849.

regnaud fils

Ce livre est composé d'extraits empruntés aux divers ouvrages e Mably. Pour faciliter les recherches du lecteur on a divisé ces agments en divers chapitres. Dans chacun de ces chapitres se ouve ce que l'auteur a écrit d'important sur le sujet indiqué par titre. Lorsque les extraits d'un même chapitre appartiennent à es ouvrages différents, ils sont séparés par un signe.

On a dû faire quelques suppressions dont il convient d'expliquer nature et l'étendue. Presque tous les traités de Mably sont en ialogue. Cette forme dont Platon, le sublime artiste, a fait un dmirable usage, fatigue l'attention sous la plume savante et ausère de Mably. Les personnages qui conversent avec l'auteur de a *Législation*, ne se retrouvent donc point dans les morceaux uivants; les parties où il expose sa doctrine ont seules été conervées. Il en résulte que l'auteur parlant à la seconde personne, e lecteur lui-même se substitue naturellement à l'interlocuteur upprimé. Rien n'a été changé ni à la pensée ni au style de Maly. En ôtant le cadre on a soigneusement respecté le tableau.

1740. Parallèle des Romains et des Français. 2 vol. in-12.

1741. Lettre à madame la marquise de P***, sur l'Opéra.

1748. Droit public de l'Europe. Réimprimé en 1754, 1764, 1
      1792; la première édition en 2 vol., les autres en 3

1749. Observations sur les Grecs. 1 vol. Genève.

1751. Observations sur les Romains. 1 vol. Genève. (Dans
      ouvrage Mably a corrigé et refondu son premier éc
      Parallèle, etc.)

1757. Principes des négociations. 1 vol. La Haye.

1763. Entretiens de Phocion. 1 vol. Amsterdam.

1765. Les deux premiers volumes des Observations sur l'hist
      de France. Genève.

1766. Causes de la prospérité et des malheurs des Grecs.

1768. Doutes proposés aux philosophes économistes, sur l'o
      naturel et essentiel des sociétés. 1 vol. Paris.

1776. De la législation, ou principes des lois. 2 vol. en un. A
      terdam.

1778. De l'étude de l'histoire. 1 vol.

1781. Du gouvernement de la Pologne 1 vol.

1784. De la manière d'écrire l'histoire. 1 vol.

—   Principes de morale. 1 vol.

—   Des États-Unis d'Amérique. 1 vol.

1789. (Posthume.) Droits et devoirs du citoyen.

—   —   Les deux derniers volumes des Observatio
      sur l'histoire de France.

1790. A cette liste il faut ajouter 3 volumes d'œuvres posthum
      parmi lesquelles on remarque : De l'étude de la politiq
      — Notre gloire et nos rêves; — Du beau; — Com
      rendu de Necker; — Du commerce des grains, etc.

INTRODUCTION.

———

I..

Acer et indomitus, libertatisque magister,
JUVÉNAL.

Gabriel-Bonnot de Mably naquit à Grenoble en 1709. Destiné par sa famille à l'état ecclésiastique, il entra dans les ordres dès sa première jeunesse; mais arrivé au sous-diaconat, il refusa de s'engager plus avant (1). Averti dès lors, par cet instinct précoce qui ne manque jamais aux grands hommes, de sa vocation d'historien et de publiciste, il craignit que la soumission

(1) Notre dessein n'est pas de donner une notice complète sur la vie et les écrits de Mably. Nous renvoyons les lecteurs curieux de détails à l'excellent travail de M. C. Pecqueur, publié dans la *Revue indépendante*, année 1848. En revanche, nous ne leur conseillons pas de lire l'article consacré à Mably dans la *Biographie universelle*. Cet ouvrage-là est de ceux que Voltaire définissait : « L'art d'insulter les vivants et les morts par ordre alphabétique. »

a

commandée au prêtre romain ne nuisît à l'indépendance du libre penseur. Pendant le reste de sa vie, il se défendit avec la même sollicitude de tous les liens qui auraient pu enchaîner sa parole ou sa plume. Austère dans ses mœurs, hardi dans ses livres, franc jusqu'à la rudesse dans la conversation, il ne sut jamais aider à sa fortune en tolérant l'injustice ou en déguisant des vérités trop dures. Ministre sous le nom du cardinal de Tencin, il renonça tout à coup, et sans hésiter, à l'honneur, sérieux pour un esprit de sa trempe, de mettre la main dans les affaires de l'Europe. Le cardinal, obéissant à un fanatisme de commande, voulait casser un mariage protestant. Mably s'y oppose avec énergie, n'est pas écouté et se retire. Plus tard, on veut lui donner place à l'Académie. Il refuse, car la dignité d'académicien oblige à faire en entrant dans la compagnie l'éloge du cardinal de Richelieu. Un fauteuil d'immortel lui paraît trop cher au prix d'un mensonge.

Ces deux traits suffisent pour peindre un homme. On ne s'étonnera donc pas qu'après avoir abandonné le cardinal de Tencin, Mably se soit volontiers tenu à l'écart des dignités publiques, et qu'il n'ait guère recherché la célébrité que donnaient alors les succès de salon.

Il vécut dans la retraite et la médiocrité, demandant à l'histoire du passé des enseignements pour la politique de l'avenir. L'étude de l'antiquité le charmait et l'absorbait : c'était là qu'il lui semblait voir la plus haute expression de la sagesse humaine et de la vérité sociale : « Vous trouverez tout dans l'histoire ancienne! » s'écrie-t-il quelque part avec enthousiasme (1). Cette ad-

_____

(1) *Étude de la politique.*

miration excessive le conduisit plus tard à de regret-tables erreurs.

Cependant ces travaux assidus ne furent pas sté-riles. Mably publia successivement, de 1740 à 1768, le *Parallèle des Romains et des Français* (1), le *Droit public de l'Europe*, les *Observations sur les Grecs*, les *Observations sur les Romains*, les deux premiers volumes des *Observations sur l'histoire de France*.

Dans cette énumération ne se trouvent que des livres d'histoire. Cependant, en 1763, Mably avait donné au public les *Entretiens de Phocion*. Rousseau trouva que ce livre contenait une morale *pure et sublime* (2). Il ne croyait pas alors avoir à se plaindre de l'auteur, qu'il avait connu chez le grand prévôt de Lyon, frère de Mably.

Ces *Dialogues de Phocion* eurent un grand retentis-sement, et marquent le premier pas de notre philosophe dans la carrière qu'il devait fournir en écrivant les *Doutes proposés aux économistes*, les *Principes des lois*, les *Principes de morale*, les *Droits et devoirs du ci-toyen*, etc.... C'est dans ces derniers écrits que Mably a systématisé les idées qu'il avait puisées dans l'étude de la philosophie et de l'histoire anciennes. C'est là qu'il a essayé de donner aux sociétés les lois véritables de leur développement, et d'indiquer à la politique le but qu'elle doit atteindre.

Mably, dont les écrits étaient destinés à avoir une si puissante influence sur la révolution française, ne vécut

(1) Ce livre fut répudié plus tard par son auteur, qui lui suh-stitua les *Observations sur les Romains* et les *Observations sur l'his-oire de France*.

(2) *Correspondan ce.*

pas assez pour voir l'accomplissement de l'œuvre qu'il avait préparée. Il mourut le 23 avril 1785. Ses amis lui firent une pompeuse épitaphe latine ; mais les prêtres de Rome ne souffrirent pas qu'on élevât un monument à l'auteur de la *Législation*, coupable d'avoir préféré la liberté philosophique à la servitude cléricale.

II

Je suis persuadé que c'est la faute des lois si les hommes sont méchants.

MABLY, *De la législation*, liv. III, c. 4.

On dit : Il aurait mieux valu que le monde ne s'écartât point des règles de la justice et de l'humanité, mais aujourd'hui il faut le prendre comme il est. — Point du tout : il faut le rendre meilleur.

ID., *De l'étude de la politique.*

Les ouvrages de Mably sont nombreux : ses œuvres complètes ne forment pas moins de quinze volumes in-8°. L'histoire, la morale, la politique, la littérature même (1), furent tour à tour l'objet des méditations de cet esprit infatigable. Le lien d'une forte unité (2), qua-

(1) On trouve dans un de ses écrits littéraires cette pensée excellente : « C'est le goût, c'est-à-dire la raison accoutumée à comparer et à juger les rapports, qui est le guide du génie. » Depuis, l'école dite *du bon sens* a étendu et faussé l'application de ce principe jusqu'à l'absurde.

(2) « Il y a, dit très bien l'abbé Brizard, il y a dans tout ce qu'a » écrit Mably une unité, je ne dirai pas de système, mais de doc- » trine, dont il ne s'est jamais écarté. Ses principes étaient sûrs, il

lité rare, dont le privilége n'appartient qu'aux intelligences vigoureuses, rattache l'une à l'autre toutes les parties de son œuvre, et l'on ne trouve point en lui de ces contradictions qui annoncent les hésitations de l'esprit ou les timidités du caractère. Moins éloquent que Rousseau, chez lequel une imagination passionnée prêtait à la raison d'irrésistibles accents, il vécut comme lui, pour chercher et défendre la justice. Ce que le malheur, les angoisses d'une âme brûlante et longtemps comprimée, les outrages faits à la dignité humaine dans sa personne avaient inspiré à Rousseau, la raison et la science l'enseignèrent à Mably. Tandis que l'un faisait aux iniquités sociales une guerre de sentiment et de logique, l'autre leur infligeait les condamnations de l'histoire et de l'expérience.

C'est comme historien qu'il s'est acquis une réputation incontestée en écrivant les *Considérations sur l'histoire de France*. Mais sa manière d'étudier les annales des peuples est moins celle d'un peintre que d'un philosophe et d'un politique (1). Il raisonne plus qu'il ne raconte.

» s'y tint opiniâtrément attaché. On ne le vit jamais ni varier ni » flotter au gré des opinions vulgaires. » (*Éloge-historique de l'abbé Mably.*)

(1) D'un philosophe encore plus que d'un politique. Mably distingua toujours les principes de la raison des faits, qui n'en sont que l'application imparfaite. Loin de chercher, à l'exemple de Montesquieu, à dégager de l'étude des lois écrites la plus haute expression de la vérité sociale, il reconnut à l'idée le droit de se poser elle-même au nom du vrai absolu et de dicter une législation faite à son image. Il dit dans son livre de la *Législation* : « Ce n'est »pas dans les lois d'Angleterre, de Suède, de France, que j'étudie » les devoirs du législateur; je descends dans les abîmes de mon » cœur, j'étudie mes sentiments, etc. »—Mably a rarement manqué les occasions d'attaquer la méthode et les opinions de Montes-

Il s'intéresse moins au drame agité des événements qu'aux lois supérieures qui les régissent et à la conclusion morale qu'on en peut tirer. Dans les siècles passés, il cherche les causes de la décadence et de la prospérité des empires, la loi de la vie dans les sociétés, les conditions de leur bonheur.

La philosophie de l'histoire conduisit donc Mably à chercher, avec tous les grands esprits du xviii° siècle, la solution du problème du bonheur pour les nations comme pour les individus. Question suprême, en effet, et qui contient toutes les autres ! L'idée du bonheur est l'idée de la vie elle-même : suivant l'image que s'en font les hommes ou les sociétés, la morale, la politique, la religion, tout change. Le bonheur, c'est la Béatrix céleste que l'humanité poursuit à travers les cercles d'un enfer semé de tortures. Jamais ne finira sa course immortelle sur ce chemin qui a l'immensité sans bornes pour horizon; et cependant elle ne se lasse pas : elle marche, elle cherche toujours. « Mais avant de cher- » cher le bonheur, dit Mably, ne serait-il pas à propos » de savoir ce que c'est? Ne faudrait-il pas s'instruire » des conditions auxquelles la nature nous le promet! » N'aurions-nous pas dû commencer prudemment par » nous informer du lieu où on le trouvait? En mar- » chant à tâtons, espérons-nous ne pas nous égarer? Si

quieu. Dans son traité *De l'étude de l'histoire*, au chapitre intitulé *Du gouvernement de l'Angleterre*, il adresse à la constitution anglaise de vigoureuses critiques qui atteignent dans le vif l'auteur de l'*Esprit des lois*. Sur la question des climats, dont Montesquieu avait si étrangement exagéré l'influence, il soutient avec Crevier la cause de la liberté et de la moralité humaine. Ce dernier passage se trouve dans ce volume, page 120.

» nous cherchons ridiculement le bonheur où il n'est
» pas , nous nous fatiguerons inutilement ; et l'ombre
» vaine que nous voulons embrasser nous échappera
» sans cesse (1). »

Qu'est-ce donc que le bonheur ? Mably répond presque seul, au milieu des philosophes de son temps qui
confondaient le bonheur des nations avec leur fortune
matérielle, avec leur prospérité apparente ; Mably répond : Le bonheur pour l'homme, c'est la vertu, c'est le
bien, c'est l'accomplissement de ces lois de la raison
qui nous ordonnent non de jouir, mais de vivre. La société doit s'efforcer de rendre cette tâche facile aux individus qui la composent, en les y aidant par ses institutions. Plein d'un saint amour de la justice, d'une foi
profonde dans la grandeur morale de l'homme, Mably
s'indigne contre la tendance des sociétés modernes à
tout sacrifier à l'acquisition des richesses ; il fait aux
économistes exclusivement préoccupés des biens ma-
tériels une guerre où la logique le dispute à l'ironie ;
il les tance vertement sur leur facilité à accepter le
despotisme dès qu'ils espèrent se le concilier, et il leur
adresse ce juste reproche qui tombe encore sur les économistes de nos jours : « Jamais ils ne considèrent à la
» fois l'homme par les différentes qualités qui lui sont
» essentielles. Ils ne le voient que comme un animal
» qu'il faut repaître et qui n'est occupé que de sa nour-
» riture ; et alors toute leur politique se réduit au pro-
» duit net des terres, au revenu disponible, etc... (2). »

(1) *De la législation* , liv. I, chap. 1.
(2) *Doutes proposés aux philosophes économistes sur l'ordre
naturel et essentiel des sociétés.* Lettre II.

Lui, au contraire, il enseigne que la fin de l'homme, c'est la poursuite du beau et du bien moral, et que la politique est l'art d'aider à les mettre en pratique (1).

Mais après avoir reconnu que l'homme est un être essentiellement moral et que sa principale affaire est de vivre dans le bien, il faut encore s'entendre sur ce que c'est que le bien, question qui ne peut se résoudre elle-même si l'on n'a déjà répondu à celle-ci : Qu'est-ce que l'homme? Pour Mably, l'homme (non pas l'homme abstrait et impossible des psychologues modernes, mais l'homme vivant, l'homme social), l'homme est un être doué de raison, libre, mais soumis à des penchants opposés, attiré tour à tour par de bonnes et de mauvaises passions. Ces dernières lui apparaissent comme dominantes, redoutables, difficiles à vaincre. Les penchants honnêtes, au contraire, sont entourés de mille piéges : « Quand je vois avec quelle facilité » les affections vertueuses que la nature nous a don- » nées pour notre bonheur peuvent se changer en » des passions vicieuses qui nous rendront malheureux ; » quand je considère que nos fragiles vertus sont » toujours placées entre deux vices qui les resser- » rent, etc... (2). » Cependant cet être sollicité si puis-samment au mal, Mably, par une contradiction qui nous sera expliquée plus tard, le croit né avec un attrait pour le bien et doué de qualités sociales qui l'invitent à trouver son bonheur particulier dans le bonheur pu-

(1) « Le but des institutions sociales, c'est de diriger l'homme vers la justice, qui est à la fois le bonheur public et le bonheur privé. » (ROBESPIERRE, *Rapport sur les idées religieuses et les fêtes natio- les.*)

(2) *Principes de morale,* liv. I.

blic... (1). Néanmoins, si l'homme se laisse aller sans prudence à ces bons penchants eux - mêmes, il est bientôt ramené au mal par la route de l'orgueil.

Ainsi l'homme est entouré de périls, et il ne peut pas plus s'abandonner avec confiance à ses bons qu'à ses mauvais instincts. Voilà ce que la raison lui enseigne. Que va-t-elle faire maintenant pour le diriger dans la recherche du bonheur qui lui convient ? Il faut « qu'elle » contracte l'habitude de se défier de nos sens, et que, » se portant dans le passé et dans l'avenir pour les » comparer, elle ne laisse aux passions que l'activité » nécessaire pour l'émouvoir, et non pour l'enivrer et » l'entraîner. Telle est notre destinée : notre pusillani- » mité peut en souffrir, mais il faut nous y soumet- » tre (2). » D'où il résulte que l'excès est dangereux dans le bien comme dans le mal, et que la vertu, la vie, le bonheur se trouvent définis dans ces deux vers de Molière :

> Et pour se bien conduire en ces difficultés,
> Il y faut comme en tout fuir les extrémités.

Un équilibre plein de périls entre des passions dont la meilleure, trop aveuglément suivie, peut nous conduire à des abîmes ; une vigilance sans repos pour se tenir immobile dans un juste milieu que les entraînements du cœur et des sens tendent constamment à déranger : voilà, pour Mably, la suprême sagesse, la suprême vertu, le suprême bonheur.

Cette règle, dont chaque particulier doit faire la base

(1) *Principes de morale*, liv. I.
(2) *Principes de morale*, liv. I.

de sa morale, est aussi le fondement de la politiq
« Si cette circonspection est indispensable pour cha
» citoyen qui veut régler ses mœurs, combien est-
» plus nécessaire encore à cette politique qui décide
» sort général des États (1). » Et ailleurs : « Pour
» véritablement heureux, les États doivent, comme
» particuliers, savoir l'être avec sobriété (2). »

Les sociétés, telles que nous les voyons, l'humanité
point de développement que révèle aujourd'hui l'obs
vation a-t-elle suivi ces règles de prudence? Mably est l
de le penser. Le monde lui paraît hors des voies de
justice et de la raison. Et cependant il croit que la P
vidence avait tout préparé pour notre bonheur : « Je v
» avec quel artifice admirable l'auteur de notre ex
» tence dispose les différents besoins auxquels il n
» assujettit, pour nous rendre nécessaires les uns a
» autres et préparer notre amour-propre (3) à une bie
» veillance mutuelle. Ce n'est pas tout, il a placé da
» notre âme plusieurs qualités sociales qui ne so
» pour ainsi dire, qu'autant d'instincts involontai

---

(1) *Principes de morale*, liv. I.

(2) *De la législation*, liv. I.

(3) L'amour-propre est le lien qui nous unit en société,
ailleurs Mably.—C'est là une des grosses erreurs de la philosop
positive du xviii° siècle. La société existe parce que l'homme exis
qui dit homme dit société, comme qui dit père dit enfant. Le l
qui unit les hommes n'est pas plus un calcul de l'intérêt person
que l'amour de la mère pour sa progéniture n'est une spéculatio
Au début, c'est un instinct. Cet instinct crée aussi des socié
parmi les animaux; mais chez l'homme il est progressif. Dé
loppé par la raison et le sentiment, il a grandi, en s'épuran
travers les siècles, jusqu'à devenir parmi nous l'amour de l'hun
nité, la conscience de la solidarité universelle, la foi au progrès
à la justice réalisés par l'union de tous les hommes. C'est ainsi q

» qui préviennent toute réflexion et qui nous rendent
» cher le bonheur de nos pareils, et nous invitent par
» crainte de la douleur à nous rapprocher, à nous unir,
» à nous aimer, à nous soulager, à nous servir et à
» nous faire des sacrifices réciproques (1). »

Ainsi le développement de ces qualités sociales, condition de notre bonheur, devait être le principe de toutes
les institutions, de toutes les lois ; car, dit Mably,
« elles peuvent s'éteindre si elles ne sont pas cultivées. »
Au lieu de cela, que voyons-nous ! Des agrégations
d'hommes abandonnés à l'égoïsme et à la haine, où le
hasard livre à quelques uns des richesses immenses
pour satisfaire aux passions les plus effrénées, abaisse
et décime le plus grand nombre, voué à la misère et à
l'ignorance. Pourquoi tout ce mal ! D'où vient que le
monde présente un spectacle si différent de celui que
nous devions attendre d'êtres doués de si nobles facultés ! Quelle est la cause de ce désordre !

Suivant Mably, c'est à l'inégalité des conditions et à
la propriété qui l'accompagne, que les hommes doivent
attribuer l'origine de toutes les injustices et de toutes
les oppressions : « Plus j'y réfléchis, plus je suis con-
» vaincu que l'inégalité des fortunes et des conditions

la passion aveugle de la femelle pour ses petits s'élève jusqu'à
l'amour sublime de Cornélie pour ses enfants. Donner l'amour-propre pour base à l'union des hommes, c'est méconnaître la nature des
sentiments humains. Si je calcule qu'il est de mon intérêt d'aimer
les autres, je ne les aime déjà plus : le cœur n'est jamais la dupe
de l'égoïsme. — Du reste, il ne faut pas être trop sévère pour une
doctrine dont la fausseté éclate aux yeux ; au fond, dans ce besoin
de lier le bonheur de chacun au bonheur de tous, il y avait en
germe la notion obscure de la solidarité.

(1) *De la législation*, liv. I.

» décompose pour ainsi dire l'homme et altère les s
» timents naturels de son cœur, parce que les beso
» superflus lui donnent alors des désirs inutiles p
» son bonheur véritable, et remplissent son esprit
» préjugés ou des erreurs les plus injustes et les p
» absurdes. Je crois que l'égalité, en entretenant
» modestie de nos besoins, conserve dans nos âmes u
» paix qui s'oppose à la naissance et aux progrès d
» passions. Par quelle étrange folie mettrions-nous
» la recherche, de l'étude et du raffinement dans n
» besoins, si l'inégalité des fortunes ne nous avait a
» coutumés à regarder cette délicatesse ridicule comm
» une preuve de supériorité et n'eût valu par là u
» sorte de considération ? Pourquoi m'aviserais-je
» regarder comme au-dessous de moi un homme q
» m'est peut-être supérieur en mérite? pourquoi pr
» tendrais-je avoir quelque autorité sur lui et ouvrirai
» je ainsi la porte à la tyrannie, à la servitude et à tou
» les vices les plus funestes à la société, si l'inégalité de
» conditions n'avait ouvert mon âme à l'ambition, comm
» l'inégalité des fortunes l'a ouverte à l'avarice? Il m
» semble que c'est l'inégalité seule qui a appris au
» hommes à préférer aux vertus bien des choses inutile
» et pernicieuses. Je crois qu'il est démontré que dan
» l'état d'égalité rien ne serait plus aisé que de préveni
» les abus et d'affermir solidement les lois. L'égalit
» doit produire tous les biens, parce qu'elle unit le
» hommes, leur élève l'âme et les prépare à des senti
» ments mutuels de bienveillance et d'amitié. J'er
» conclus que l'inégalité produit tous les maux, parce
» qu'elle les dégrade, les humilie et sème entre eux la
» division et la haine. Si j'établis des citoyens égaux

» qui ne considèrent dans les hommes que les vertus et
» les talents, l'émulation se tiendra dans de justes
» bornes. Détruisez cette égalité, et sur-le-champ l'ému-
» lation se changera en envie et en jalousie, parce qu'elle
» ne se proposera plus une fin honnête (1). »

Il voit dans la propriété individuelle une source de
désordres non moins redoutables : « Quelle misère, dit-il,
» que des personnes qui passent pour philosophes ré-
» pètent éternellement les unes après les autres que
» sans la propriété il ne peut point y avoir de société!...
» NE NOUS FAISONS PAS ILLUSION, LA PROPRIÉTÉ NOUS
» PARTAGE EN DEUX CLASSES, EN RICHES ET EN PAUVRES.
» Les premiers préféreront toujours leur fortune do-
» mestique à celle de l'État, et les seconds n'aimeront
» jamais un gouvernement et des lois qui permettent
» qu'ils soient malheureux... Je croirais assez vraisem-
» blable qu'on ne doit la première idée des propriétés
» foncières qu'à la paresse de quelques frelons qui vou-
» laient vivre aux dépens des autres sans peine, et à
» qui on n'avait pas l'art de faire aimer le travail.
» Dès que je vois les propriétés foncières établies, je
» vois des fortunes inégales ; et de ces fortunes dispro-
» portionnées ne doit-il pas résulter des intérêts diffé-
» rents et opposés, tous les vices de la richesse, tous
» les vices de la pauvreté, l'abrutissement des esprits,
» la corruption des mœurs civiles, etc., etc. (2)! »

(1) *De la législation*, liv. I, chap. 2.

(2) *De la législation*, et *passim*. Mably voyait surtout dans la
propriété ce qu'elle est réellement : l'exploitation de l'homme par
l'homme, une guerre où les gros dévorent les petits. D'autres s'en
étaient avisés avant lui : Montaigne a écrit sur ce sujet le chapitre
trop court, intitulé : *Le proufit de l'un est dommage de l'autre*.

L'un des premiers, Mably a proclamé hautement le grand principe social inauguré par le xviii° siècle, adopté par la révolution, élevé à la hauteur d'une doctrine par les philosophes de notre temps (1), l'égalité. « C'est à » l'égalité que la nature a attaché la conservation de » nos qualités sociales et le bonheur; et j'en conclus que » la législation ne se donnera que des peines inutiles, si » toute son attention ne se porte d'abord à établir l'é- » galité dans la fortune et la condition des citoyens (2). »

Rousseau n'a pas établi avec une confiance plus entière, avec une conviction plus profonde le principe de l'égalité parmi les hommes. Et Mably a mieux vu que l'immortel auteur du *Discours sur l'inégalité des conditions* les conséquences nécessaires de ce principe : il a travaillé constamment à établir que l'inégalité et la propriété étaient compagnes inséparables (3). Il a fait plus : il ne s'est point arrêté, comme on l'a prétendu, à une division nouvelle et égale des terres ; mais, repoussant d'une façon absolue l'appropriation de tous les objets non susceptibles de consommation et d'usage individuel, il a conclu résolûment à la communauté des biens, c'est-à-dire à la seule organisation sociale ba-

Voltaire a dit dans l'*Homme aux quarante écus* : .... « On ne peut » gagner de l'argent sans que d'autres en perdent. — C'est la loi » de toutes les nations, on ne respire qu'à ce prix.» Et Rousseau, dans *Émile* : « Dans l'état social, le bien de l'un fait nécessaire- » ment le mal de l'autre. »

(1) *Voy.* le livre *De l'égalité*, par Pierre Leroux.

(2) *De la législation*, liv. I, chap. 1.

(3) Rousseau avait prouvé que l'égalité des conditions était imposée par la justice : Mably donne le moyen de la réaliser : « Éta- » blissez la communauté des biens, s'écrie-t-il, et rien n'est en- » suite *plus aisé* que d'établir l'égalité des conditions et d'affer- » mir *sur* ce double fondement le bonheur des hommes. »

sée sur la justice et l'égalité (1). La logique avec laquelle il met à nu le lien de solidarité qui unit l'égalité et la communauté est si irréfutable, qu'aujourd'hui encore les adversaires que les modernes combats du socialisme lui ont rendus, désespérant de le réfuter, se vengent en le calomniant (2). « La nature avait tout préparé » avec sagesse pour nous conduire à la communauté des » biens et nous empêcher de tomber dans l'abîme où la » propriété nous a jetés (3). »

Après avoir posé les principes avec cette précision et

(1) Nous verrons que Mably recula plus tard devant ce principe de justice absolue ; il crut qu'il fallait s'en tenir dans la pratique à une espèce de système égalitaire qui empêcherait la richesse des uns et la pauvreté des autres de devenir excessive. Un auteur peu connu, Nicolas Bonneville, a dit, dans un livre moitié fou, moitié profond : « Les premiers qui parlèrent sérieusement de diviser les » héritages, et qui trouvèrent dans ce partage universel l'*art social*, » furent ce que les initiés appelaient les *sortiers* (sorciers). Si l'on » eût dit aux peuples opprimés et dépouillés de leur patrimoine : » les *sortiers* sont les véritables amis de l'égalité, de la fraternité, » qui travaillent à établir, par la division successive des *sorts* ou » *partages*, la grande communauté de tous les biens et de toutes » les espérances de la terre, on n'eût pas osé brûler les *sortiers*. » —Mably fut-il un de ces *sortiers?* Crut-il aussi, lui, que le système égalitaire servirait de transition à un état meilleur, et que l'humanité passerait par la *division des sorts* avant d'arriver à l'association véritable? On verra plus loin les motifs qui rendent cette opinion peu probable.

(2) *Voy.*, dans le *Moniteur* du 24 novembre 1848, un article de M. Franck, de l'Institut.

(3) Morelly avait dit avant Mably :

« Depuis le sceptre jusqu'à la houlette, depuis la tiare jusqu'au » plus vil froc, si l'on demande qui gouverne les hommes, la ré- » ponse est facile : l'intérêt personnel, ou un intérêt étranger que » la vanité fait adopter et qui est toujours tributaire du premier. »

cette franchise, il semble qu'il ne restait plus qu'à tracer
le plan d'une société d'où seraient bannies l'inégalité et
la propriété ; mais Mably craignait de passer pour un
amateur d'utopies. Il prétendait écrire pour des législateurs et des hommes d'État ; il voulait être pratique avant tout, comme on dit aujourd'hui.

Il repousse donc tout à coup ces belles images de
justice et de fraternité dont il vient de nous entretenir. Un bonheur si parfait n'est plus réservé à nos
races dégénérées. « Il faut désespérer de la conver-
» sion générale de l'Europe.... Les passions que la pro-
» priété a fait naître sont dans les États ce que les
» vents sont sur la mer : n'allez point à leur rencontre,
» elles vous entraîneraient, et vous seriez submergé (1). »

Devons-nous croire, sur la foi de ces paroles, que Mably fût un de ces jongleurs habiles qui, voyant du même
coup d'œil la vérité et les dangers qu'on court à la défendre, passent près d'elle en feignant de ne la point
connaître, et vont *tirer leur chapeau* à l'erreur, suivant
l'heureuse expression que nous aimons à emprunter à un
de nos modernes ? Rien ne justifierait une pareille supposition ; rien ne démentirait plus complétement la rude
franchise de l'écrivain qui se tint constamment à l'écart
des honneurs pour garder le droit de tout dire. Ni le courage ni la bonne foi ne manquèrent au philosophe ennemi
des injustices sociales ; et ce ne fut point sans conditions,

---

» Mais de qui ces monstres tiennent-ils le jour? De la propriété.»
Voy. le *Code de la nature* de Morelly, publié en 1840 par Ville-
gardelle. L'introduction de l'éditeur est un des morceaux les plus
clairs, les plus élégants et les plus substantiels de l'école socialiste
moderne.

(1) *De la législation.*

ce ne fut point sans imposer de rudes sacrifices aux puissants de la terre qu'il essaya, lui aussi, de bâtir un monde entre l'égalité et l'inégalité, entre l'iniquité et la justice (1).

S'il renonce à détruire le mal de l'inégalité dans son germe, il se dispose à l'attaquer dans ses symptômes. L'avarice, l'ambition et toutes les passions qu'elles engendrent, portent le désordre au sein des empires. Si les nations ne se prémunissent contre les piéges que leur tendent ces trompeuses ennemies, filles de l'inégalité, elles sont marquées pour une ruine certaine. Les peuples qui, en favorisant la richesse, l'industrie, le commerce, les arts même, leur fournissent des aliments, boivent à longs traits le poison mortel. La politique n'a donc pas d'autre tâche que de comprimer ces passions dans la société, comme la morale les combat dans les individus.

Comment mettre obstacle aux débordements de ces passions mauvaises, acharnées à la perte des sociétés! Par les lois, répond Mably. *Géner par les lois* l'essor des passions destructives de l'ordre social, tel sera le grand secret de la science politique, le grand art au moyen duquel il sera possible d'arrêter les nations sur le penchant de leur ruine. Il y a deux passions principales dans toute société où les hommes sont divisés en grands et en petits, en riches et en pauvres : l'avarice et l'ambition. C'est à elles qu'il faut s'adresser d'abord;

(1) Mably, comme nous le verrons plus tard, croyait que l'égalité était un bien dont les hommes avaient joui à l'origine des temps et qu'ils avaient perdu par leur faute. L'égalité lui semblait donc compagne des mœurs grossières des premières sociétés. Il lui paraissait impossible de ramener tout à coup les peuples à cette rude existence des anciens jours : *Populum per tot annos molliter habitum nondum audebat ad duriora vertere.*

b.

car celles-là une fois contenues, les autres, qui en découlent, seront faciles à réprimer.

L'avarice, se rapportant à la propriété, et l'ambition aux diverses conditions des citoyens, on conçoit que le procédé de Mably pour combattre ces passions n'est pas autre chose qu'un système complet d'économie sociale et de politique. Ce système ne lui appartient point en propre. On le retrouve dans Montesquieu (1), dans Rousseau (2) et dans d'autres publicistes du xviiie siècle. Mais Mably l'ayant poussé, d'un esprit austère et entier, à ses dernières conséquences, il en laissa voir tous les vices, et attira depuis, sur lui seul, les critiques dont tout son siècle devait être solidaire.

Qu'est-ce que l'ambition? C'est l'amour de la puissance. Restreignons donc le pouvoir de ceux auxquels une magistrature, un commandement est confié. Que le soupçon veille sans cesse sur leurs actes (3) : aux magistrats de l'aristocratie, opposons, comme à Rome, les magistrats de la démocratie. Que les magistratures soient courtes, et la puissance exécutrice divisée en tant de mains, que jamais le citoyen chargé d'appliquer la loi ne puisse avoir la force de la modifier ou de l'enfreindre, etc.... Mably sentait l'insuffisance de toutes ces mesures dans un monde où il avait laissé subsister l'inégalité des richesses. « On n'a jamais su, dit-il, » qu'il est inutile de réprimer séparément l'avarice ou

---

(1) *Esprit des lois.* — *Grandeur et décadence des Romains.*

(2) Dans le *Contrat social*, et particulièrement dans l'écrit intitulé : *Du gouvernement de la Pologne.*

(3) C'est ainsi que la Convention fit surveiller ses généraux par des commissaires choisis parmi ses membres.

» l'ambition, parce que ces deux passions ont contracté
» une alliance éternelle, et s'étaient mutuellement :
» épargner l'une, c'est favoriser l'autre.... Ne nous per-
» mettons pas d'aimer et de considérer les richesses,
» si nous ne voulons pas être les victimes de l'ambi-
» tion... Soyons sûrs que des citoyens trop riches pour
» aimer l'égalité sont les ennemis de notre gouverne-
» ment (1). »

En conséquence de cette solidarité de l'avarice et de
l'ambition, et peut-être aussi parce que l'injuste répartition des richesses est encore plus féconde en douleurs
que l'injuste distribution des honneurs et des dignités,
Mably s'est surtout attaqué à la richesse ou à l'avarice :
c'est à elle que l'austère philosophe prépare mille entraves. Il lui faut des lois somptuaires pour réduire le
trésor de la république : « L'art du législateur consiste
» à diminuer les besoins de l'État.... (2) » , pour imposer
la modestie aux magistrats, pour limiter les fortunes
des particuliers (3). Il en faut pour mettre des bornes au
commerce et à l'industrie ; pour organiser une éducation
spartiate qui inspire aux enfants le goût des mœurs
simples et même grossières, au lieu de leur donner des
habitudes efféminées ; pour prohiber enfin les recher-

---

(1) *De la législation.*

(2) *De la législation.*

(3) Montesquieu a établi en quelques mots, qui sont la plus
énergique condamnation de la société propriétaire, l'impossibilité
des lois sur le luxe ; « Quand les richesses sont inégalement partagées, il faut qu'il y ait du luxe. *Les richesses particulières n'ont
augmenté que parce qu'elles ont ôté à une partie des citoyens LE
NÉCESSAIRE PHYSIQUE : il faut donc qu'il leur soit rendu.* » (*Esprit
des lois :* Du luxe.)

ches de l'élégance en même temps que les chefs-d'œuvre de l'art (1).

Tel est le formidable arsenal de précautions qui ne

(1) Quelques adversaires du socialisme, feignant de regarder Mably comme l'expression la plus complète de la foi nouvelle, ont pris occasion des boutades de cet auteur contre les arts pour prétendre que les nouveaux réformateurs voulaient bannir l'art de la société future. Absurdité où l'ignorance le dispute à la mauvaise foi. Il est très facile d'expliquer l'erreur qui a conduit Mably à proscrire les arts comme l'avait fait Rousseau. Il croyait à l'incompatibilité de la morale et des beaux-arts : « Il semble qu'il y ait un combat perpétuel entre le beau politique et moral, et le beau des sciences et des arts, » dit-il dans son *Traité du beau.* L'observation ne le trompait pas absolument. La vérité est que l'art satisfait à un besoin raffiné de la nature humaine, qu'il ne peut toucher que des hommes déjà arrivés à un certain degré de développement intellectuel, que des hommes auxquels la société a fait des loisirs pour les jouissances délicates. Or, dans les agrégations d'individus qu'on a appelées sociétés, il n'a été donné jusqu'à présent qu'à une très petite portion de citoyens d'arriver à ce degré de développement, tandis que les autres demeuraient dans l'abaissement et l'ignorance. C'est donc au moment où l'inégalité éclate plus manifeste, au moment où une plus injuste répartition des richesses sociales augmente les besoins de quelques uns en leur donnant plus de facilité pour les satisfaire, que l'art a toujours trouvé le plus de protecteurs et s'est produit avec le plus d'éclat. Condamné à travailler pour ce petit nombre de privilégiés livrés à des passions sans frein, que l'injustice de leur domination privait de sens moral, il a été plus souvent le flatteur de leurs caprices tyranniques que l'initiateur au bien sous la forme du beau. Telle ne sera point un jour sa destinée. Mably s'est trompé quand il a donné les arts pour cause d'une décadence qui fut elle-même le principe de leur imperfection. Il aurait dû comprendre que les destinées de l'art sont solidaires des progrès de l'égalité. Mais que ne pardonnerait-on pas à l'indignation du philosophe qui voyait les artistes de son temps prostituer leur génie aux impudiques *maîtresses* de Louis XV ?

suffit pas à rassurer Mably sur les dangers de l'avarice. Un secret instinct l'avertit qu'après avoir laissé derrière lui la propriété individuelle, il ne livre plus que des combats inutiles : « N'étant pas possible de proscrire la pro» priété, qu'accompagne toujours l'inégalité des fortunes » et des conditions, nous devons nous attendre que » l'avarice et l'ambition lutteront encore sourdement » contre le législateur (1).

On se demande sans doute ce que Mably attendait de tant de restrictions imposées au développement de la nature humaine, de tant de condamnations prononcées contre la civilisation elle-même? Il en espérait un retour à la justice, à l'égalité, au bonheur. Car il place, comme nous l'avons indiqué déjà, la plus haute félicité des empires dans cette situation où l'exiguïté des ressources assure la médiocrité des besoins. « Quel est le bonheur » que la politique doit se proposer? C'est la médiocrité. » Pour s'en convaincre, il suffirait de faire quelques ré» flexions sur notre faiblesse.... (2). »

Ainsi, la médiocrité, un je ne sais quoi sans grandeur, sans progrès, sans espérance, telle est la condition de la vie pour les sociétés ; tel est le bonheur qui, s'il est donné un jour aux nations modernes de l'atteindre, doit être conservé précieusement dans une immobilité savamment consolidée. S'en tenir à une demicivilisation où la grossièreté des besoins ne connaît ni les délicatesses de l'art ni les raffinements des améliorations matérielles ; substituer à la hutte du sauvage une de ces maisons du vieux Caton dont parle Mon-

(1) *De la législation,* liv. III, chap. 3.
(2) *De l'étude de l'histoire.*

taigne, *ni crépie, ni enduite en dehors* : là s'arrête la
puissance de l'humanité, là se borne son idéal (1).

Un système qui arrive à des résultats si contraires
aux lois de la vie et aux enseignements de l'histoire
est réfuté d'avance. Mais quoi! serait-il vrai que l'égalité, que la justice ne pussent régner parmi les hommes
que sous l'empire de pareilles lois! Serait-il vrai que
l'humanité dût, pour échapper à la corruption et à
l'oppression, se réfugier dans une demi-barbarie! Ce
fut là l'étrange méprise de Mably; cette méprise lui
fit imaginer une morale et une politique de juste milieu qui lui donnent les apparences d'un doctrinaire,
moins l'égoïsme et les escamotages de l'intérêt personnel. Et cependant il ne fut point doctrinaire, ce vaillant
défenseur de la justice. C'est l'égalité qu'il veut sauver,
c'est elle qu'il croit défendre en déshéritant l'humanité de
ses glorieuses destinées. Cherchons donc la cause de cette
erreur. Nous n'aurons pas de peine à la trouver et à en
montrer les conséquences.

Mably a méconnu que l'homme et les sociétés fussent
indéfiniment perfectibles. Esprit trop généreux pour
se complaire au spectacle de notre monde, il poursuit

---

(1) Mably va un peu moins loin que Rousseau et se croit obligé
de le réfuter : « Un écrivain très éloquent, mais qui souvent né-
» glige trop l'examen de ses opinions, a dit que celui qui inventa les
» sabots mérita la mort. Opinion farouche et ridicule! Comment
» aurais-je la dureté de condamner comme funeste aux hommes un
» art facile que tous peuvent également exercer, etc.... » On voit
que Mably ne répond pas à la pensée de Rousseau. Où s'arrêter,
en effet, et qui fera respecter la limite? Là est la question.

un idéal supérieur ; mais au lieu de le placer dans l'avenir, il le cherche dans le passé. Cet anachronisme philosophique, base de son système, le vicie tout entier. Oui, c'est pour avoir appelé le progrès *une agréable chimère* (1), c'est pour s'être laissé enchaîner par les doctrines de Locke et de Condillac (2) sur l'origine de nos idées, doctrines qui lui semblaient incompatibles avec la perfectibilité indéfinie, et qui l'étaient en effet, que Mably (3), désespérant de la justice dont il avait posé les bases, s'en tint à un système peu différent des opinions de Rousseau et même de Montesquieu, et bien plus impraticable encore que la communauté spartiate à laquelle il voulait d'abord convertir l'Europe.

Cette erreur fondamentale a faussé toutes les données historiques, psychologiques, morales, politiques, sociales, dont Mably s'est appuyé pour fonder les prin-

---

(1) *Traité du beau.* Mably a pourtant consacré quelques pages de son livre sur l'*Etude de l'histoire* à combattre cette opinion de Rousseau, que toute nation doit se regarder comme périssable puisque Rome et Sparte ne furent pas immortelles. Mais il la réfute mal, quand il dit que chaque peuple peut aspirer à l'immortalité, si au bonheur d'avoir de bonnes institutions il sait joindre la prudence de les conserver. Telle n'est point la loi de la vie dans les sociétés, qui, à ce compte, ne dureraient qu'à la condition d'être immobiles. Toute vie est mouvement, aspiration, progrès dans les nations comme dans les individus. Ni Rousseau ni Mably ne surent clairement cette vérité.

(2) Condillac était frère puiné de Mably.

(3) Mably, dans son *Traité du beau,* n'a rien négligé pour prouver que la loi du progrès était incompatible avec la philosophie de la sensation. C'est une nouvelle réfutation des sensualistes d'autant plus originale et décisive, que Mably est un dévot aveugle à Condillac.

cipes de législation, d'ordre et de justice qu'il pro[
aux sociétés modernes.

En nous livrant à la critique des erreurs où Ma
est tombé, pour s'être fait une idée inexacte de l'hom
et de la société, notre dessein n'est pas sans do[
de rabaisser le génie d'un auteur auquel nous
saierons bientôt de faire sa juste part dans la rec[
naissance de la postérité ; mais nous saisissons [
occasion de rappeler les vrais principes sur lesqu[
devra s'appuyer désormais toute tentative de réorga[
sation sociale fondée sur l'égalité, et de montrer, à
lumière des nouvelles théories philosophiques, ce q
manqua au xviiiᵉ siècle pour résoudre le problème [
la justice sociale indiqué par Rousseau, posé par Mabl[
et légué par tous deux à notre temps, auquel il était r[
servé d'en donner la solution.

Nous avons déjà remarqué que Mably avait d'abo[
demandé à l'histoire les conditions de la vie et du bon
heur des peuples. Il avait longtemps étudié les so
ciétés de l'antiquité et les nations de l'Europe modern[
et il avait puisé dans cette étude la conviction que l
plus haute prospérité des empires n'est que le signe pro
chain de leur ruine. Partout les nations lui offraient l
spectacle d'êtres collectifs passant d'une jeunesse vi-
goureuse à une maturité grosse de périlleux présages
et bientôt suivie d'une décadence nécessaire. Cependant,
éclairé par une lumière supérieure, il ne croit pas ave[
Vico et Machiavel (1), que cette marche des empires

---

(1) Machiavel n'a aucun idéal politique. La monarchie, l'aristocratie, la république sont pour lui trois formes diverses de gouvernement, et chacune de ces formes peut être poussée à la perfection en suivant certaines règles de sagesse et d'habileté. Mably,

soit fatale et inévitable ; il ne croit pas qu'il soit au-dessus de la prudence humaine de régler les mouvements
des sociétés ; il n'avoue pas que le mal soit le dernier
mot de toutes les révolutions politiques. Il proteste au
nom de la liberté , de la moralité qui sont dans l'homme.
Mais en relevant l'humanité de la loi de damnation, sous
laquelle nos pères la crurent opprimée, il détruit une
erreur sans y substituer la vérité. Il n'embrasse jamais
d'un seul coup d'œil les destinées de l'espèce tout
entière ; il ne voit pas que les nations sont pour le genre
humain ce que les individus sont pour les peuples , et que
les annales de la Grèce et de Rome ne contiennent pas
plus l'histoire de l'humanité que la biographie d'un grand
homme ne renferme l'histoire de sa nation. Le lien des
générations lui échappe. Elle ne lui a pas été révélée cette
grande philosophie de l'histoire qui suit les premiers pas
tremblants de l'humanité sur les pentes de l'Himalaya,
écoute ses premiers bégaiements aux rives du Gange ,
et la retrouve, après des efforts et des combats toujours
féconds , au point de développement où nous la voyons
aujourd'hui. Il n'a pas compris qu'avec chaque nation
qui périt, périt aussi une forme de l'injustice : avec

au contraire, se prononce résolûment contre la monarchie et l'aristocratie, et définit le meilleur des gouvernements celui qui réalise
et maintient l'égalité parmi les citoyens. Au xviiie siècle, la notion
du droit s'est dégagée des nuages qui la couvraient au xvie. C'est
là ce qui distingue essentiellement Mably de Machiavel ; car dans
le détail des institutions, le secrétaire de Florence se montre souvent aussi républicain que l'auteur des *Droits et devoirs du citoyen*.
On sait, du reste, que depuis trois cents ans on dispute, sans jamais s'être accordé, sur la question de savoir si Machiavel fut
royaliste ou démocrate. Ni l'un ni l'autre, sans doute.

l'Inde, les castes ; avec la Grèce et Rome, l'esclavage
avec le catholicisme, la royauté et l'inégalité ; et qu
pourtant une civilisation plus parfaite succède toujou
à une autre civilisation pour en hériter sous bénéfic
d'inventaire.

Au lieu de ce spectacle sublime qui fait de l'huma
nité un arbre immense dont les nations sont les bran
ches que les siècles émondent lentement quand elle
se flétrissent, Mably ne voit que des peuples isolés, san
lien, sans tradition. Ils tombent successivement à se
yeux, et pourtant quelque chose l'avertit secrètemen
qu'ils ne doivent pas périr. Alors il les accuse d'avoi
eux-mêmes travaillé à leur ruine, de n'avoir pas st
s'arrêter à ce point où leur fortune bien assise leur assurait l'immortalité. Au lieu de descendre avec confiance ce grand fleuve du progrès universel qui entraîne
invinciblement les peuples vers l'avenir, il veut en remonter le cours pour épargner aux nations modernes
les fautes qui conduisirent à leur perte Rome et Lacédémone.

Ainsi telle est l'ignorance de Mably des conditions
de la vie des sociétés soumises à un mouvement éternel
vers l'avenir, que non seulement il croit la durée, l'immortalité attachée à l'immobilité, mais encore qu'il veut
les faire rétrograder dans le passé jusqu'aux exemples
de civilisations oubliées. Pour lui, la perfection sociale
s'est rencontrée dans les républiques de l'antiquité ;
les nations ont été chassées d'une espèce de paradis
politique, comme Adam du pays d'Éden. Tandis
que Rousseau, assiégé de sombres fantômes, évoque
l'homme *de la nature*, solitaire et libre dans la forêt
primitive, Mably pleure Rome et Lacédémone, et ac-

cuse le sort de ne l'avoir pas fait naître contemporain de Lycurgue. L'imagination troublée de désirs qu'il prend pour des regrets, il revêt de beautés mensongères ces brillantes républiques dont l'existence reposait sur l'esclavage (1), et il oublie que l'idéal de l'égalité n'est point derrière nous, mais devant nous ; que le règne de la justice ne s'éloigne pas à mesure que nous marchons, mais s'approche avec les siècles, avec les années, à chaque pas enfin que l'humanité fait vers l'avenir.

Dans la psychologie et la morale, les erreurs de Mably viennent de la même source. Il n'avait pu admettre la doctrine catholique de la perversité naturelle de l'homme. Il repoussait de toutes les forces de sa conscience honnête ce système barbare qui compromet à la fois la moralité humaine et la justice divine : « Je prie » ces grands partisans de la méchanceté humaine, » s'écrie-t-il, de me dire si tous les siècles se sont ressemblés et ont eu les mêmes vices... Si malgré leur » système, ils ne peuvent s'empêcher d'apercevoir quelques différences entre des siècles et des peuples, en » effet très différents, je leur demanderai d'où naît

(1) Cette vérité n'échappa point à Mably. Il a écrit, en parlant des Spartiates : « Violant à l'égard des Ilotes les règles de l'humanité qu'ils respectaient entre eux, ils se virent forcés de craindre » des hommes qui devaient les haïr, et leur joug devint de jour » en jour plus pesant. » (*Etude de l'histoire.*) Mais il croit qu'on peut supprimer l'esclavage et accepter le reste de l'organisation et des institutions antiques. Il y a un lien qui lui échappe entre l'esclavage et la liberté à la manière de Sparte et de Rome. Faute d'avoir assez étudié la constitution économique des sociétés, il se trouve amené à résoudre le grand problème de l'organisation du travail par l'amoindrissement de la production, de l'industrie, du commerce.

» cette différence ; et s'ils ne veulent pas recourir à des
» qualités occultes, ils ne manqueront pas de s'en
» prendre aux lois, au gouvernement, à la poli-
» tique, etc.... (1). » Cependant il craignit, d'un autre
côté, d'absoudre complétement tous les penchants de
la nature humaine. Il dit, dans le livre que nous venons de citer, qu'il avait fait un traité pour prouver
l'excellence de toutes les passions de l'homme, mais
qu'il le déchira en s'apercevant des conséquences immorales où il était entraîné.

Entre ces deux écueils, entre la doctrine catholique
qui déclare l'homme naturellement méchant, et le système
qui conduit à le proclamer, avec Morelly et Fourier,
essentiellement bon, et à approuver, par une suite nécessaire, toutes les passions, toutes les déviations de
l'instinct, telles que nous les livrent les annales de
l'histoire ou les chroniques scandaleuses de la débauche,
Mably choisit une opinion intermédiaire voisine de la
vérité, mais qui, faute d'un élément indispensable, n'est
point l'expression exacte de la nature des choses. Or il
n'y a point de demi-vérité : la part d'erreur contenue
dans une idée, quelque petite qu'elle soit, produit fata-
lement des conséquences énormes à l'application. Pour
lui, l'homme est un composé d'instinets bons et mauvais,
tour à tour incliné vers le mal et attiré vers le bien
dans un combat douteux, et toujours le même, où la
force d'une volonté constante peut seule décider la victoire en faveur de la raison, de la morale. Tout cela est
vrai ; l'homme n'est ni essentiellement bon, ni essentiellement mauvais. Mais il fallait ajouter qu'il est es-

---

(1) *Principes de morale.*

sentiellement progressif et perfectible. Si notre cœur est le théâtre d'un combat éternel entre le bien et le mal, les chances de la bataille ne sont pas toujours égales : le bien recrute chaque jour de nouvelles forces ; chaque jour le mal subit de nouvelles défaites. Le niveau moral de l'humanité s'élève sur les débris d'un préjugé vaincu par un principe, d'un instinct étouffé ou réglé par la raison, de la force repoussée par l'amour.

La solution du problème social est contenue dans cette manière d'envisager l'homme. Ces différences dans l'analyse psychologique, qui ne sembleraient à des esprits inattentifs que des subtilités vaines, sont la source d'oppositions inconciliables dans les principes de l'organisation sociale. En effet, Mably ayant considéré l'homme comme un être immuable, les sociétés comme des milieux où se reproduisaient constamment les mêmes phénomènes, a cru qu'à l'origine des choses l'homme avait été bon, que la justice et l'égalité avaient été réalisées dans les temps antiques et avaient disparu de la terre par l'effort des mauvaises passions conjurées contre elles. Aussi ne craint-il pas d'emprunter ses enseignements et ses exemples du passé. C'est à Rome ou à Sparte qu'il trouve ses modèles : c'est à Aristote ou à Cicéron qu'il demande les préceptes de sa morale et de sa politique. La route que le monde a suivie, en s'écartant des voies indiquées par ces sages, n'a été qu'une perpétuelle déviation. L'homme est *déformé* (1) par les

(1) « L'étrange succession que nos pères nous ont laissée en » accumulant erreurs sur erreurs! Nous sommes accablés aujour-» d'hui du poids des vices de toutes les générations qui nous ont » précédés. Puisque l'homme, si je puis ainsi parler, est déformé; » puisque nous ne sommes plus l'ouvrage de la nature, mais des » passions de nos pères et des nôtres, etc., etc... » — (*Principes*

passions mauvaises auxquelles l'orgueil l'a entraîné, il faut le forcer à rentrer dans les limites qui conviennent à sa destinée et à sa faiblesse. Il faut combattre ces instincts ardents qui ont poussé les nations à ce point de prospérité, trop chèrement achetée, où nous les voyons aujourd'hui. Il faut reculer jusqu'à ces jours où, dans l'opinion de Mably, les jouissances matérielles ne coûtaient pas la justice et le bonheur qui l'accompagne.

Sur ce fondement, Mably entreprend d'établir des lois qui étouffent dans les sociétés les passions mauvaises, comme la morale les domine dans les individus.

Il est frappé de cette vérité, que la terre a été gouvernée jusqu'ici par l'ambition et l'avarice. Il veut l'arracher à l'empire de ces passions, et pour les vaincre, il leur oppose la rigueur des lois. Mais il méconnaît à la fois leur puissance et leur caractère. L'ambition et l'avarice sont les forces essentielles de la société individualiste, qui repose sur la propriété et l'inégalité. Tenter de les abattre en laissant subsister la source même où elles puisent leur énergie, et pour ainsi dire leur légitimité, c'est s'attaquer aux symptômes du mal quand on peut le frapper dans sa racine.

---

de morale, liv. II.) — Cette fausse philosophie de l'histoire, qui fut aussi celle de Rousseau, régna pendant le xviii° siècle jusqu'au moment où Condorcet écrivit son magnifique *Tableau historique des progrès de l'esprit humain.* Les écrivains de ce siècle l'avaient puisée dans les livres de l'antiquité. Tout le monde connaît le beau passage de Tacite dans lequel se trouve cette phrase énergique : « Postquam exui æqualitas, et, pro modestia ac pudore, « ambitio et vis incedebat, provenere dominationes, multosque « apud populos æternum mansere, etc... » Le livre des *Mœurs des Germains* n'est, à un certain point de vue, qu'une éloquente paraphrase de cette opinion.

L'ambition et l'avarice résisteront à tous les efforts du législateur tant qu'elles conserveront leur raison d'être. On se trompe quand on ne leur attribue qu'un rôle funeste dans l'histoire des sociétés. C'est à ces passions que l'homme doit la plus grande partie des progrès accomplis dans le cours des siècles : il leur doit d'avoir échappé à un état primitif de barbarie dont il ne se serait jamais affranchi sans leur aiguillon. Elles ont été le grand moyen d'action d'un monde fondé sur l'inégalité et l'individualisme. Tant que l'homme se croit isolé dans sa destinée, séparé de ses semblables et nullement solidaire de leur sort dans cette vie et dans l'autre, il tire nécessairement des instincts de son étroite personnalité les motifs qui le poussent à vouloir et à agir. Dans la société anarchique du passé, la satisfaction promise aux passions égoïstes pousse au travail, crée les richesses, invente les arts, découvre les procédés nouveaux. L'humanité marche à travers le mal, et par le mal même, à la perfection.

Est-ce à dire que nous prenions parti pour l'égoïsme contre la fraternité, pour l'iniquité contre la justice? A Dieu ne plaise. Mais pour détruire les penchants mauvais de la nature humaine, il ne faut pas les opprimer (1). L'ambition, l'avarice, ne sont pas dans leur

(1) Ce n'est point la force, ce n'est point la loi qui peuvent nous conduire au règne de la justice. Il n'y a que l'éducation qui doive servir de levier aux idées. La loi, dans Mably, c'est la force; nous ne saurions trop le répéter, car notre révolution a donné un malheureux exemple de cette confiance extrême dans l'autorité absolue des législateurs. Mably admire Lycurgue imposant ses lois à main armée aux Spartiates, et ne craindrait pas de l'imiter. Ce respect prodigué à la loi par les écrivains du xviii° siècle, dé-

principe des passions mauvaises. « C'est la gloire de l'homme d'être ambitieux, » disait, dans un livre récemment publié, un des plus habiles ennemis de la démocratie. Et en effet, c'est le but donné aux passions, c'est l'idée, c'est l'objet que l'homme poursuit, sous leur excitation, qui leur donne un caractère et les rend morales ou immorales. Ce qui était ambition dans l'inégalité devient émulation dans l'égalité et l'association ; ce qui était avarice se change en amour de l'ordre et du travail.

Ce but des passions, Mably l'a-t-il changé ? Nullement, puisqu'il laisse substituer l'intérêt individuel, invincible dans ses conséquences funestes tant que durent la propriété et l'inégalité des conditions. Il y a plus : s'il est certain, et l'histoire est là pour le prouver, Mably lui-même en rend témoignage ; s'il est certain que les passions égoïstes que l'on veut réformer ont été l'instrument de la vie, du mouvement, de l'action dans les sociétés, les comprimer, c'est comprimer la vie elle-même, c'est

chaînés contre l'arbitraire, a besoin d'être borné à ses justes limites. La loi, le législateur, n'ont point un caractère sacré inhérent au nom qu'ils portent. Il est des lois justes comme il en est d'oppressives. Quand donc une loi est-elle juste ? quand ne l'est-elle pas ? La manière dont elle est faite n'en constitue pas seule la légitimité ; ce n'est point pour avoir réuni le plus grand nombre de suffrages qu'elle porte ce caractère de sainteté qui commande non seulement la soumission, mais le respect. C'est parce qu'elle est conforme à l'idée que les hommes se font de la vie, du droit, ou, comme Mably dirait, du bonheur. C'est donc sur cette idée, c'est-à-dire sur la foi, sur la croyance, sur la religion que doit s'appuyer la loi pour être légitime. Mably n'y a pas songé, et ce législateur invisible dont il nous transmet les arrêts parle au nom d'une puissance qui ne songe pas à fournir ses titres et à les faire reconnaître.

supprimer le mouvement. Comme le sentiment et le besoin de l'infini sont au fond de la nature humaine, quand l'homme détourne ses yeux du ciel, c'est sur la terre qu'il poursuit l'absolu dont il est avide : il devient insatiable de richesses, d'honneurs, de puissance. Si vous voulez l'arrêter à un certain point, borner ses passions mauvaises, sans lui en donner d'autres où reparaisse agrandie l'aspiration à l'éternel, il cessera d'agir, parce que la limite est contraire à son essence.

Si l'on frappe dans leur source les joies égoïstes du chacun pour soi sans fournir au cœur humain quelque chose de plus grand à désirer, on inaugure l'empire de la mort. L'homme, n'ayant plus rien à souhaiter sur la terre, se laisse mourir, pris de dégoût, à côté de l'instrument de travail qui ne servirait qu'à prolonger ses ennuis.

Il est donc insensé de vouloir courber les aspirations de l'humanité sous la force : on ne *réforme* pas les hommes, on les transforme (1). Et comment cela ? Par l'idée. C'est en leur donnant une notion plus juste de la vie, en pénétrant plus avant dans le secret de notre

---

(1) Chose étrange ! Mably croit que s'il parvient à triompher par la compression des passions mauvaises, il fera régner la morale et la justice dans les empires. Il croit que lorsqu'il aura *forcé* les citoyens à n'être ni ambitieux ni avares, la vertu habitera parmi eux. Eh ! du moment que la loi et la sanction qui l'accompagne obligent à la vertu, c'est fait de la vertu elle-même, car elle est la plus haute expression de la liberté : et où retrouver cette liberté là où le législateur étouffe tout essor, tout écart, toute indépendance ? D'ailleurs, donner sans cesse la vertu de Rome naissante comme modèle et comme but, n'est-ce pas jouer sur les mots ? La grossièreté des premiers Romains, confondue avec la vertu, quel aveuglement !

destinée. Mably avait bien essayé de le faire ; mais
pour juger l'homme, cet être historique, il a manqué un
élément à sa méthode : c'est avec la science du passé,
la connaissance du présent, le sentiment de l'avenir
qu'il faut aborder le problème de l'homme. Le sentiment de l'avenir, voilà ce qui lui a fait défaut, comme à
tout son siècle. Penseur rétrospectif, il s'égare dans les
ruines des vieilles cités, et les destinées de l'humanité
future lui échappent.

Oui, les mauvaises passions seront vaincues un jour
dans les sociétés ; oui, la tyrannie, l'injustice, toutes les
oppressions disparaîtront de la surface de la terre, et
l'humanité sera comme le sage, dont le cœur ne peut
plus être tenté. Mais ce n'est point par la résistance que
s'achèvera ce grand travail commencé il y a six mille
ans. Tout perfectionnement sort de l'amour qui féconde
et jamais de la force qui tue.

Pour détruire dans notre cœur les penchants mauvais,
il faut y faire naître des aspirations plus hautes qui absor-
bent et transforment les instincts inférieurs. Donnez à
l'homme une notion supérieure de la vie où il ne soit plus
son but à lui-même, son tout, son Dieu, où la propriété et
l'inégalité des conditions ne surexcitent pas constamment
ces instincts ; et ces passions égoïstes, déjà impuissantes
dans la pratique, déjà épuisées, s'effaceront comme se
sont effacés les vices de l'esclavage.

Il approche le moment de la justice ! L'humanité a enfin entendu tout entière la parole qui lui enseigne la vie
nouvelle. L'égalité, la solidarité de tous les hommes lui
a été révélée. Elle sait maintenant que le bonheur de
chacun est au prix du bonheur de tous ; elle sait que
chacun séparé de tous est impuissant et stérile : la soli-

lectivité du travail humain lui devient sensible ; le besoin de mettre en commun le trésor de ses espérances, la nécessité de croire et d'aimer, la nécessité de vivre la conduit à l'Association. C'est là que les hommes retremperont leurs âmes épuisées pour reprendre la course vers l'infini ; que le travail ne sera plus la tâche ingrate d'un esclave ou la passion abrutissante d'un égoïste ; que la lumière ne sera plus refusée à cette grande majorité de nos frères dans laquelle les privilégiés ont peine à compterdes égaux. C'est là que la vertu ne sera plus une exception, et que l'on ne sera plus obligé de dire avec Rousseau : « Le précepte de ne jamais nuire à au- » trui emporte celui de tenir à la société humaine le » moins qu'il est possible. »

Ainsi, pour avoir fermé les yeux sur le plus grand fait de la vie de l'humanité, Mably désespère de réaliser la justice sans violenter la nature humaine. La philosophie lui enseigne que les hommes sont égaux, mais une étude incomplète de l'histoire lui persuade en même temps que cette égalité a existé jadis à Rome et à Sparte. Aussitôt il se demande à quelles conditions ? La pauvreté, la grossièreté des mœurs, l'ignorance, tels sont à ses yeux les fondements de la prospérité et du bonheur de ces républiques. Il faut donc revenir sur ses pas et retourner à ces vertus primitives. De là une psychologie, une politique, une morale assorties à ces notions historiques erronées.

Et comme on ne peut transposer l'ordre de développement des idées sociales sans en méconnaître du même coup le caractère, il se méprend sur la portée et le rôle de l'idée d'égalité dont il fut toutefois l'apôtre constant et inébranlable. Il n'y voit qu'un moyen de répression.

contre les passions mauvaises et les besoins raffinés, une espèce de procédé de police déjà utilement employé à Rome et à Sparte, et auquel il était nécessaire de revenir. Combien il est loin de comprendre que l'idée de l'égalité est une notion de la vie humaine supérieure à toutes celles du passé ; qu'elle est issue du travail de toutes les générations antérieures, et destinée à s'éclairer par l'effort des générations futures ; qu'elle sera la base d'une société qui n'a point eu d'exemple dans le passé ; qu'elle enfantera une religion, une politique, une morale, une économie politique nouvelles !

Eh quoi ! imaginer que les sociétés passées aient vu le règne de l'égalité et que l'humanité en ait perdu peu à peu le bienfait, n'est-ce pas méconnaître la main de Dieu qui mène le monde ! Quand Mably écrit cela, il commet la même faute que nos modernes sectaires qui veulent procéder par voie d'écart absolu et remettre l'humanité dans ses voies. Non, les sociétés n'ont point fait fausse route. L'humanité a toujours tendu à l'égalité, à la justice, au règne de l'amour. Elle y a tendu par l'oppression, par l'esclavage, par la tyrannie, par la force, tant que ces moyens ont été les conditions de son existence. L'égalité a commencé de vaincre le jour où la première société s'est constituée, et si elle est aujourd'hui près de remporter un dernier triomphe, il est fou de croire que nos pères n'y ont pas contribué, et que la tradition de la justice doive être reprise à dix-huit siècles de nous.

Avouons-le, l'œuvre d'organisation de Mably est nulle. Il avait reconnu le principe de l'égalité parmi les hommes; il avait signalé la propriété comme la source et la conséquence à la fois de l'inégalité, et cependant il déclare la propriété et l'inégalité indestructibles. Obligé de se rejeter sur une demi-égalité et une demi-faculté d'acquérir, il tente un juste milieu impossible ; il détruit les bases de l'ancienne société, les passions qui enfantent dans son sein tout travail, toute énergie, toute volonté, pour y substituer une sagesse froide et inaccessible au plus grand nombre, dont les calculs de pondération et d'équilibre ne sauraient toucher des citoyens que rien n'intéresse à la conservation d'un ordre social sans aspiration, sans espérance, sans infini.

Sans infini, car en niant le progrès continu on nie tout idéal, toute religion. Mably, encore dominé par les souvenirs de la théologie catholique, mal affranchi du joug dont il a gardé le stigmate avec le titre d'abbé, renvoie les hommes à un monde meilleur pour y trouver le bien qui n'est pas de cette terre. Étrange inconséquence ! Si la justice et le bonheur sont au ciel, que sert de chercher les lois faites pour les réaliser en ce monde ! Et encore est-ce une pure formule que ce retour tardif à l'idée d'une vie future, idée sans influence sur l'ensemble du système : chez lui, la religion n'est qu'un moyen dans les mains de la politique. Ce philosophe humanitaire qui s'indignait de la rigueur des lois de son temps, et ne fit exception à cet esprit de mansuétude qu'à l'égard des athées (1), dont le crime lui parut mériter la mort, il était athée sans le savoir : méconnaître le progrès, n'est-ce pas méconnaître la religion, Dieu même immanent dans l'humanité ?

---

(1) Dans la dernière partie de son livre sur la *Législation*, Mably a combattu l'athéisme avec beaucoup de force et même d'éloquence. Robespierre avait certainement lu cette énergique réfutation avant d'écrire son *Rapport sur les idées religieuses*.

Il faut le dire, la notion de l'égalité largement compr-
prise, y eût-il même ajouté celle du progrès, n'eût
pas suffi à Mably pour lui révéler les principes de l'organisation suivant la justice. La doctrine de la solidarité, la loi de la collectivité de toute œuvre humaine
étaient des lumières réservées au xixᵉ siècle. Il fallait
toutes ces prémices, pour que pût être acclamé ce grand
mot qui contient toutes choses dans ses profondeurs
encore obscures : Association. C'est par l'Association
que sera résolu le problème du luxe, le problème de la
répartition, le problème de l'égalité des conditions, le
problème de l'éducation, le problème du gouvernement,
difficultés que Mably a cru trancher, mais qui échappent
à la rigueur de toutes ses lois.

Si donc par socialiste il faut entendre ceux-là seulement qui ont foi dans l'Association, Mably n'est pas socialiste, et nul ne le fut en son temps, car nous ne comp-
tons point Morelly, penseur isolé, sans influence sur son
siècle. Mais si l'on doit, sous cette dénomination, comprendre tous ceux qui ont cru à la nécessité de réformes
radicales dans l'ordre social de l'inégalité, tous ceux qui,
d'un cœur fervent, ont soupiré après la justice et nié
que son règne fût encore arrivé, Mably a mérité autant
que personne ce titre glorieux. Il dit, en parlant d'un
des personnages qu'il introduit dans ses traités dialogués
à la manière antique : " Difficile à contenter, et plein
" des idées des anciens philosophes sur l'art de régler
" une république, il croyait tous les États dont nous ad-
" mirons la sagesse prodigieusement éloignés des prin-
" cipes d'une sage politique. "

C'est par cette conviction que les sociétés actuelles
sont mauvaises, qu'elles sont mauvaises parce qu'elles

sont injustes, qu'elles sont injustes parce qu'elles violent l'égalité ; c'est par cette protestation de quátre-vingts années contre l'injuste répartition des richesses, contre la tyrannie des oppresseurs de la terre, contre leurs plaisirs, leurs passions et leurs vanités; c'est par une recherche assidue des conditions nécessaires au triomphe de l'égalité que Mably fut, il y a un siècle, de connivence avec nous, socialistes de 1849. Nul, même parmi les modernes, n'a signalé avec plus d'énergie les vices, les crimes, les haines qui naissent de la propriété; nul ne s'est élevé avec plus d'indignation contre l'insolence des riches et l'abaissement où ils tiennent les pauvres. Il est le champion de l'égalité sociale au même titre que Rousseau le fut de l'égalité politique. Ses moyens de réaliser la justice furent faux, il est vrai, contraires à la loi fondamentale de la vie des sociétés ; mais il imagina que l'égalité sociale était au prix de tous ces sacrifices, de toutes ces entraves mises à la satisfaction de nos désirs, et dans sa foi imperturbable, il crut qu'on ne pouvait payer trop chèrement ce bien préférable à tous les autres (1). On

(1) A l'exemple de la plupart des antiques doctrines qui se donnèrent pour mission de réaliser l'égalité parmi les hommes, Mably a sacrifié la liberté humaine, qu'il jugeait moins précieuse que l'égalité. *Nous consentons à tout pour elle*, dirent plus tard les Babouvistes, *à faire table rase pour nous en tenir à elle seule.* C'est là une grande erreur. Elle a fourni aux modernes réactionnaires les seuls arguments raisonnables qui aient été produits contre le socialisme. La liberté est la première et la dernière aspiration de l'humanité. La tendance originelle de l'homme, c'est d'être libre et de le devenir constamment davantage. L'aspiration à la liberté ou le sentiment de la perfectibilité continue sont une seule et même chose. Et toutes les phases de l'histoire ne sont que

trouve dans ses livres des pensées, des sentiments
qui nous touchent encore, qui semblent inspirés par
nos luttes d'aujourd'hui, et dont la lecture est faite
pour raffermir notre foi et échauffer nos espérances. Avec
nous, avant nous, il a protesté contre la nécessité du
mal dans les sociétés, contre la fatalité de l'injustice,
de la tyrannie, de cet ordre ou plutôt de ce désordre où
la félicité réservée à quelques uns se fonde sur la misère
du plus grand nombre; il a assuré qu'il y avait dans
l'homme un fonds de richesse morale dont la société devait nous aider à faire usage, en travaillant à développer
les beaux côtés de notre nature, comme elle a contribué
jusqu'à présent à favoriser nos vices; enfin, loin de se
faire une philosophie assortie au train des choses et riche en transactions avec les injustices sociales, il a voulu
soumettre le fait à l'idée, et appelé de tous ses vœux les
révolutions destinées à ruiner la vieille société de l'inégalité et de l'oppression.

le tableau des développements successifs de la liberté individuelle,
solidaire du progrès social Loin de repousser la liberté pour lui
substituer l'égalité, c'est en son nom que l'égalité doit être défen-
due. Égalité, fraternité, liberté, trois mots indissolubles, dont un
seul ne peut être effacé sans anéantir aussitôt la vertu de la divine
formule. Car il n'y a point d'égalité sans liberté, point de fraternité sans égalité, point de liberté sans égalité et fraternité à la fois.
La liberté, c'est-à dire la plus haute manifestation de la nature humaine, est le but suprême auquel on arrive par l'égalité et la fra
ternité.

III.-

Des qu'il est prouvé que la liberté et l'égalité élèvent les âmes et nous rapprochent
heureusement des vues de la nature, je dois
me dire que le gouvernement qui les proscrit
nous en éloigne.

De la manière d'écrire l'histoire, c. 1.

Mably défendit surtout l'égalité sociale, mais il ne
crut point qu'elle pût s'allier avec une forme de gouvernement quelconque. Le *despotisme légal* soutenu par la
secte des *philosophes économistes* lui inspira des raille-
ries plus acérées et plus plaisantes qu'on n'aurait pu les
attendre d'un grave logicien et d'un rigoureux moraliste.
La liberté et l'égalité furent pour lui les bases de la politique. Aussi est-il aisé de retrouver dans ses livres les
principes les plus purs du gouvernement républicain.
L'empire absolu qu'il veut donner à la loi prend sa
source dans la souveraineté du peuple ; car c'est au
peuple qu'il veut confier le droit de la faire : « Une na-
» tion qui ne contribue en rien aux lois ne manquera
» jamais de les prendre pour un joug incommode. Elle
» se défiera toujours d'un prince et d'un sénat de patri-
» ciens qui veulent décider de son sort..... Un peuple
» n'aura de confiance dans ses lois qu'autant qu'il sera
» lui-même son propre législateur (1). » Il répète dans
un autre livre : « On ne peut faire aucune réforme véri-
» tablement avantageuse qu'autant qu'on donne à la na-

(1) *De la législation*, chap 3.

d.

» tion la faculté de faire elle-même ses lois (1). » Il ai-
mait à offrir la Suède, avant qu'une révolution eût
changé la forme de son gouvernement, comme le modèle des États européens : « Parce que, disait-il, le
» paysan suédois était citoyen, et partageait avec les
» autres ordres la qualité de législateur (2). » Il a combattu avec énergie le sophisme monarchique de la prétendue indivisibilité de la puissance législative et de la
puissance exécutrice ; il les a distinguées pour soumettre
complétement la seconde à la première : « La puissance
» législative et la puissance exécutrice subsisteront à la
» fois, et séparément, dès qu'il sera réglé que le ci-
» toyen doit obéir aux magistrats, et que les magistrats
» obéiront à leur tour à la puissance législative, sous
» peine d'être punis s'ils violent cette loi, et de réparer
» le mal qu'ils auront fait (3). »

Après avoir ainsi maintenu la juste séparation des
pouvoirs, Mably impose des règles et des limites à l'action de chacun d'eux. Il a étendu ses prévisions jusqu'à
la police de l'assemblée délibérante, et il est assez curieux de remarquer que ses règlements, dont l'excellence
ne me paraît pas incontestable, sont, à peu de chose
près, ceux que s'est donnés l'Assemblée nationale
de 1848. « Je serai prévenu peu favorablement pour
» l'assemblée de la nation, si elle n'est pas soumise à
» certaines formalités qui me répondent en quelque sorte
» de la sagesse avec laquelle elle procédera dans ses
» opérations. Que rien ne puisse se décider par accla-
» mation. Que le projet d'une loi nouvelle ou d'une loi

(1) *De l'étude de l'histoire,* part. 3, chap. 4.
(2) *De l'étude de l'histoire.*
(3) *Doutes sur l'ordre naturel,* etc. Lettre VI.

» qu'on veut corriger soit remis à un comité chargé d'en
» faire l'examen. Huit jours après que les commissions
» auront fait leur rapport, il sera permis à chaque
» membre de l'assemblée de parler pour ou contre la loi ;
» on laissera encore passer huit jours avant d'aller aux
» voix. La puissance législative ne saurait trop réfléchir,
» et, si je puis ainsi parler, se replier sur elle-même.
» Alors on recueillera les suffrages de la manière la plus
» propre à éviter la confusion (1). »

Mably se prononçait pour le mandat impératif. « Un
» député qui ne dépend point de ses commettants peut
» croire qu'il a une autorité qui lui est propre , et trahir
» leurs intérêts. Qu'il ne puisse donc faire quelque de-
» mande qu'autant qu'il y sera autorisé par ses instruc-
» tions. Cette méthode liera plus étroitement les citoyens.
» à la puissance législative ; elle attachera les repré-
» sentants à leur devoir ; la confiance naîtra, et les lois,
» seront plus respectées (2). » Nous n'ignorons pas les
inconvénients de ce système, mais nous n'en sommes
pas moins tenté de nous unir à Mably pour le défendre :
il donnerait du moins le moyen de punir les apostasies de
nos faiseurs de professions de foi.

C'était avec la même sollicitude pour les intérêts de
la liberté qu'il fixait la mesure du pouvoir exécutif.
Toutes les magistratures doivent être temporaires, et
ne donner à ceux qui les exercent qu'une autorité
déterminée par la loi. Quelle que soit la part de la
puissance exécutrice confiée à un citoyen, elle ne
peut l'être que pour un temps limité ; et plus les
magistratures sont importantes , plus elles don-

(1) *De la législation*, liv. III.
(2) *De la législation*, liv. III.

nent d'empire à celui qui les exerce, plus elles doivent être courtes : « Partout, dans tous les temps,
» c'est la magistrature héréditaire, ou simplement à
» vie, qui a changé en despotisme et en tyrannie le pou-
» voir d'abord le plus étroitement limité (1). »

Des nombreux passages que nous venons de citer, il
résulte, avec la dernière évidence, que Mably aspirait
à la forme républicaine la plus pure, qu'il en a posé les
bases solides en proclamant tous les principes sur lesquels s'appuient la liberté et l'égalité politiques. Si donc
on trouve certains passages dans ses écrits, où la démocratie est vivement attaquée comme anarchique et impraticable en Europe, il ne faut pas oublier que ces
anathèmes sont dirigés non contre la république telle
que nous l'entendons aujourd'hui, mais contre les démocraties de l'antiquité. Pour Mably, tout empêché de
réminiscences antiques, la démocratie, c'est le gouvernement tumultuaire de la place publique, où tous votent
et font les lois. Ce système est, en effet, impossible chez
les nations modernes, et notre auteur aurait pu se dispenser de lui adresser de vaines malédictions. Il n'en
reste pas moins certain que sa politique est celle qui convient aux démocraties modernes (2).

Il n'hésitait pas à dire que tout gouvernement d'une

(1) *Droits et devoirs du citoyen.* Lettre II.

(2) Un critique honnête et modéré, et membre de l'Institut, en-
flammé de cet amour du travailleur qui dévore tous les membres
de l'Académie, a remarqué avec horreur certaines paroles de
Mably outrageuses pour les hommes qui exercent les professions
industrielles; ce qui lui suggère cette ingénieuse et mordante
raillerie dont la hardiesse monarchique a dû plaire aux aca-
démiciens et aux abonnés du *Moniteur* : « Ce n'est pas Mably qui les aurait appelés au suffrage universel. » — Voici

nation qui ne reposait pas sur ces données était mauvais, et qu'il devait aviser à des réformes. L'Angleterre elle-même, objet de l'admiration des esprits forts au xviiiᵉ siècle, n'obtint de lui, comme nous l'avons déjà vu, que de sévères critiques. Cette société de marchands et de seigneurs terriens n'était pas faite pour lui plaire, et le prétendu équilibre des trois pouvoirs ne trompa jamais sa clairvoyance.

les paroles de Mably, tirées des *Entretiens de Phocion* : « Dans » une république où la politique ne peut plus ramener les ci-» toyens à la pureté primitive des anciens temps, où les besoins » étaient assez bornés pour que chacun pût se suffire à soi-même, » (ce que Mably regarde comme la condition de l'égalité), les arts » sont toute la richesse de ceux qui les cultivent. *Les artisans ne* » *subsistent que du salaire que leur paient les riches*, et le travail » doit nécessairement avilir leur âme. Que le législateur se garde » donc de leur confier le dépôt ou l'administration de la souve-» raineté. Si la loi les déclare hommes libres et en fait des espèces » de citoyens, que la politique ne les regarde cependant que comme » des esclaves qui n'ont point de patrie et qui ne peuvent parti-» ciper aux assemblées de la nation. » Le critique dont nous parlons ne manque pas de dire que Mably traite les prolétaires en esclaves, et qu'il en sera ainsi toutes les fois qu'on voudra établir l'égalité, parce qu'on avilit le travail, parce que les socialistes. nous ramènent à la barbarie et autres belles vérités fort applaudies à l'Institut. — Voyons donc. D'abord le discours que nous venons de citer est censé prononcé par Phocion, dans Athènes; le mot *esclave* est un trait de *couleur locale*, et l'auteur lui-même a soin d'avertir, dans une note, que cette expression ne doit pas être prise à la lettre. Voilà donc un premier point réglé. Cela posé, que dit Mably qui ne soit d'une incontestable vérité? Quand on n'a pas l'égalité sociale, l'égalité politique est, non pas un malheur, mais un mensonge. Le salariat, en effet, est injuste et avilissant : en le disant, Mably a dépassé son siècle. S'il éloigne les travailleurs, dans ce passage, des droits politiques, c'est qu'il ne les croit pas aptes à devenir citoyens tant que l'organisation so

Non seulement il condamna les mauvaises institutions dont son époque lui offrait le spectacle, mais il poussa les nations à les détruire. Tandis que Montesquieu (1) est conservateur, et que Rousseau lui-même proteste de son respect pour les pouvoirs établis, Mably soutient que chaque citoyen a le droit de faire tout ce qui dépend de lui pour inaugurer le gouvernement de la liberté et de l'égalité, le seul juste et raisonnable : « J'a-» jouterai même, dit-il, qu'il est du devoir d'un citoyen » d'user de ce droit; je crois en honneur qu'il ne peut » s'en dispenser sous peine de trahir l'intérêt le plus « essentiel de la société (2). »

Après avoir lu ces paroles, on ne s'étonnera pas que Mably soit un des écrivains qui ont le mieux compris le rôle et le droit des révolutions. Il affirme qu'elles sont le grand moyen d'éducation des peuples; qu'elles remuent les esprits, les arrachent à l'apathie des habitudes, à l'égoïsme des intérêts, et que par elles les âmes sont préparées à recevoir la semence des idées nouvelles : « Pour les réformes, il faut une certaine fer-

ciale injuste qui les opprime leur permet à peine d'être hommes; mais il demande en même temps la réforme radicale de cette organisation : il regrette un passé imaginaire où le législateur n'était pas obligé de se montrer injuste pour être prudent. Hélas! ce que nous voyons aujourd'hui ne justifie que trop ses appréhensions, et si nous ne croyons pas comme lui qu'on doive limiter le droit au suffrage, parce que le suffrage universel est un moyen d'éducation pour arriver à l'égalité sociale, nous n'en admirons pas moins avec quelle sagesse il avait prévu les fautes que pourraient commettre des peuples livrés à la captation, aux fausses promesses, aux calomnieux mensonges, à la corruption, aux menaces des riches.

(1) *Voy.* la Préface de l'*Esprit des lois.*
(2) *Droits et devoirs du citoyen.*

» mentation qui seule peut donner des lumières et du
» courage (1). » Il confond par ces paroles énergiques
ceux qui se plaisent à condamner les révolutions sous
les noms de désordre et d'anarchie : « Quand des lois
» sont injustes ou absurdes, quel autre remède peut-on
» appliquer à ce mal que la désobéissance! Il en naîtra
» quelques troubles, mais pourquoi en être effrayé! Ce
» trouble est lui-même une preuve qu'on aime l'ordre,
» et qu'on veut le rétablir. L'obéissance aveugle est, au
» contraire, une preuve que le citoyen, hébété, est in-
» différent pour le bien et pour le mal (2).... »

Il a été pour ainsi dire le prophète et le théoricien de
la révolution française. Dès 1758, il prévoyait, il appelait le moment où elle devait éclater : « Choisissez,
» dit-il à la France, entre l'esclavage ou une révolu-
» tion (3). » Il discutait déjà les moyens qu'aurait à
prendre une province qui réussirait à se séparer du
royaume pour s'instituer en république. Il analysait avec
une précision merveilleuse les futurs événements d'où
sortirait la convocation des états généraux. Il présa-
geait les difficultés qu'auraient à vaincre ces premiers
élus de la nation, et assurait qu'elles tourneraient à
leur profit : « Plus votre despote aura regimbé contre
» l'éperon et se sera débattu dans ses harnais, moins
» il lui restera de moyens pour avilir les États, et leur
» zèle pour le bien public croîtra à proportion de la
» résistance qu'ils auront rencontrée (4). » Tout dans
cette histoire prophétique est prévu avec une si

(1) *Droits et devoirs du citoyen.*
(2) *Droits et devoirs du citoyen.*
(3) *Droits et devoirs du citoyen.*
(4) *Droits et devoirs du citoyen.*

étonnante sagacité, qu'on a pu accuser (1) les exécuteurs testamentaires de Mably d'avoir falsifié ce
ouvrage, publié après la mort de son auteur. Mais
pour détruire cette assertion qui ne repose sur
aucune preuve, il suffit de citer le passage suivant :
« Vous craignez que nos états ne fussent trop mous,
» et moi je craindrais qu'ils ne fussent trop vifs.
» J'ai peur que, vous mettant une fois en train de
» réformer les abus, vous ne voulussiez tout d'un coup
» devenir des gens parfaits (2). » Ce passage semble
s'appliquer aux tentatives héroïques et prématurées de
la Convention. Or le livre a été imprimé en 1789, et, à
moins d'accorder aussi le don de prescience aux abbés
Chalut et Arnoux, il faut laisser à Mably le mérite de
ses prévisions historiques.

Ce don de *seconde vue* politique, si j'ose ainsi parler,
fut un des traits distinctifs du génie de Mably. On n'en
sera que médiocrement surpris, si l'on réfléchit à l'assiduité et à la constance de ses travaux politiques : il étu-
diait avec une sollicitude inquiète les mouvements, la
marche, les progrès, les fautes des États européens :
« Plus occupé, dit-il en parlant de lui-même à la
» troisième personne, que tous les ministres du monde
» de ce qui se passe dans les conseils des souverains, la
» Russie, la Porte et la Pologne l'inquiètent aussi sé-
» rieusement que s'il était chargé de les pacifier. Il est
» gêné par les troubles qui fermentent à Genève; mais
» son imagination s'exalte en pensant aux querelles de
« l'Angleterre avec les colonies d'Amérique, etc.... (3). »

(1) Voy. *Biographie universelle.*
(2) *Droits et devoirs du citoyen.*
(3) *Principes de morale.*

Il acquit de la sorte une clairvoyance dont l'abbé Brizard, qui écrivit son éloge historique, a relevé des preuves nombreuses. Pour nous, il nous suffira d'en donner un seul exemple qui a trait à l'histoire contemporaine. Dès 1762, il avertissait l'Angleterre des événements qui allaient lui arracher ses colonies d'Amérique : « L'avarice de la métropole a fondé le » grand ouvrage de vos colonies, et l'avarice de vos » colonies détruira les projets et les espérances de » la métropole. Peut-être vous en coûtera-t-il beau- » coup de sang et beaucoup d'argent pour perdre l'Amé- » rique, que vous auriez dû affranchir (1). » Et plus tard il prédit, en rappelant ce mot de Tite-Live, *plus pau- corum opes quam libertas plebis possunt*, que les États nouvellement affranchis seraient bientôt livrés à l'aristocratie financière : « Il est vrai qu'on ne connaît point de » noblesse chez les Américains ; mais, quoique les fa- » milles n'y soient point distinguées comme ici par des » prérogatives particulières, pensez-vous qu'une fortune » différente ne leur donnera pas une inégale considéra- » tion? Un gentilhomme regarde avec mépris un roturier, » mais un riche méprise encore plus un pauvre. C'est » cette estime des richesses qui a banni la liberté de » l'Europe, qui empêchera qu'elle ne s'établisse en Amé- » rique. Je prévois que les riches domineront dans la » confédération des insurgents, parce qu'ils sont ri- » ches, etc.... (2). »

(1) *De la législation*, liv. II, chap. 3.

(2) Dans le traité intitulé : *Notre gloire et nos rêves.* (*OEuvres posthumes.*) On sait si les États-Unis ont justifié cette prophétie. Qu'on lise, pour en juger mieux, dans le journal *le Peuple*, n° du 18 janvier 1849, le discours du citoyen Brisbane devant les délégués

Il ne nous reste plus que peu de choses à dire sur les autres vues politiques de Mably. L'éducation gratuite et commune, l'obligation du service militaire pour tous les citoyens indistinctement, complétaient l'ensemble des réformes intérieures qu'il proposait aux nations modernes.

Dans leurs relations extérieures, il leur reprochait de s'être confiées aux mains impures des diplomates tortueux. Il montrait que cette méthode de ruses et d'intrigues dans les négociations avait amené les peuples à ne se lier que par des traités instables, où la mauvaise foi dans les engagements assurait la mauvaise foi dans leur exécution. Il représentait l'Europe livrée aux oscillations nées de frauduleuses tactiques, quand la franchise et la justice dans les relations internationales auraient affermi le repos et l'alliance de tous les peuples (1). La justice enfin, et non la passion, la raison et non l'égoïsme, étaient pour lui les bases du droit public, comme du droit na-

du Luxembourg. On y verra, entre autres vérités instructives, que onze personnes possèdent, dans une seule ville, un capital de 120 millions, et que la moitié du sol dans certains États est déjà hypothéquée aux capitalistes.

(1) Mably, dans son livre intitulé *Principe des négociations*, a fait un tableau de la diplomatie moderne qui peut se résumer dans ces charmantes paroles de Montaigne : « Nostre façon ordinaire, » c'est d'aller d'après les inclinations de nostre appétit, à gauche, » à dextre, contre monts, contre bas, selon que le vent des occasions » nous emporte; nous ne pensons ce que nous voulons qu'à l'in- » stant que nous le voulons, et changeons comme cet animal qui » prend la couleur du lieu où on le couche. Ce que nous avons à » ceste heure proposé, nous le changeons tantost, et tantost en- » cores retournons sur nos pas : ce n'est que branle et inconstance » Nous n'allons pas, on nous emporte; comme les choses qui » flottent, ores doulcement, ores avecques violence, selon que » l'eau est ireuse ou bonnasse. »

tional. Tout cela, c'est ce que demande encore en France
le parti démocratique.

Telle est l'œuvre de Mably étudiée avec impartialité.
Nous nous sommes attaché à en signaler les erreurs,
parce que les extraits que nous publions montreront assez
les vérités. Tout imparfaite qu'elle est, elle doit garder
une place considérable dans l'histoire philosophique
du xviii° siècle. Mably, comme Rousseau, comme Voltaire, comme Montesquieu, est un des initiateurs de la
révolution française. Et pour qu'on ne pût lui contester
cet honneur, ce fut la première de nos Assemblées ré-
volutionnaires elle-même qui lui donna rang parmi ces
philosophes hardis qu'elle reconnaissait pour ses maîtres.
Le 30 août 1790, les exécuteurs testamentaires de Mably ayant fait don à l'Assemblée nationale de plusieurs
manuscrits autographes de ce publiciste, l'Assemblée
ordonna qu'ils fussent déposés dans ses archives, et fit
répondre aux donateurs, par son président, Henry
Jessé, qu'elle était sensible à cette pieuse offrande.

Et cependant la plupart des écrivains (1) qui ont tracé
l'histoire de notre révolution, en recherchant l'influence
que les philosophes du xviii° siècle avaient eue sur les
hommes dont la main porta le dernier coup à la société
féodale, n'ont pas fait à Mably la part légitime de lumières et d'inspirations qu'il a droit de réclamer dans
cette bataille héroïque. Ses livres, trop oubliés aujourd'hui, furent, à la fin du xviii° siècle, recherchés
par tout ce qui se piquait d'un peu de sérieux dans l'esprit, et prétendait pénétrer à quelque profondeur dans
l'étude de l'histoire et de la politique. Barnave le citait

---

(1) Louis Blanc excepté.

volontiers à la tribune, quoiqu'il ne le comprît pas toujours ; et Robespierre, plus studieux et plus profond, en
était nourri à ce point que les pensées et même les expressions de notre philosophe se retrouvaient sous sa
plume (1) quand il composait ces immortels rapports,
justification du comité de salut public et suprême formule de la révolution française.

En effet, de tous les philosophes de son temps, Mably est celui qui résume le mieux dans ses livres et sa
personne la tendance démocratique. A la fois socialiste,
républicain et révolutionnaire, il ne méconnaît aucune
des faces du grand problème. Dans la révolution, il voit
le moyen moral ; dans le gouvernement républicain, le
moyen politique ; dans l'égalité sociale, le terme et le salut. Est-il beaucoup de socialistes de nos jours qui puissent se rendre le témoignage d'avoir été aussi complets,
aussi logiques ?

(1) Ainsi cette sublime pensée de Robespierre : « Il faut élever à la
» hauteur d'une religion cet amour de la patrie et cet amour plus
» sublime de l'humanité, etc., » est en germe dans cette phrase de
Mably : « Il est une vertu supérieure à celle de la patrie, et cette
» vertu c'est l'amour de l'humanité. » (*Entretiens de Phocion*,
4ᵉ entretien.)

MABLY.

THÉORIES SOCIALES

ET POLITIQUES.

CHAPITRE PREMIER.

DE L'ÉGALITÉ.

Comment persuader aux hommes qu'ils sont égaux entre eux, et parvenir à leur faire aimer cette vérité? Si je tenais ce propos devant ce grand seigneur, qui se plaint toujours avec tant de faste et d'orgueil des incommodités de sa grandeur qu'il aime plus que sa vie, il me faudrait perdre une semaine, un mois, une année, un siècle entier à lui démontrer que la nature n'a pas pris la peine de le pétrir d'une pâte plus fine que la mienne, et que nous sortons tous du même

limon : après tous ces beaux raisonnements il me
prendrait encore pour le sot ou le fat le plus vaniteux
qu'il y ait à Paris. Il ne s'agit pas de prouver cette
trivialité, mais il est important, je crois, de faire voir
pourquoi cette vérité doit servir de base à la philosophie.

Il me semble que j'en ai continuellement besoin
pour me défendre contre une foule de petites passions misérables que je porte en moi, qui se dégui-
sent à mes yeux pour me mieux tromper, et qui sont
continuellement sollicitées et irritées par le commerce du monde qui me présente de tous côtés des
supérieurs et des inférieurs : les uns anoblissent leurs
vices, les autres avilissent leurs vertus. Si je n'ai pas
accoutumé ma raison à me dire que tout homme est
mon frère et mon égal, je ne voudrais pas répondre
que je ne ressemblasse bientôt à je ne sais combien
de gens, qui sont si flattés d'approcher les grands,
qu'ils les citent, les imitent à tout propos, et croient
par là s'attirer une grande considération. Passe encore pour ce ridicule qui pourrait servir de sujet à
une comédie et nous faire rire ; mais j'ai peur qu'il
n'entraîne à sa suite une foule de vices très contraires à la morale. Si j'ai tant de respect et d'admiration pour les titres, les décorations et les honneurs,
il sera bien difficile que je sois content de mon état;
et ne me permettrai-je pas cent petites-libertés pour
en sortir ? Me voilà donc livré à l'ambition, à l'ambition en petit, et par conséquent à la plus vile et à la
plus dangereuse des passions, après l'avarice. Ne ren-
contre-t-on pas tous les jours de ces sots qui, dans
leur impatience de devenir des personnages, et

croyant déjà posséder les dignités auxquelles ils aspirent, se rengorgent, affectent d'avance des airs de grandeur, et se rendent souverainement impertinents? Je crois, sans me flatter, que j'aurais assez d'esprit pour me préserver de ce ridicule. Mais si je me prostitue aux pieds des grands dont j'admire la fortune, ne m'élèverai-je pas bêtement au-dessus de mes inférieurs? Peut-être même mettrai-je dans leur classe mes égaux; car la vanité est bien aveugle, bien stupide et bien injuste. Avec quel dédain ne traiterai-je pas mon domestique, ces ouvriers, ces artisans et tous ces hommes qu'on ne regarde communément que comme les valets de quiconque peut les payer? N'étant que juste, je me croirai cependant un modèle de la plus parfaite humanité. Cette première erreur peut mener bien loin; je ferai d'abord de petites injustices de sang-froid et sans remords; j'étoufferai en moi le germe des qualités sociales que la nature y a placées pour mon bonheur, et quels ravages enfin ne produira pas mon amour-propre! Mes prétentions s'augmenteront jusqu'au point de me rendre insensé; car pourquoi me préserverais-je seul des vices que cette aveugle vanité a rendus si communs?

Si l'égalité au contraire est une vérité pour moi, si elle est toujours présente à mon esprit, si elle vit dans mon cœur, de quels secours ne me sera-t-elle pas pour combattre et réprimer les passions que je dois le plus redouter? L'exemple de mes supérieurs ne me servira point d'apologie si j'ai la faiblesse de les imiter. Au lieu de me laisser enfler par les bassesses de mes inférieurs, dans qui la misère de leur

état et des occupations viles ont étouffé tout sentiment de leur dignité, n'éprouverai-je pas le mouvement d'une sorte d'indignation bienfaisante que je ne
puis définir, et qui nous fait souffrir de l'abjection
de notre semblable? J'aurai le courage de plaindre
les malheureux et, sans qu'ils s'en aperçoivent, de
leur tendre la main pour les élever jusqu'à moi, ou
de descendre jusqu'à eux. N'appréciant les faveurs
et les disgrâces de la fortune que ce qu'elles valent,
il me semble que sans effort je serai plus juste et
plus humain. J'aurai sans peine cette bienveillance
générale qui nous concilie les hommes, et qui, en les
rendant nos amis, contribue tant à notre bonheur.

Si, par esprit de justice, je n'abuse point de la faiblesse de mes inférieurs ; si, à l'exemple de certains
grands, et surtout de ces demi-seigneurs, qui me
paraissent bien maladroits, je ne cherche point à les
écraser brutalement du poids de ma prétendue grandeur ou si par des bontés orgueilleuses je ne les
avertis pas de se ranger loin et au-dessous de moi et
de me respecter; croyez que je ne ramperai point
devant mes supérieurs. Mon corps se plie respectueusement, disait Fontenelle, quand je salue un grand
seigneur, mais mon âme ne s'incline pas. Parole digne d'un sage qui connaît la dignité de l'homme, qui
se prête aux usages établis par une subordination
nécessaire, et nous traite comme des enfants dont il
faut ménager les préjugés et la faiblesse. Il n'y a
point d'excès dans l'égalité, tant que, naturelle et
sans faste, elle se confond avec la bonté et la famiarité; ne craignez pas de la pousser trop loin, lors-

que vous aurez affaire à des gens d'esprit ; ils se tiendront à leur place en vous aimant davantage. Ménagez les autres ; vous les embarrasseriez par trop d'égards, ils croiraient que vous les plaisantez, et ils n'oseraient prendre la liberté de vous aimer. Contre quelle règle de la morale pécherai-je si, à travers les vêtements communs ou la pourpre dont ce pauvre et ce riche sont couverts, je m'obstine à voir mon égal ?

Mais passons de notre petite morale privée et domestique à la grande morale des sociétés ; et nous verrons, je crois, que cette égalité, dont je me promets tant d'avantages dans l'obscurité de ma condition, ne sera pas moins utile aux plus grands états. C'est l'oubli de cette importante vérité qui a d'abord fait perdre de vue à nos pères l'objet pour lequel ils avaient renoncé à leur indépendance, en se soumettant à des lois et en créant des magistrats. Par une suite de cette convoitise qui naît en nous, avec nous, et ne meurt jamais, les citoyens à qui la nature avait accordé plus de pénétration, de lumière et de talent, dédaignèrent ceux dont la raison, si je puis parler ainsi, n'était qu'ébauchée. Leur orgueil se faisant des prétentions qu'ils ne tardèrent pas à regarder comme des droits incontestables, ils se séparèrent de la multitude, et la crurent destinée à leur obéir. Les idées primitives de l'égalité s'effacèrent. On ne comprit pas que la providence ne nous avait distribué si inégalement ses faveurs, que pour nous unir et nous rendre propres à remplir les devoirs plus relevés ou plus simples dont la société ne peut se passer. Les hommes les

1.

plus intelligents ne songèrent pas que la nature ne
leur avait donné ce génie supérieur que pour suppléer à l'incapacité des autres, et les conduire, de
même qu'un père dirige et conduit son enfant dont
la raison n'est pas encore développée : on trouva
plus commode et plus avantageux d'en faire des du-
pes.

Cette première injustice fut la source de tous nos
maux. Que devait-il en effet en résulter? Tandis que
les uns essayaient leur ambition naissante, qui faisait
naître une foule de passions également injustes, les
autres, malgré leur grossièreté, trouvèrent mauvais,
par instinct, qu'on voulût les rabaisser et les mépriser. De là des injures de la part des nouveaux
grands, car on ne se soucierait point d'être supérieur
à ses pareils s'il fallait leur cacher sa supériorité; et
ces injures divisèrent la république en deux partis,
et substituèrent des intérêts particuliers à l'intérêt
public. L'unité du corps politique fut détruite; et les
lois, après différents combats des passions excitées
les unes par les autres, ne furent enfin que l'ouvrage
de l'ambition ou de la vengeance, et les citoyens des
oppresseurs ou des opprimés.

Ce que je viens de dire, on le remarque dans l'histoire de tous les peuples, si on la lit avec quelque
attention; et je cède à la tentation de parler ici
des Romains, dont la fortune si florissante et ensuite
si malheureuse prouve d'une manière plus particulière la vérité que je présente. Le caractère des
Romains commençait à s'affaiblir beaucoup, lorsque
les chefs de la conjuration contre Tarquin, pour intéresser la multitude à leur entreprise, lui parlèrent

de n'obéir désormais qu'à des lois qui devaient ramener l'égalité. Quelle noblesse, quelle élévation, quelle force ne trouve-t-on pas alors dans les âmes? Ce fut une suite nécessaire de la politique des grands et des espérances du peuple qui confondirent leurs intérêts et leurs droits.

Si ce nouvel ordre de choses avait été proposé de bonne foi par les patriciens, Rome, au lieu de devenir conquérante et de préparer ainsi sa ruine, serait selon les apparences devenue une seconde Lacédémone; car l'amour de l'égalité l'aurait préparée à la pratique de la justice la plus exacte; et on n'est point injuste envers les étrangers quand on est juste envers ses concitoyens. Mais les grands, n'ayant voulu que tromper les plébéiens, eurent à peine forcé Porsenna à respecter le consulat naissant et appris la mort de Tarquin, qu'ils n'écoutèrent que leur orgueil et abusèrent de leur pouvoir. Que la fierté du peuple eût succombé sous la tyrannie du sénat, nous ignorerions aujourd'hui le nom de Rome et des Romains, et nous n'aurions peut-être aucune des lumières que nous leur devons, ou nous ne les aurions acquises qu'avec beaucoup plus de peine.

Quoi qu'il en soit, pendant la révolution qui s'était faite dans le gouvernement, le peuple acquit à la fois assez de vertu et de lumière pour réaliser ses espérances, et en jetant les fondements de l'égalité, pour créer des tribuns qui devaient le protéger, et renverser la barrière que les grands avaient élevée entre eux et la multitude. Ce caractère de la grandeur romaine se développe au milieu des querelles qui divisent le sénat et le peuple et ne tendent qu'à leur donner un même intérêt. Que de vertus et de talents la persévérance des tribuns et du peuple à vouloir égaler les patriciens ne fit-elle pas naître dans la république? Une émulation générale changea, pour ainsi dire, toutes les passions en autant de vertus. De là cette sublime politique qui, préparant et assurant le succès de ses entreprises, donnait tant de supériorité aux Romains sur tous les autres peuples.

Voilà les fruits de l'égalité ; mais les patriciens, ne cherchant qu'à distraire le peuple des occupations de la place publique, eurent la malheureuse adresse d'irriter sa fierté et son courage contre les nations voisines. Tout fut vaincu, subjugué et soumis. Mais tandis que la république n'est point encore écrasée sous le poids de son empire, et continue même à triompher de ses ennemis, j'entrevois déjà un commencement de décadence qui m'annonce une ruine certaine. Pourquoi? c'est que l'égalité ne peut plus subsister dans une république si étendue, si puissante et en apparence si heureuse ; c'est que les dépouilles des vaincus, après avoir d'abord affaibli les mœurs, ne tarderont pas à détruire toutes les vertus les unes après les autres. Les richesses ayant ruiné l'égalité des fortunes, il était impossible de rapprocher les riches et les pauvres, comme on avait autrefois rapproché les patriciens et les plébéiens. Autrefois les querelles avaient servi à concilier les esprits; elles ne servirent désormais qu'à les diviser davantage, parce qu'il ne peut y avoir aucun traité entre le luxe des riches et la misère des pauvres.

Quand, à force d'éloquence et de démonstration,

on aurait fait le miracle de réduire les grands et
les riches à se contenter d'une entière égalité avec
les personnes qu'ils méprisent, je ne sais si les
petits et les pauvres y voudraient consentir, ou
du moins s'ils pourraient prendre des sentiments
conformes à leur nouvelle situation. Les choses
en sont venues, dans presque toute l'Europe, à un
tel degré d'avilissement et de misère, qu'ils auraient
une sorte de répugnance ou de honte à égaler les
autres, et se trouveraient embarrassés à leur côté.
N'avez-vous jamais rencontré de ces homme vils, si
convaincus de leur néant et si flattés d'approcher de
leurs supérieurs, qu'ils achètent par des bassesses
l'honneur de les servir et de mériter un de leurs
regards? Le peuple a des emportements d'insolence,
mais aucun principe d'égalité. J'ai cru remarquer
cent fois dans les personnes même qui se piquent de
penser avec le plus de justesse et de force, qu'elles se
laissent surprendre par l'éclat des grandeurs et des
richesses, et retombent machinalement dans la place
où la fortune les a fait naître.

Les grands sont bien bons de craindre que les
petits ne les dépouillent de leur grandeur. Tous les
états ont eu à leur naissance des lois favorables à
l'égalité, tous cependant ont vu se former des distinctions et des préférences choquantes entre les citoyens;
et quoique les richesses et les dignités fussent d'a-
bord peu imposantes, elles ont cependant suffi pour
subjuguer la multitude : tant l'empire des richesses
et des dignités est puissant! Combien il fallut de
temps aux plébéiens mêmes de Rome, pour se résoudre à partager la magistrature avec les patriciens!

Le peuple cependant n'y était point accoutumé, comme il l'est aujourd'hui dans presque toute l'Europe, à n'être compté pour rien. L'exil de Tarquin lui avait inspiré l'amour le plus extrême de la liberté; on lui avait donné l'espérance ne ne plus obéir qu'aux lois; il avait soutenu une guerre longue, opiniâtre, et qui avait dû élever ses sentiments; toutefois ces malheureux plébéiens, combien n'éprouvèrent-ils pas de mauvais traitements de la part des nobles, avant qu'ils songeassent, je ne dis pas à les humilier, mais à se défendre? Le peuple, enfin lassé de la tyrannie des grands, se retire sur le Mont-Sacré; il est assez fort pour perdre ses ennemis, ou reprendre l'égalité que lui donnent les lois; mais je ne sais quel respect arrête sa vengeance; et son ambition se borne à n'être pas opprimé. Les magistrats qu'il charge de veiller à sa sûreté n'ont aucune marque de magistrature, et sont assis humblement à la porte extérieure du sénat. Ces tribuns qui connaissaient leurs forces, et si empressés à relever la dignité de leur ordre pour augmenter leur pouvoir, quelle peine n'eurent-ils pas à faire goûter aux plébéiens les principes de l'égalité? Si la multitude s'agite quelquefois dans la place publique, si tout retentit de ses plaintes, si elle paraît résolue à s'emparer de l'autorité, ne craignez rien; une sorte d'instinct aveugle et confus, fruit de l'habitude et de je ne sais quelle pudeur, retient les plébéiens; et sans qu'ils s'en aperçoivent eux-mêmes, cet instinct calmera leur inquiétude. Il faut qu'ils se familiarisent peu à peu avec l'ambition qu'on veut leur inspirer, et s'ils obtiennent dans un moment d'emportement le privilége de partager les faisceaux avec les patriciens, il s'écoulera deux siècles avant qu'ils osent jouir de cet honneur (1).

C'est en réfléchissant sur les droits et les devoirs de l'homme, que j'ai senti mon âme s'agrandir. Dans les hommes les plus humiliés par la fortune, je crois voir des princes détrônés que l'on retient dans les fers ; dans les grands, je ne vois plus que des espèces de geôliers... N'en doutons point, la Providence produit aujourd'hui, et produira toujours un nombre égal de ces hommes privilégiés qu'elle destine à éclairer et conduire les autres. Ils suffiraient encore à tous nos besoins, si, par une suite de la longue corruption des temps, nous n'étions malheureusement parvenus à rendre tant de bienfaits inutiles. En effet, combien de grands hommes dont on ne sait pas profiter ! combien de raison, de lumières, de vertus et de talents sont étouffés dans ceux qui forment la dernière classe, et pour ainsi dire, la lie de la société ! On trouverait des Cincinnatus dans nos campagnes, des Miltiade dans nos villes ; mais, nés sans éducation, sans secours et dans la misère, ils sont condamnés par la nécessité à suivre cette allure nationale

(1) Il n'est que trop vrai que le peuple lui-même, le peuple des opprimés, des faibles, des petits, contribue à maintenir l'esclavage qui l'accable par son respect pour les fausses grandeurs, par sa timidité en face des vieilles idoles de l'inégalité. Irrésistible au jour des révolutions, il est sans vigueur le lendemain de sa victoire. Vainqueur de ses tyrans, il ne l'est pas de ses préjugés.

qui décide de la bassesse de leurs mœurs, et qui captive ou plutôt éteint leur génie.

Pour les hommes que la fortune a placés à l'autre extrémité de la société, ne remarquez-vous pas tous les jours combien le poids de leur fortune, en les courbant vers la terre, leur rend inutile tout ce que la nature a fait en leur faveur?

A peine sont-ils nés, que la flatterie qu'ils ne peuvent pas encore entendre, a cependant déjà engourdi ou endurci leur cœur. Ensuite leur raison est retardée ou plutôt arrêtée par les soins trop multipliés qu'on prend pour la former et l'étendre. On n'ose point, par respect, la contredire, et, pour se rendre plus nécessaire, on ne lui permet pas d'essayer ses forces. Bientôt, en voyant que tout s'abaisse devant lui, un enfant se croit supérieur à tout. A mesure que les passions croissent, la raison s'obscurcit, les préjugés se multiplient. A peine peut-on enfin suffire à toutes les folies de sa fortune. Et comment soupçonnerait-on alors qu'il y a une philosophie? C'est l'opinion publique qui gouverne ces enfants de la fortune; et vous savez le cas qu'il faut faire de ses caprices et de ses rêveries.

Plus j'y réfléchis et plus je suis convaincu que l'inégalité des fortunes et des conditions décompose, pour ainsi dire, l'homme, et altère les sentiments naturels de son cœur; parce que des besoins superflus lui donnent alors des désirs inutiles pour son bonheur véritable, et remplissent son esprit des

préjugés ou des erreurs les plus injustes et les plus
absurdes. Je crois que l'égalité, en entretenant la
modestie de nos besoins, conserve dans mon âme
une paix qui s'oppose à la naissance et aux progrès
des passions. Par quelle étrange folie mettrions-nous
de la recherche, de l'étude et du raffinement dans
nos besoins, si l'inégalité des fortunes ne nous avait
accoutumés à regarder cette délicatesse ridicule
comme une preuve de supériorité, et n'eût valu par
là une sorte de considération? Pourquoi m'aviserais-
je de regarder comme au-dessous de moi un homme
qui m'est peut-être supérieur en mérite? pourquoi
affecterais-je quelque préférence? pourquoi prétendrais-je avoir quelque autorité sur lui, et ouvrirais-
je ainsi la porte à la tyrannie, à la servitude et à tous
les vices les plus funestes à la société, si l'inégalité
des conditions n'avait ouvert mon âme à l'ambition,
comme l'inégalité des fortunes l'a ouverte à l'avarice?
Il me semble que c'est l'inégalité seule qui a appris
aux hommes à préférer aux vertus bien des choses
inutiles et pernicieuses. Je crois qu'il est démontré
que dans l'état d'égalité rien ne serait plus aisé que
de prévenir les abus et d'affermir solidement les lois.
L'égalité doit produire tous les biens, parce qu'elle
unit les hommes, leur élève l'âme et les prépare à des
sentiments mutuels de bienveillance et d'amitié; j'en
conclus que l'inégalité produit tous les maux parce
qu'elle les dégrade, les humilie et sème entre eux la
division et la haine. Si j'établis des citoyens égaux,
qui ne considèrent dans les hommes que les vertus et
les talents, l'émulation se tiendra dans de justes
bornes. Détruisez cette égalité, et sur-le-champ l'é-

mulation se changera en envie et en jalousie, parce qu'elle ne se proposera plus une fin honnête.

Pour se convaincre de la vérité de ces réflexions, il suffit d'étudier le jeu de nos passions, d'examiner avec quelle adresse et quelle diligence elles profitent de tous leurs avantages, et comment en se heurtant, se choquant, s'irritant, elles parviennent à nous dominer. Voyons ensuite ce qui se passe autour de nous : moins il subsiste d'égalité dans un état, et plus j'y découvre de vanité, de bassesse, de dureté, d'avarice et de tyrannie. L'éducation a beau nous apprendre à déguiser ces sentiments, ils transpirent de toutes parts; je les reconnais tous les jours sous le masque dont ils se couvrent, et ils n'attendent qu'une occasion importante pour se montrer sans pudeur. Il y a quelques âmes privilégiées à qui la nature semble avoir imprimé d'une manière plus forte les qualités sociales. Comment sont-elles parvenues à se préserver de la contagion générale? C'est par le secours d'une raison cultivée et éclairée qui fait mépriser tous les préjugés que donnent de grandes richesses, de grands titres et une haute naissance. L'égalité leur est chère, parce qu'elles n'ont pas besoin des misérables distinctions que nous avons imaginées pour être distingués.

Mais quelques exceptions dont on est étonné ne détruisent point une règle générale; et le genre humain se livrera toujours aux vices que doit produire l'inégalité. Dès qu'on suppose les richesses inégalement partagées, peut-il se faire que les plus riches ne s'abandonnent pas au conseil d'une paresse enchanteresse? Sera-t-on oisif sans imaginer de nou-

veaux plaisirs et de nouvelles commodités? Aura-t-on
une délicatesse un peu recherchée sans y mettre un
certain prix, une certaine valeur? Et commencera-
t-on à s'estimer si follement, sans commencer à mépriser ceux qui sont restés dans leur première simplicité? Il ne peut point y avoir d'inégalité dans
la fortune, sans qu'il n'y ait des riches, et par
conséquent des pauvres. Ceux-ci ne vendront-ils
pas leurs services aux autres, et leur âme ne sera-
t-elle pas humiliée? Ne jugeons pas de ce commencement de corruption par les abus médiocres
qu'il produit d'abord, mais par l'avenir malheureux qu'il annonce. Vouloir donner des bornes à ce
qui est mal, dit un des plus grands hommes de l'antiquité, c'est prétendre qu'un fou qui se précipite
du rocher de Leucade sera le maître, s'il le veut, de
se retenir au milieu de sa chute. Pour peu qu'on
s'écarte de la raison, les passions se poussent et s'a-
vancent avec une extrême vitesse. Dès qu'on commence à leur obéir, on se plaît à ne leur point résister : Cicéron a raison, et nos maux sont sans remède.

Suivons cette chaîne de tous nos vices, dont le premier anneau tient à l'inégalité des fortunes. Dès que
les richesses donneront quelque considération, il
faut que les riches s'essayent à usurper l'autorité
publique. Comment voudrait-on que la pauvreté si
humble et si vile pût les retenir? Si l'ambition se
conduit à l'égard des pauvres avec quelques ménagements, son succès est certain. L'État se trouve dans
le despotisme avant de s'en apercevoir, et l'imbécillité du peuple éternisera sa servitude. Si l'inégalité

des fortunes est assez grande pour que les riches,
plus entreprenants et plus audacieux, aspirent ouvertement à la tyrannie, vous verrez que les pauvres,
soit parce qu'ils ne sont pas encore familiarisés avec
le joug, soit parce qu'ils sont révoltés par une injure
nouvelle, se soulèveront et feront un effort en faveur
des droits de l'humanité. De là cette foule de dissensions, de querelles, de conjurations, de guerres
civiles et de révolutions, qui, après avoir déchiré la
république, causent sa ruine.

Si quelque hasard favorable suspend ces agitations,
et que les partis ennemis paraissent se réconcilier,
l'État sera plus ou moins heureux, suivant que les
lois, dont on sera convenu, rapprocheront plus ou
moins les citoyens de l'égalité. Si cette égalité n'est
pas entière, le feu n'est point éteint, il n'est que
caché sous la cendre, et vous devez vous attendre à de nouveaux incendies. Les richesses sont-elles enfin parvenues à établir l'aristocratie? Ce gouvernement ne subsistera qu'autant que la fortune des
tyrans du peuple sera égale. Si les uns acquièrent de
grandes richesses, tandis que les autres resteront
dans leur première médiocrité, les mêmes troubles
qui ont détruit le pouvoir du peuple détruiront l'autorité des aristocrates. Chaque jour le gouvernement
sera confié à un moins grand nombre de mains. Il se
forme des complots, des partis et des ligues. Déjà
l'oligarchie est établie; et les passions, qui ont uni
quelques tyrans, ne tarderont pas à les diviser. Après
avoir soumis de concert la république, chacun d'eux
voudra soumettre ses collègues. Celui qui prendra
l'ascendant va établir sa puissance en faisant périr

tout ce qui lui porte ombrage. Aux lois détruites succède une volonté aveugle et arbitraire ; et des hommes qui s'étaient réunis en société pour être heureux sont poussés par degrés de malheurs en malheurs toujours plus grands, et subissent enfin sous des empereurs, tantôt insensés, tantôt imbéciles, tantôt cruels, tantôt injustes, et toujours accablés du poids de leur pouvoir, le châtiment qu'ils ont mérité en s'écartant des vues de la nature.

Tels sont en partie les maux que nous avons rassemblés sur nos têtes, depuis que l'inégalité des fortunes ne nous a plus permis d'avoir des lois impartiales. Est-il nécessaire d'entrer dans des détails ? Parlerai-je de la mendicité, qui déshonore aujourd'hui l'Europe, comme l'esclavage a autrefois déshonoré les républiques des Grecs et des Romains ? Ce n'était pas sans doute assez des malheurs domestiques que nous nous sommes faits ; les nations se sont armées les unes contre les autres, et tous les droits de l'humanité ont été violés. Des terres, dit Platon, qui suffisaient à des citoyens qui ne connaissaient dans l'égalité que les besoins simples et peu nombreux de la nature, ne purent plus suffire à l'entretien d'une société à qui l'inégalité des fortunes avait appris à estimer les richesses, le luxe et les voluptés. Il parut avantageux de piller ses voisins, et parce que le pillage était utile, il fut bientôt plus honoré que la justice, dont on n'eut dès lors que des idées fausses. Nous nous fîmes deux poids et deux mesures, et, à la honte de notre raison, les riches infligèrent la peine de mort contre le vol, parce qu'ils pouvaient être volés ; et approuvèrent les con-

2.

quêtes, parce qu'ils étaient eux-mêmes les voleurs des nations.

Mais ce n'est point en faisant un tableau des désordres que l'inégalité a causés, que je me borne à prouver que l'égalité est nécessaire aux hommes. La nature en avait fait une loi à nos premiers pères, et elle avait déclaré ses intentions d'une manière si claire, qu'il était impossible de les ignorer. En effet, qui peut nier qu'en sortant de ses mains, nous ne nous soyons trouvés dans la plus parfaite égalité? N'a-t-elle pas donné à tous les hommes les mêmes organes, les mêmes besoins, la même raison? les biens qu'elle avait répandus sur la terre ne leur appartenaient-ils pas en commun? Où trouvera-t-on un principe d'inégalité? Avait-elle établi à chacun un patrimoine particulier? Avait-elle placé des bornes dans les champs? Elle n'avait donc pas fait des riches et des pauvres. Avait-elle privilégié quelques races par des bienfaits particuliers, comme nous voyons que, pour établir l'empire des hommes sur les animaux, elle nous a doués de plusieurs qualités supérieures. Elle n'a donc pas fait des grands et des petits : elle n'a donc pas destiné les uns à être les maîtres des autres.

Ce n'est pas tout : pour affermir cette précieuse égalité, la nature n'avait-elle pas placé dans le cœur humain un sentiment de noblesse, d'élévation et de liberté, qui devait la défendre et la protéger? Avec quelle énergie ce penchant de l'âme ne se montre-t-il pas encore chez les nations libres? Quoique émoussé et expirant dans les pays despotiques, les esclaves eux-mêmes ne le retrouvent-ils pas en quelque sorte dans le fond de leur cœur, quand on leur fait une injure à laquelle l'habitude de leur misère ne les a pas accoutumés? Avec quelle force ce sentiment, que plusieurs siècles de servitude et de tyrannie n'ont pu détruire, devait-il se montrer à la naissance des choses? Plus l'égalité était nécessaire pour rendre les hommes heureux, plus il était digne de la sagesse de la nature de prendre des précautions pour la conserver. Tandis qu'il est si aisé d'abuser de nos qualités sociales; tandis que toujours voisines de quelque vice, elles peuvent si facilement se dénaturer; je vois, au contraire, que la providence n'a pas permis que le sentiment de l'égalité pût être outré. Plus il sera vif, plus il contribuera au bonheur. Jamais il ne peut dégénérer et devenir un vice, parce qu'il ne peut jamais être injuste; et que ne nous éloignant pas moins de la tyrannie que de la servitude, il unit les hommes et ne leur donne qu'un même intérêt. Le sentiment de l'égalité n'est pas autre chose que le sentiment de notre dignité; c'est en le laissant affaiblir que les hommes sont devenus esclaves, et ce n'est qu'en le ranimant qu'ils deviendront libres.

On ne tirerait, je crois, aucun avantage des inclinations, des forces et des talents différents des hommes, pour prouver que l'égalité dans laquelle ils sont nés ne pouvait subsister. On doit prendre garde de ne pas confondre notre état présent et celui de nos pères quand ils sortirent des mains de la nature. Combien l'inégalité une fois introduite parmi les citoyens n'a-t-elle pas produit de besoins, d'arts, de professions, de vices, de préjugés, d'habitudes et de passions, qui,

n'étant que son ouvrage et venus après elle, n'ont
pu par conséquent contribuer qu'à bannir l'égalité ?
Les besoins de nos premiers pères étaient trop simples pour que leurs inclinations fussent aussi variées
qu'on le prétend. Rappelons-nous ce qu'on a écrit
sur les mœurs des sauvages d'Afrique et d'Amérique :
nous verrons qu'ils sont renfermés dans un cercle
très étroit d'occupations, et que leurs besoins, qui
sont les mêmes dans leur égalité, leur donnent le
même caractère.

Je dis la même chose des talents ; la nature ne les
répand point avec assez d'inégalité pour qu'ils puissent établir une grande différence dans la condition
des hommes. C'est notre éducation, si capable d'a-
brutir les uns et de développer dans les autres les
facultés de leur âme, qui nous persuade que la providence a fait différentes classes d'hommes. Dans
les trous de rochers où habitent des populations
entières, la misère cache peut-être des Horace,
des Fersen, des Malbouroug, des Aristide, des
Épaminondas et un Lycurgue. Dans la première situation des hommes, une éducation égale développait
à peu près les mêmes talents dans tous, et si quelques citoyens étaient distingués par leur mérite, ils
étaient amplement récompensés par l'estime publique et par les magistratures auxquelles ils étaient
élevés.

Pour l'inégalité des forces, il ne m'est pas moins
difficile de concevoir comment elle a pu contribuer à
bannir l'égalité. La nature a-t-elle créé des Briarées,
des hommes à cent bras pour assujettir mon espèce ?
Non. Désarmé, sans les griffes et les dents d'un lion,

comment voulez-vous que je contraigne mes pareils à reconnaître une supériorité que je n'ai pas? Si j'abuse de mes forces, ne se formera-t-il pas une ligue pour me punir, et ne succomberai-je pas sous les efforts de huit ou dix hommes plus faibles que moi?

Est-ce avant l'établissement de la société, que l'on suppose que l'inégalité des forces ait détruit l'égalité dont nous parlons? En ce cas, je dirai que l'on fait un roman peu vraisemblable. Au milieu de l'indépendance la plus entière, quand on n'a pas encore l'esprit d'avoir des lois et des magistrats, quand on ne sait encore ce que c'est qu'ordonner, défendre et dominer, comment imaginer qu'il se forme des projets de tyrannie? On bouleverse toute la marche des idées et des passions humaines. Avant que de se soumettre à la volonté arbitraire d'un homme, on devrait s'accoutumer à la subordination, en commençant par se soumettre à des lois et à leurs ministres. N'est-ce qu'après l'établissement de la société, que sera arrivée cette funeste révolution? Mais je réponds que la force peut bien avoir servi de titre pour mériter de la considération et avoir du crédit chez un peuple grossier et barbare, mais non pas pour bannir l'égalité, quand une fois il est assez éclairé pour avoir formé une société. Puisque la fin que se proposent des hommes réunis par des lois est de former une masse de puissance publique pour arrêter et réprimer les violences et les injustices des particuliers, comment la force d'un citoyen lui servira-t-elle à faire reconnaître sa supériorité et sa tyrannie? Non, ce n'est point la faute de la nature si les hommes ont perdu leur égalité : ils n'ont point abusé des forces inégales qui leur étaient données; il faut recourir à d'autres causes. C'est la faute de la politique et des lois qui ont été assez imprudentes et assez inconsidérées pour permettre que des magistrats s'accoutumassent, dans l'exercice d'une trop longue magistrature, à la douceur de commander, eussent l'adresse de tourner la puissance publique à leur avantage particulier, et s'en rendissent enfin les maîtres.

Je ne nie pas que la nature ne nous distribue inégalement ses bienfaits, mais il me semble que ce n'est point avec une disproportion égale à la monstrueuse différence que nous voyons dans la fortune des hommes. En nous donnant des goûts, des qualités, des forces et des talents différents, elle n'a point voulu nous tendre un piége, ni nous préparer à la plus légère inégalité; car, quelque petite que vous supposiez cette inégalité, elle serait toujours un vice qui ne manquerait pas de prendre en peu de temps des forces, et de produire enfin les maux les plus extrêmes. La nature n'a cherché qu'à multiplier et à resserrer les liens qui doivent nous unir sous l'empire des lois. C'est par ce partage inégal, dont notre amour-propre nous empêche de nous plaindre, qu'elle nous rend plus utiles les uns aux autres, suffit à tous nos besoins, et nous invite à ce commerce de services et de bienfaits qui nous est nécessaire. Ces dons différents de la nature, qui contribuent à faire fleurir la société, contribuent, dans la naissance des choses, à la former. Si tous les hommes avaient eu dans le même degré les mêmes qualités, les mêmes inclinations, les mêmes forces, les mêmes talents, ils se seraient rapprochés moins aisément, et chacun aurait été moins disposé à se mettre à la place qu'il devait occuper.

Il ne faut pas croire qu'il ait fallu conserver l'indépendance comme l'égalité pour nous rendre heureux. Toutes deux, il est vrai, sont des dons de la nature, mais elles sont différentes, et elles ont été faites pour une fin différente; nous n'avons pas été créés égaux, parce qu'il nous importait de rester indépendants, mais nous sommes nés indépendants parce qu'il nous importait de naître égaux et de rester dans notre égalité. Cette vérité devient sensible, quand on fait attention que l'indépendance, qui consiste à ne rendre compte de sa conduite à personne, et à ne relever, si je puis parler ainsi, que des lumières de sa raison et des mouvements de sa conscience, ne peut subsister dans l'état de société où l'homme devenu citoyen voit au-dessus de lui des lois, des tribunaux et des magistrats. S'il nous a été utile de former des sociétés, il nous a donc été utile de renoncer à notre indépendance. Il n'en est pas de même de notre égalité. J'ai prouvé qu'elle est la source des plus grands biens, et qu'on ne peut la perdre sans s'exposer aux plus grands maux; il nous était donc utile de n'y pas renoncer (1).

Il me semble que ce n'est qu'en Turquie, ou dans

(1) Mably commet ici la même erreur que Rousseau en imaginant que l'homme, pour entrer en société, fait le sacrifice de son indépendance. Cette espèce de compromis, entre l'homme sauvage et la société, est une chimère. La société seule procure à l'homme tous les biens et ne lui demande point de se mutiler pour prix des avantages qu'elle lui promet.

quelque autre état despotique, qu'on peut croire que
la subordination, nécessaire dans la société, soit incompatible avec l'égalité. Si ma raison particulière
est subordonnée à la raison publique de l'État, si je
reconnais un souverain dont je fais partie, de même
que tous les autres citoyens, pourquoi ne serais-je
plus l'égal de ceux qui n'ont que les mêmes droits que
moi? Les magistrats, me dira-t-on, ne sont-ils pas
au-dessus de vous? Non, répondrai-je, à moins que
je n'aie été assez insensé pour me donner un maître,
ou que je n'aie accordé à ce magistrat le droit de
m'opprimer en lui abandonnant un trop grand pouvoir, ou des prérogatives qui séparent ses intérêts
des miens. Mais si, consultant les règles les plus
simples du sens commun, ces magistrats que j'ai
placés dans leur tribunal n'occupent qu'une place
que je puis occuper à mon tour; s'ils sont obligés
d'obéir aux lois comme moi; si je puis les punir pour
les avoir violées; s'ils ne sont que chargés de la pro-
curation de leurs concitoyens et de la mienne pour
maintenir l'ordre, et n'ont qu'une autorité empruntée
et passagère, pourquoi le respect que je dois à de
pareils magistrats m'avilirait-il au lieu de m'honorer?
Pourquoi une pareille subordination serait-elle opposée à l'égalité la plus entière? Je le sais, nous
avons besoin d'une puissance réprimante, mais je
suis sûr que, pour imposer aux hommes, les magistrats n'ont point besoin de tout cet appareil de faste,
de grandeur et de puissance qui les accompagne.

Ce qui prouve invinciblement que les hommes ne
sont pas destinés à rester égaux dans la société, dit-
on encore, c'est qu'avec quelque égalité que le partage

des terres ait été fait, il est impossible que la république n'ait bientôt des citoyens riches et des citoyens pauvres, et cette inégalité des fortunes produira nécessairement l'inégalité des conditions. C'est une destinée inévitable ; car il serait insensé de porter des lois pour ordonner aux citoyens d'avoir la même intelligence, la même industrie, le même goût pour le travail, et le même nombre d'enfants. Ainsi les terres produiront plus dans de certaines mains et moins dans d'autres, et avec une égalité de partage il y aura bientôt une inégalité de fortune. Laissez le temps de recueillir ou de partager les successions et les héritages, attendez la troisième génération, et vous ne trouverez plus d'égalité dans votre république. La loi ordonnera-t-elle de faire tous les cent ans un nouveau partage des terres ? Dans ce cas le remède sera pire que le mal. A la fin de chaque siècle, on négligera de cultiver des terres qu'on n'espérera pas de conserver. Il se formera de tous côtés des cabales et des partis, et, au lieu de réformer la république, vous la perdrez.

Je répondrai qu'il n'est pas impossible de remédier à la plus grande partie de ces inconvénients, ou plutôt de les prévenir, puisqu'il est prouvé que les Spartiates ont vécu pendant six cents ans dans la plus grande égalité, et que l'on ne peut nier que des institutions qui ont subsisté pendant six siècles ne tenaient point à une mode, à un enthousiasme, à un fanatisme passager, et pouvaient, par conséquent, se conserver pendant un million d'années. Quel fut le secret de Lycurgue pour opérer ce prodige ? Il

sentit la force de cette objection, et ne se contentant
pas de partager également les terres et de ne produire
qu'un bien passager et très court, il ôta à ses concitoyens la propriété de leurs terres. Elles apparte-
naient à la république, qui en distribua une portion
à chaque père de famille, pour en jouir en qualité de
simple usufruitier. S'il se glissa différents abus chez
les Spartiates, s'ils furent enfin les maîtres de disposer à leur gré de leurs terres, et si cette révolution
funeste perdit sans ressource la république et les lois
de Lycurgue, il me semble qu'on en peut tirer les
instructions les plus utiles sur la nature des propriétés ; il me semble que l'on en doit conclure que nous
ne pouvons trouver le bonheur que dans la communauté des biens.

CHAPITRE II.

DE LA PROPRIÉTÉ.

J'ai assez parlé des avantages de l'égalité ; et mon dernier argument, pour prouver qu'elle ne peut subsister avec la propriété des biens, est d'une si grande force, que je ne balance point à regarder cette malheureuse propriété comme la première cause de l'inégalité des fortunes et des conditions, et, par conséquent, de tous nos maux. Les poëtes, que Platon voulait chasser de sa république, ont mieux connu que les législateurs et la plupart des philosophes l'origine, la marche et les progrès des sentiments du cœur humain. Ils ont appelé *siècle d'or* cet heureux temps où les propriétés étaient inconnues ; et ils ont senti que la distinction du tien et du mien avait produit tous les vices.

Quelle misère, que des personnes qui passent pour philosophes répètent éternellement les unes après les autres, que sans la propriété il ne peut

point y avoir de société! Est-il vrai que ce soit pour
s'assurer la jouissance de ses possessions, qu'on ait
fait des lois et des magistrats? Les hommes se sont
rapprochés, parce qu'ils avaient des qualités sociales,
et que leurs besoins les invitaient à s'aider et à se
servir mutuellement. C'est parce qu'ils étaient sujets
à des mouvements d'impatience, de colère, d'emportement, de haine et de vengeance; c'est parce que
tous n'étaient pas également dociles aux conseils de
leur raison, et que souvent on abusait du droit de se
venger et de punir ses ennemis, qu'on établit une
puissance publique à qui on remit le soin de punir,
de venger ou de réparer les injures et les injustices
des particuliers. Certainement la société s'est formée
avant que la terre fût assez peuplée pour que ses
productions spontanées, la chasse et la pêche, ne
pussent plus suffire à la subsistance de ses habitants.
Pourquoi les hommes auraient-ils imaginé, dans cette
situation, de cultiver les champs? Ce n'est que le
besoin qui peut nous forcer à travailler. La terre
n'avait alors aucun prix, aucune valeur; autant qu'on
peut remonter à l'origine des nations, tous les mo-
numents ne nous indiquent-ils pas qu'elles ont commencé par être errantes? Comment donc pouvaient-
elles avoir des propriétés? Si les sociétés se sont for-
mées sans les connaître, pourquoi n'auraient-elles
pu subsister sans leur secours?

Quand les hommes, en se multipliant, sentirent
enfin la nécessité d'avoir des demeures fixes et de
cultiver la terre, la première idée qui se présenta
à leur esprit fut-elle de faire un partage et d'établir
des propriétés? En faisant un établissement nou-

veau, il est de la nature de notre esprit de se conduire encore par les idées avec lesquelles l'habitude l'a familiarisé. Il est donc raisonnable de penser que nos pères, obligés de travailler pour se procurer une subsistance plus commode, réunirent leur travail en commun, comme ils avaient déjà réuni leurs forces pour former une puissance publique. Après avoir uni leur travail, ils devaient recueillir en commun. Avec quelle sagesse la nature avait tout préparé pour nous conduire à la communauté des biens, et nous empêcher de tomber dans l'abîme où l'établissement de la propriété nous a jetés ! Pour moi, je l'avoue, bien loin de regarder cette communauté comme une chimère impraticable, j'ai de la peine à deviner comment on est venu à établir des propriétés. Je n'ai là-dessus que des conjectures qui ne me satisfont pas entièrement ; et si je ne craignais de manquer de respect à nos pères, quel reproche ne leur ferais-je pas pour avoir fait une faute qu'il était presque impossible de faire.

On dit : Pourquoi nos pères sont-ils coupables, et quels grands obstacles ont-ils eus à surmonter pour devenir méchants? Il semble que les sottises ne sont que trop naturelles aux hommes. N'est-il pas tout simple que ce fond d'avarice et d'ambition que nous portons dans notre cœur n'ait pas voulu se contenter de la communauté de biens? Si ces deux passions, avant que d'être aiguillonnées par la propriété, étaient beaucoup moins actives qu'aujourd'hui, elles devaient cependant nous solliciter avec assez de constance et de force pour obtenir enfin tout ce qu'elles demanderaient ; et il aurait fallu une espèce de mi-

3.

racle pour que nos pères n'eussent pas fait la faut
qu'on leur reproche.

On aurait raison, si la nature avait fait l'homme
avare et ambitieux, comme elle l'a fait sensible à la
pitié, à la colère, à la reconnaissance, à l'amitié, etc.
Mais puisqu'elle voulait le mettre à portée de se rendre
heureux, elle s'est bien gardée de lui donner les deux
vices qui contribuent le plus à son malheur. L'ambition et l'avarice ne sont pas mères, si je puis parler
ainsi, mais filles de l'inégalité. Pour se convaincre
que ces deux passions étaient inconnues à la naissance des choses, et ont suivi et n'ont pas précédé la
propriété, il suffit de faire attention qu'avant cet établissement, les richesses ne consistant qu'en des
fruits que le temps altérait et corrompait promple-
ment, il était inutile d'en cueillir ou d'en cultiver
plus qu'on n'en pouvait consommer. Puisqu'il n'y
avait point de fortune, il ne devait point y avoir d'a-
varice. Mais le germe de cette malheureuse passion
fut jeté parmi les hommes, dès que la propriété fut
connue. Le citoyen ne regarda plus le champ qu'il
cultivait du même œil qu'il l'avait vu jusqu'alors; il
s'occupa davantage de lui-même dans son travail ; il
oublia le bien public, et fut dès lors moins généreux.
Il s'établit un commerce des denrées que chaque famille ne put consommer. Le superflu ne fut plus une
chose inutile depuis qu'on pouvait l'échanger; les
besoins augmentèrent, on sentit l'avantage d'être
riche. Voilà l'avarice ; et elle ne tardera pas de s'accroître en inventant tous les jours de nouveaux
moyens de se satisfaire.

Il en est de même de l'ambition. Je sais que quel-

ques philosophes ont prétendu que nous naissons
ennemis les uns des autres, et qu'en commençant à
respirer, les hommes eurent le désir de se faire la
guerre, de se déchirer et de s'asservir mutuellement;
mais au lieu de m'arrêter à réfuter cette absurde
philosophie, ne suffit-il pas de demander sur quelle
apparence de raison on imagine que la nature ait arrangé de telle sorte notre condition, qu'un homme
ne puisse être heureux qu'aux dépens d'un autre?
Tout ne nous dit-il pas que le soin de notre conservation a d'abord dû nous occuper entièrement? Pourquoi veut-on qu'un être qui pense s'expose aux dangers de la guerre sans espérance d'un bien? Si on
veut me persuader que les hommes avaient de l'ambition avant la naissance de la société, il faut me faire
voir les avantages que cette passion pouvait leur présenter; il faut me démontrer qu'il n'y a point d'absurdité à supposer que des hommes qui n'avaient que
des idées d'égalité, de liberté et d'indépendance,
pouvaient former des projets d'empire, de servitude
et de tyrannie.

Passe encore, si on avait rejeté la naissance de
l'ambition au temps où les sociétés se formèrent.
On pourrait dire, avec quelque ombre de vraisem-
blance, que les magistrats, flattés du plaisir de commander, et fiers de se voir les ministres des lois,
se livrèrent à des espérances ambitieuses; mais j'a-
voue que j'aurais quelque peine à le croire. Comment ces espérances ambitieuses pouvaient-elles
s'associer avec l'égalité à laquelle on était accoutumé avant l'établissement des propriétés? Chez
tous les peuples dont nous connaissons l'histoire,

l'avarice a toujours précédé l'ambition. Plus une nation est pauvre, moins il doit s'y former de projets d'ambition et de tyrannie. Pourquoi cela? C'est qu'il est infiniment aisé à des hommes pauvres d'arranger de telle manière les magistratures, qu'on n'ait rien à craindre de l'autorité des magistrats; et qu'ils seraient des insensés, s'ils osaient aspirer à n'être pas les simples organes de la loi. C'est que rien n'est plus facile dans cette situation que d'inspirer à tous les citoyens l'amour du bien public; et que cette vertu, qui étouffe l'ambition, ne laisse paraître que l'émulation et l'amour de la gloire. L'ambition suppose des propriétés. Avant qu'il y ait des ambitieux, il doit y avoir des riches qui jouissent de leurs avantages, et dont la fortune soit à la fois enviée et respectée. Sans cela l'homme se donnerait-il la peine d'être ambitieux? Étouffant et corrompant la plupart de ses qualités sociales, par quel intérêt pourrait-il se résoudre à commettre les injustices et les violences nécessaires au succès de l'ambition?

Rien ne me paraît plus aisé que de contenir les hommes dans le devoir, avant qu'on eût établi des propriétés; car rien n'était plus aisé que de pourvoir à leurs besoins et de les satisfaire. Je crois voir les citoyens distribués en différentes classes; les plus robustes sont destinés à cultiver la terre, les autres travaillent aux arts grossiers dont la société ne peut se passer; je vois partout des magasins publics, où sont renfermées les richesses de la république; et les magistrats, vraiment pères de la patrie, n'ont presque point d'autre fonction que d'entretenir les mœurs

et de distribuer à chaque famille les choses qui lui
sont nécessaires.

C'est, selon les apparences, la paresse qui troubla
le bonheur de cet âge d'or. Peut-être que des hommes plus indolents et moins actifs que les autres, et
qui attendaient leur subsistance du travail commun
de la société, la servirent avec moins d'assiduité et
de zèle. Leur nonchalance, comme tous les autres
vices, augmenta en n'étant pas réprimée. Les paresseux furent à charge à leurs concitoyens, qui se plai-
gnirent, et la république commença à être agitée par
ces dissensions. Si vous n'êtes pas contents de ces
conjectures, vous pouvez attribuer la naissance des
premiers désordres à l'injustice des magistrats, qui,
dans la distribution des fruits ou des autres choses
nécessaires, se firent à eux-mêmes une meilleure
part, ou marquèrent une préférence injuste pour
leurs parents et leurs amis.

Quoi qu'il en soit de ces premiers mécontentements
qui préparaient une révolution funeste, croit-on
qu'il fût impossible d'y remédier? Les passions alors
n'avaient point l'opiniâtreté et la force qu'elles eurent
depuis. Pour proscrire la paresse, il ne s'agissait que
d'encourager au travail en portant des lois qui auraient réveillé dans les citoyens l'instinct naturel qui
nous invite à rechercher l'estime de nos pareils, et à
craindre leur mépris. Pour arrêter les plaintes des
hommes laborieux qui trouvaient mauvais de travailler pour des citoyens inutiles à la société, il suffisait
de leur accorder des récompenses et des distinctions
qui les auraient fait regarder comme les bienfaiteurs
et les pères de la patrie. Si le mal venait des préfé-

rences injustes des magistrats dans la distribution
des fruits, on pouvait sans beaucoup de peine les
rappeler à leur devoir. Mille moyens, tous plus simples les uns que les autres, se présentaient à la politique de nos pères, et tous étaient également propres à maintenir l'ordre. Il serait inutile d'en parler,
et il est aisé de les imaginer, puisque plusieurs peuples, malgré l'emportement de nos passions, ont
encore trouvé le secret de prescrire des règles aux
magistrats, et de les contraindre à o éir aux lois.

On se livra sans réflexion à des mouvements de
colère, d'indignation et de vengeance. Puisque nous
ne vivons plus, dirent les citoyens les plus laborieux,
des fruits spontanés de la terre, et que le travail de
nos bras est nécessaire à la société, il est juste que
chaque citoyen y contribue également. Il n'y a qu'un
moyen pour bannir la paresse et châtier les paresseux; que désormais les fruits de la terre n'appartiennent qu'à ceux qui les auront cultivés et aux
ouvriers qui leur donnent pour ainsi dire une nouvelle existence. Nous espérons en vain que les magistrats mettront dans nos distributions la justice et
l'impartialité que nous désirons. Pour arrêter le cours
des maux dont nous nous plaignons, que tardons-
nous donc à porter une loi qui attribue et donne à
chaque citoyen la récolte que ses soins auront pro-
duite? Faisons un partage égal de nos terres, la nécessité, la plus puissante des lois, bannira la paresse;
le besoin donnera de la force, de l'activité et de l'industrie, et nos magistrats seront débarrassés d'un
emploi qu'ils ne peuvent remplir. On ne découvrit
point l'abîme qu'on creusait sous ses pas, et on porta

la loi funeste qui ordonnait le partage des terres.

On m'objecte qu'une pointe d'avarice est peut-être nécessaire aux hommes pour les faire agir ; que la communauté des biens répand une extrême langueur dans la société. Quel engourdissement ! La paresse, la plus paisible des passions, trouble cependant les citoyens. Pourquoi travailleraient-ils ? La culture de la terre doit être négligée, et les campagnes ne produiront que des moissons stériles sous des mains qui ne seront pas animées par la propriété ; car on ne travaille pas pour les autres avec la même ardeur que pour soi. Quel chétif spectacle auraient d'ailleurs présenté les sociétés qui, pour se gouverner par ces principes, auraient été obligées d'être extrêmement petites ? Quelle occupation fastidieuse pour des magistrats que l'unique soin de rassembler les productions de la terre, de visiter les ateliers des artisans, et de distribuer tristement aux citoyens les denrées et les vêtements dont ils ont besoin ! Enfin, si tous les hommes ne restaient pas dans ce premier état, ne voyez-vous pas que ceux qui se seraient opiniâtrés à ne point changer de situation auraient été bientôt envahis par quelque voisin dont l'avarice et l'ambition auraient fait une puissance formidable ?

Je réponds, si les hommes n'ont pas besoin d'avoir des propriétés pour être sensibles au plaisir et à la douleur, la communauté des biens ne les jettera pas dans cet engourdissement que l'on redoute. Je ne conviendrai point qu'on doive être avide et avare pour que la terre soit bien cultivée. Cette objection n'est pas nouvelle pour moi, on me l'a proposée cent fois, et cent fois j'ai prié mes adver-

saires d'observer qu'en ne se faisant pas une idée nette
de la différence qu'il doit y avoir entre des hommes
qui ne se sont pas écartés des institutions de la nature, et des hommes qui en sont monstrueusement
éloignés, il est presque impossible de s'entendre en
raisonnant avec eux. Par une erreur étrange, ils confondent les sentiments de notre éducation et ceux de
la nature : parce que dès l'enfance notre âme est ouverte aux erreurs et aux passions que nos pères se
sont faites, et qu'elles seules sont capables de nous
donner de l'action et du mouvement; nous nous
sommes accoutumés à les appeler abusivement l'instinct de la nature. N'ayant aujourd'hui pour toute
politique que l'art de nous servir de nos vices pour
nous remuer et nous donner de la vie, sans doute
nous resterions immobiles et sans action à la vue des
motifs qui détermineraient et entraîneraient les citoyens de mon âge d'or. Nous pesons tout au poids
d'un vil intérêt; nos plaisirs et nos douleurs dépen-
dent de nos gains et de nos pertes; mais des hommes
qui ne sont pas avares ont d'autres sources de plaisir
et de peine.

On ne travaille point, dit-on, avec la même ardeur pour les autres que pour soi; cette vérité est
incontestable pour tous les temps. Mais est-il vrai
que ce cultivateur infatigable, qui fait des récoltes beaucoup plus abondantes que ne l'exigent ses
besoins et ceux de sa famille, ne travaille pas pour
lui ! Il travaillera véritablement pour lui, si les lois
ont su attacher de la gloire et de la considération à
son travail. Au milieu de notre corruption, nous
voyons encore des hommes qui, conduits par l'estime

de leurs pareils et l'approbation de leur propre conscience, croient travailler pour leur bien particulier en s'immolant au bien public. Pourquoi donc la communauté des biens ne produirait-elle pas des héros? Nous sommes actifs et laborieux par avarice; en nous conformant aux intentions de la nature, nous l'aurions été par devoir pour éviter le mépris et goûter le plaisir qui accompagne la considération. Mais quand je serais obligé de convenir que dans la communauté des biens, les récoltes seraient moins abondantes que dans l'état de propriété qui dévaste tant de provinces, qu'en doit-on conclure? Il me semble que sans tomber dans une trop lourde absurdité, je pourrais croire qu'il est plus avantageux pour le genre humain d'avoir quelques vertus que beaucoup de fruits. Que deviendra, dit-on, la population? Il vaudrait mieux ne compter qu'un million d'hommes heureux sur la terre entière, que d'y voir cette multitude innombrable de misérables et d'esclaves qui ne vit qu'à moitié dans l'abrutissement et la misère. Mais j'ajoute que si les hommes n'avaient jamais établi la propriété, la terre serait aussi cultivée et aussi peuplée qu'elle peut l'être. Le bonheur ne multiplie-t-il pas les hommes? On n'aurait point vu de ces gouvernements qui dévorent les habitants.

On a demandé quel chétif spectacle présenteraient des sociétés nécessairement bornées à un petit nombre de familles; pour moi, je demande à mon tour quel spectacle si admirable offrent ces grands États, dont les parties mal unies se choquent, se heurtent, et ne peuvent former un corps régulier. Tandis qu'une

4

portion des citoyens s'abrutit dans la misère, l'autre
s'abrutit dans l'abondance. Tout languit, tout végète
à peine, tout meurt faute d'action, on ne connaît que
des mouvements momentanés et convulsifs; on veut
essayer ses forces et l'on ne sent que sa faiblesse; enfin une longue décadence annonce une ruine certaine.
En nous donnant de si faibles lumières, en mettant
des bornes si étroites à notre attention et à notre vigilance, la nature ne nous instruit-elle pas que nous
ne sommes point destinés à former de grands empires? J'en demande pardon à mes contradicteurs,
des hommes vertueux et heureux, quelque petit que
soit leur nombre, ne sont point une chose si chétive
aux yeux d'un philosophe. Ce qui me paraît ridicule,
ce sont ces grandes sociétés qui s'égarent avec méthode, que l'expérience n'éclaire jamais, et qui font
précisément tout ce qui peut augmenter leurs maux
en espérant toujours de les guérir.

Quelle occupation, dit-on, pour des magistrats,
que le soin d'examiner si chaque citoyen s'acquitte
avec exactitude du travail dont il est chargé, de rassembler dans des magasins, de conserver et de distribuer par égales portions les fruits de la terre et
les autres choses dont les familles auront besoin. En
effet, rien n'est si plat que des magistrats convertis
en piqueurs d'ouvriers, en régisseurs de terre et en
maîtres d'hôtel; sans doute il est bien plus sage
d'avoir épargné aux nôtres de si fades emplois, et
pour ennoblir leurs fonctions, de les mettre dans la
nécessité de ne rien faire ou de ne faire que des sottises. En effet, parlez-moi d'un magistrat occupé à
marchander les membres du parlement, qui étudie

le prix de chacun, et qui ne l'achètera que ce qu'il vaut précisément : voilà des talents qui honorent un être raisonnable. Nourrir et vêtir des hommes : quelle misère ! Il est bien plus beau d'imaginer des banqueroutes ou des tours de passe-passe pour piller les citoyens et acheter des voluptés à leurs dépens ; c'est dans ces heureuses inventions que l'esprit se déploie. Qu'on me pardonne mes mauvaises plaisanteries ; et je demande sérieusement, à mon tour, s'il est une occupation plus digne des magistrats que de veiller à la subsistance des hommes, de façon que cette vile pâture dont nous avons besoin tous les jours ne devienne pas un principe de trouble et de discorde.

Mais enfin il n'est pas vrai que dans la communauté des biens, les fonctions de la magistrature fussent bornées à la simple distribution des fruits et des vêtements. Nous éprouvions des désordres, puisque nous avons été forcés, pour les réprimer, de créer une puissance publique, des lois et des magistrats. Nos qualités sociales tiennent de bien près à quelque vice, la pitié à la faiblesse, l'émulation à l'envie, l'amour du plaisir à la volupté, l'orgueil à la vanité, l'amour du repos à la paresse, etc. Toujours prêts à nous égarer, toujours entourés de piéges, nous avons continuellement besoin que les lois nous gardent. Des magistrats sans cesse occupés du soin de les faire observer, d'épier nos besoins pour solliciter des règlements favorables, ou faire révoquer ceux qui ont été faits avec négligence ou trop de précipitation, ne pensent-ils qu'à des puérilités ? Dans les moindres abus, il faut démêler le principe des plus grands maux, et l'étouffer avant qu'il ait le temps de se dé-

velopper. Puisque les lois sont nécessaires pour
étayer notre raison chancelante et nos fragiles vertus,
soyez sûr que les magistrats ne manqueront jamais
d'affaires importantes. Mais quand ils seraient réduits
à n'être exactement que les économes de leurs concitoyens, de quoi se plaindrait-on? Serait-ce un si
grand malheur qu'une société eût une constitution
assez sage pour que ses magistrats, libres de tout
soin et de toute inquiétude, n'eussent rien à faire?
Aimerait-on mieux des États où les citoyens, gênés
par des lois qu'ils haïssent, lassent la constance du
gouvernement, trompent sa vigilance, et lui communiquent enfin tous leurs vices?

Je ne crains pas que la communauté des biens
laisse les citoyens indifférents sur le sort de l'État.
Moins on est occupé de ses richesses, de son luxe et
de ses voluptés, plus on est attaché au bien public;
on paraît s'oublier pour n'aimer que les lois : l'expérience le prouve, et la raison confirme l'expérience.
Si je n'ai aucune propriété, et que je reçoive des
mains des magistrats toutes les choses dont j'ai besoin, soyez sûr que j'aimerai ma patrie, parce que je
lui devrai tout. Ne nous faisons pas illusion, la propriété nous partage en deux classes, en riches et en
pauvres. Les premiers préféreront toujours leur fortune domestique à celle de l'État; et les seconds n'aimeront jamais un gouvernement et des lois qui permettent qu'ils soient malheureux. Les citoyens de ma
république compareront leur situation à celle des
ennemis qui les veulent subjuguer : fiers de leur
égalité, jaloux de leur liberté, ils verront qu'ils ont
tout à perdre en passant sous une domination étran-

gère, et leur désespoir donnera une force nouvelle à toutes leurs vertus.

※

J'ai de la peine à comprendre (1) comment ce qu'on appelle la propriété personnelle, la propriété mobilière et la propriété foncière, ou, pour parler autrement, la propriété de ma personne, le droit que j'ai aux choses nécessaires à ma conservation et la propriété de mon champ peuvent être « trois » sortes de propriétés tellement unies ensemble, » qu'on doive les regarder comme ne formant qu'un » seul tout dont aucune partie ne peut être détachée, » qu'il n'en résulte la destruction des deux autres. »

Par quelle raison les hommes auraient-ils perdu leur propriété personnelle, si en se réunissant en société, ils n'avaient pas établi des propriétés foncières. Si je me trouvais aujourd'hui dans une

(1) Les extraits suivants appartiennent au livre de Mably intitulé : *Doutes sur l'ordre naturel et essentiel des sociétés.* Cet ouvrage est écrit en forme de lettres adressées au rédacteur des *Éphémérides du citoyen*, journal qui appartenait à la secte des économistes disciples de Quesnay et de Gournay. Les rédacteurs principaux de cette feuille étaient l'abbé Baudeau, Dupont de Nemours, Mercier de la Rivière, etc. C'est à ce dernier, dont le livre : *De l'ordre naturel et essentiel des sociétés*, venait de paraître (1767), que s'adressent particulièrement les *Doutes* de Mably. Tout en respectant scrupuleusement la pensée et le style de notre auteur, nous avons modifié la forme épistolaire des objections pour conserver à ces extraits le ton général de dissertations philosophiques. Les passages entre guillemets sont la reproduction des opinions de Mercier de la Rivière que Mably réfute.

4.

société qui prît la résolution généreuse d'obéir aux
lois de Platon, et d'établir la communauté des biens,
pourquoi, mes concitoyens et moi, perdrions-nous la
propriété de nos personnes? Je me trompe peut-être;
mais il me semble que des choses qu'on ne peut séparer sans causer leur destruction doivent toujours
avoir été unies, parce qu'elles le sont essentiellement
et par leur nature. Cependant ces différentes propriétés ont existé séparément, puisque ce n'est que
quand les hommes vinrent à se multiplier, et que les
productions gratuites et spontanées de la terre ne
purent plus leur suffire, qu'ils sentirent la nécessité
de la culture; nécessité que devait suivre le partage
des terres, et d'où est née l'institution de la propriété
foncière. Or je demande pourquoi une institution
arbitraire des hommes, et qu'ils auraient pu ne pas
établir, ne peut être changée sans ruiner l'ordre
même de la nature. Combien de sociétés existent aujourd'hui, qui ne cultivent point la terre; et parce
que les Iroquois et les Hurons ne connaissent pas
entre eux le partage des terres et les propriétés foncières, leur refusera-t-on inhumainement la propriété
de leur personne? C'est la conséquence du principe
que l'on établit, mais je n'en sens pas la vérité.

« Sitôt, dit-on, que les progrès de la multiplication
» des hommes les obligent d'employer leur industrie
» à multiplier les subsistances, le besoin qu'ils ont
» de la culture les force d'instituer parmi eux une
» propriété foncière, qui devient ainsi d'une nécessité
» et d'une justice absolues. » Si l'on se contentait de
demander que chaque société eût en corps une propriété foncière, je n'aurais aucun embarras; car je

vois très bien qu'il est indispensable qu'une société
ait un domaine pour assurer la subsistance des citoyens ; mais qu'on regarde comme d'une nécessité
et d'une justice absolues une chose dont des sociétés
policées et florissantes se sont passées, voilà ce qui
confond ma raison et bouleverse toutes mes idées.

Les Spartiates ne connaissaient point les propriétés
foncières ; la république donnait à chaque citoyen
une certaine quantité de terre dont il n'était qu'usufruitier ; et cependant c'est en se tenant ainsi hors
de l'ordre naturel et essentiel des sociétés que Sparte
a fait de plus grandes choses que les états que l'on
juge plus sages qu'elle, et a joui d'un bonheur constant pendant six cents ans. Voici qui est bien plus
fâcheux ; c'est qu'on a remarqué que les Spartiates
ne devinrent aussi méchants que leurs voisins, et par
conséquent aussi malheureux, que quand un Ephore
eut fait porter une loi pour établir la propriété foncière, et donner aux citoyens des fonds dont ils dis-
poseraient à leur volonté. Je sais que les économistes
ne font pas grand cas de cette république ; mais je
prends la liberté de les avertir que, si ce mépris est
nécessaire à leur philosophie, ils dépréviendront
beaucoup de gens contre elle.

Il n'y a pas jusqu'aux jésuites qui ne leur fassent
des objections ; et ils se donnent la licence, au Paraguay, de braver impunément la loi essentielle de
l'ordre naturel. Leurs missionnaires, rassemblant
des Indiens épars dans les forêts, ont formé une
société dont tous les biens sont communs. Chaque
habitant est destiné, suivant ses talents, ses forces
et son âge, à une fonction utile ; et l'Etat, proprié-

taire de tout, distribue aux particuliers les choses
dont ils ont besoin. Voilà, je l'avoue, une économie
politique qui me plaît autant que si je n'avais pas lu
ce que nos philosophes ont écrit sur la propriété
foncière. On dit que les jésuites ont tourné à leur
avantage tous les profits de la république, et qu'ils
n'ont songé qu'à se faire des esclaves qu'ils abrutis-
sent sous le joug d'une dévotion superstitieuse ; mais
si, se bornant à être missionnaires et à donner des
mœurs aux Indiens, ils leur eussent appris à se gouverner par eux-mêmes, et à se faire des magistrats
qui seraient les économes de la république, qui ne
désirerait de vivre dans cette société platonicienne,
et qui de ses citoyens croirait avoir perdu la propriété
de sa personne, parce qu'il n'aurait pas un patrimoine qui lui fût propre?

Quand on avouerait que « le plus grand bonheur
» possible pour le corps social consiste dans la plus
» grande abondance possible d'objets propres à nos
» jouissances », pourquoi les habitants du Paraguay
n'auraient-ils pas ce bonheur? Pourquoi craindrait-
on que la terre ne leur refusât ses bienfaits? C'est
que l'abondance, me dira-t-on, est le fruit du travail,
et que le plaisir de la propriété peut seul donner le
goût du travail. Mais j'insiste, et je dis que nos Indiens seront dans le cas de nos manouvriers qui travaillent sans avoir de propriété ; et vous oubliez sans
doute que c'est la propriété qui a introduit l'oisiveté
et la fainéantise dans le monde. Quoi! les campagnes
seraient incultes, si l'envie d'avoir, d'acquérir et de
multiplier mes jouissances ne vient pas m'enlever à
une paresse stupide ! Quoi, il faut du luxe et des vo-

luptés pour féconder la terre ! Pourquoi donc l'amour du luxe et des voluptés finit-il toujours par dévaster les campagnes ? N'y aurait-il donc que l'avarice et la volupté capables de remuer le cœur humain ? Pourquoi l'amour des distinctions, de la gloire et de la considération ne produirait-il pas de plus grands effets que la propriété même ? On ne peut m'empêcher de supposer une république dont les lois encourageront les citoyens au travail, et rendront cher à chaque particulier le patrimoine commun de la société. Cette supposition n'a rien d'absurde, et n'en voyez-vous pas, comme moi, résulter la plus grande fertilité et la plus grande abondance ? Mais nos religieux, qui n'ont en particulier aucune propriété, et qui jouissent en commun des biens de la communauté, sont-ils indifférents sur le sort de ces biens ? Leurs terres sont-elles en friche ? Ne sont-elles pas, au contraire, mieux cultivées que celles du citoyen qui les avoisine ?

Que je crains que cet ordre naturel ne soit contre nature ! Dès que je vois la propriété foncière établie, je vois des fortunes inégales ; et de ces fortunes disproportionnées ne doit-il pas résulter des intérêts différents et opposés, tous les vices de la richesse, tous les vices de la pauvreté, l'abrutissement des esprits, la corruption des mœurs civiles, et tous ces préjugés et toutes ces passions qui étoufferont éternellement l'évidence, sur laquelle cependant les philosophes économistes mettent leur dernière espérance ? Ouvrez toutes les histoires, vous verrez que tous les peuples ont été tourmentés par cette inégalité de fortune. Des citoyens, fiers de leurs richesses, ont dédaigné de regarder comme leurs égaux des hommes condamnés au travail pour vivre; sur-le-champ vous voyez naître des gouvernements injustes et tyranniques, des lois partiales et oppressives, et, pour tout dire en un mot, cette foule de calamités sous laquelle les peuples gémissent.

Voilà le tableau que présente l'histoire de toutes les nations; je défie de remonter jusqu'à la première source de ce désordre, et de ne la pas trouver dans la propriété foncière. Que ne nous laissait-on avec la seule propriété personnelle que nous tenions des mains d'une nature bienfaisante! Elle nous destinait à être égaux, puisqu'aucun homme ne pouvait exiger d'un autre homme des devoirs qu'il ne fût pas obligé à son tour de remplir à son égard; elle nous avait donné à tous les mêmes besoins, pour nous avertir continuellement de notre égalité; elle nous unissait par des qualités sociales qui auraient fait notre bonheur, et qui sont devenues autant de passions brutales et féroces, dès qu'il y a eu des riches et des pauvres. Nous sommes bien punis d'avoir cherché le bonheur où l'auteur de notre être ne l'avait pas placé.

Comment veut-on que je trouve l'ordre naturel et essentiel de la société dans ce qui en fait précisément le désordre? Voilà mon embarras. N'aurait-il pas été digne de nos philosophes de développer les vérités que je ne fais qu'entrevoir, non pas pour nous dire qu'il faut renoncer à nos propriétés, et rentrer dans les voies de la nature, ce sermon serait inutile; mais pour nous présenter les vrais remèdes que la philosophie peut encore employer pour adou-

cir du moins et diminuer les maux que nous fait la
propriété foncière? Me trompé-je, si je dis qu'il fallait se borner à faire voir que, dès qu'une fois cette
sottise du partage des biens est faite, on est malheureusement condamné à en être éternellement la victime? Il me semble, en effet, que la propriété arme
en sa faveur cent passions qui prendront toujours sa
défense, et qui n'entendront jamais raison. Aucune
force humaine ne pourrait tenter aujourd'hui de rétablir l'égalité, sans causer de plus grands désordres
que ceux qu'on voudrait éviter.

Je ne puis abandonner cette idée agréable de la
communauté des biens. Supposons qu'il se présente
une occasion où le législateur soit le maître de donner
à ses citoyens les idées qu'il voudra; pense-t-on qu'il
dût alors plus s'occuper de la culture des fruits de la
terre que de la culture des qualités sociales? Je crois
deviner la réponse, et j'en conclus que quand la
propriété foncière serait beaucoup plus favorable à la
reproduction des richesses qu'elle ne l'est en effet, il
faudrait encore préférer la communauté des biens.
Qu'importe cette plus grande abondance, si elle invite
les hommes à être injustes, et à s'armer de la force
ou de la fraude pour s'enrichir? Peut-on douter sérieusement que, dans une société où l'avarice, la vanité et l'ambition seraient inconnues, le dernier des
citoyens ne fût plus heureux que ne le sont aujour-
d'hui nos propriétaires les plus riches? Mais ne nous
arrêtons pas aux maux domestiques que la propriété
foncière a produits. En dénaturant tous les rapports
qui doivent unir les citoyens d'un même État, n'a-
t-elle pas rompu tous les liens de la société générale?

Comment voudrait-on que des hommes accoutumé: à la propriété ne comprissent pas que leur fortune augmenterait si la république s'agrandissait aux dépens de ses voisins? De là les guerres étrangères. Des citoyens sans fortune particulière, riches du bien public, et égaux entre eux, n'auraient-il pas, au contraire, plus de motifs pour ne pas troubler la tranquillité de leurs voisins?

C'est d'après la connaissance de ces vérités que Lycurgue forma ses institutions, qu'on ne blâme souvent que parce qu'on n'en connaît pas l'esprit. Ne lui reprochez plus de n'avoir fait que des soldats; il fallait bien qu'il fît des hommes capables de défendre la Laconie et de protéger la Grèce, puisque la propriété, déjà établie partout, n'avait peuplé la terre que de brigands et de voleurs. C'est parce que les Romains connurent une partie des inconvénients inséparables de la propriété, qu'ils portèrent une loi pour défendre de posséder plus de deux cents arpents de terre (1). Ne pouvant plus, à l'exemple des Spartiates, établir la communauté des biens, ils voulurent du moins empêcher qu'il ne s'établît de trop grands propriétaires, dont ils avaient le bon esprit de prévoir et de craindre l'orgueil et la tyrannie ; et c'est parce que cette loi ne put être observée chez un peuple conquérant et enrichi des dépouilles des vaincus, qu'il éprouva enfin le même sort que ses ennemis.

(1) Mably commet ici une erreur historique. Il n'était point défendu à Rome de posséder plus de deux cents arpents de terre. Cette loi ne s'appliquait qu'aux terres du domaine public conquises sur l'ennemi, que l'on partageait aux citoyens ; et encore fut-elle constamment violée. Les autres manières d'acquérir n'étaient pas limitées.

Qu'on me permette donc de douter que l'ordre essentiel auquel la nature appelle les hommes, soit celui
qu'on nous présente. Il me semble que la nature
nous dit de cent manières différentes : Vous êtes tous
mes enfants, et je vous aime tous également ; je vous
ai donné les mêmes droits, je vous impose à tous les
mêmes devoirs ; la terre entière est le patrimoine de
chacun de vous. Vous étiez égaux quand vous êtes
sortis de mes mains, pourquoi vous êtes-vous lassés
de votre condition? Ne devriez-vous pas sentir que
vous ne tenteriez point impunément d'être plus sages
que moi? La philosophie ne doit-elle pas nous tenir
le même langage? Au lieu d'approuver nos erreurs
et d'en faire la règle de notre conduite, ne doit-elle
pas nous dire que plus nous ferons d'efforts pour
nous approcher de l'égalité, plus nous nous rappro-
cherons du bonheur? Cependant on veut nous persuader que « ceux qui se plaignent de l'inégalité des
» conditions ne voient pas qu'elle est dans l'ordre
» de la justice par essence » ; on nous assure que
« cette égalité chimérique est d'une impossibilité
» physique dans quelque état qu'on suppose les
» hommes. »

Voyons les preuves de ces étranges propositions.
« Une fois, dit-on, que j'ai acquis la propriété exclu-
» sive d'une chose, un autre ne peut pas en être
» propriétaire comme moi et en même temps. » Sans
doute, rien n'est plus vrai, dès que les hommes ont
partagé les terres, et sont convenus d'avoir des propriétés foncières ; mais c'est de cette convention qu'est
née l'inégalité des fortunes et des rangs ; et il est
question d'examiner si avant cela « l'inégalité des

» conditions était dans l'ordre de la justice par es-
» sence. » Pour le prouver, on me dit « qu'il ne faut
» point regarder l'inégalité des conditions comme un
» abus qui prend naissance dans les sociétés; que
» quand je parviendrais à dissoudre les sociétés, on
» me défierait de faire cesser cette inégalité. Elle a,
» ajoute-t-on, sa source dans l'inégalité des pouvoirs
» physiques, et dans une multitude d'événements ac-
» cidentels, dont le cours est indépendant de nos
» volontés. Ainsi, dans quelque situation que vous
» supposiez les hommes, vous ne pourrez jamais
» rendre leurs conditions égales, à moins que, chan-
» geant les lois de la nature, vous ne rendiez égaux
» pour chacun d'eux les pouvoirs physiques et les
» accidents. »

Cet argument irait à faire regarder le droit de la
force ou de la ruse comme un véritable droit, principe dangereux; et notre auteur est certainement
bien éloigné de croire que tout appartienne au plus
fort ou au plus adroit. Si mes qualités physiques ou
morales ne me donnent aucun droit sur un homme
moins bien partagé que moi des dons de la nature;
si je ne puis rien exiger de lui qu'il ne puisse exiger
de moi, par quelle raison prétendrais-je que nos conditions fussent inégales? Supposons que la société où
je vis soit dissoute, je me trouverais, par conséquent,
dans l'état de nature; et j'ai beau chercher autour de
moi, je ne vois ni supérieur ni inférieur. Il faut me
montrer en vertu de quel titre je pourrais établir ma
supériorité, ou cesser de nous dire que « l'inégalité
» des conditions est dans l'ordre de la justice par
essence, et que l'égalité n'est qu'une chimère, dans

» quelque état qu'on suppose les hommes. » Non, ces erreurs de l'humanité sont réprouvées par la nature, puisqu'elle nous en punit. Dès que nous avons eu le malheur d'imaginer des propriétés foncières et des conditions différentes, l'avarice, l'ambition, la vanité, l'envie et la jalousie devaient se placer dans nos cœurs pour les déchirer et s'emparer du gouvernement des États pour les tyranniser. Établissez la communauté des biens, et rien n'est ensuite plus aisé que d'établir l'égalité des conditions, et d'affermir sur ce double fondement le bonheur des hommes.

Les qualités physiques et morales ne sont pas égales dans tous les individus; et je sais, pour me servir des expressions de nos économistes, qu'emportés par le tourbillon des hasards, ils se rencontrent dans des circonstances plus ou moins heureuses, et que si on les abandonnait à eux-mêmes, l'égalité devrait bientôt se détruire. Mais n'est-il pas du devoir de la politique d'étouffer le germe du mal, ou d'empêcher qu'il ne se développe? Au lieu de résister aux efforts des vagues et des vents, le pilote doit-il s'abandonner à la tempête? Nos pères n'ont pas vu le danger qui les menaçait; bien loin de s'opposer à ce qui préparait l'inégalité des conditions, ils l'ont favorisée en établissant les propriétés foncières, et leur ignorance leur sert d'excuse. Mais à mesure que les sociétés ont vu les désordres se multiplier sous la protection de la propriété, et que les conditions de jour en jour plus inégales donnaient une nouvelle force aux passions, n'était-il pas du devoir de la politique de remonter à la source du mal, et d'opposer des digues à ce torrent prêt à déborder? Ne fallait-il pas, comme

Lycurgue, établir la communauté des biens, ou du moins, comme les Romains, implorer le secours des lois agraires? Ce que la politique n'a pas fait, parce qu'étant déjà détournée de son objet par l'intérêt des riches et des ambitieux, elle n'était plus que l'instrument de leurs passions, pourquoi nos philosophes ne le font-ils pas aujourd'hui? Leur devoir est de nous avertir de nos erreurs, et ils nous présentent les abus de nos passions comme les lois de la nature. « Faut-il » se proposer, dit-on, d'établir l'égalité des conditions? » Non. » C'est aussi mon sentiment; le mal est aujourd'hui trop invétéré pour espérer de le guérir. Mais, quand on ajoute que, pour y réussir, « il fau- » drait détruire toute propriété, et, par conséquent, » toute société, » je ne puis m'empêcher de demander un éclaircissement; car je ne vois point qu'il fût nécessaire de détruire la propriété personnelle, qui existe très bien sans propriété foncière, et qui suffit seule pour servir de fondement à la société, c'est à-dire pour nous forcer à l'établir et à la conserver.

Après tout ce que j'ai dit sur les maux inséparablement unis à la propriété foncière, je ne puis consentir à ce qu'elle soit d'une nécessité physique, comme le prétend l'auteur que je réfute. La nature, au lieu d'être notre mère, serait notre marâtre, si elle nous eût condamnés à faire cet établissement pernicieux. Nous pouvons avoir abusé de notre liberté, nous avons pu nous égarer et ne pas nous servir de notre intelligence comme nous le devions ; mais ne l'accusons pas de nos erreurs, et gardons-nous de croire que les inventions d'une mauvaise politique soient ʼrdre auquel elle nous appelait.

Le physique et le moral étant unis dans l'homme,
ils doivent l'être également dans la société; et j'aurais voulu qu'on eût montré cette chaîne invisible
qui en lie toutes les branches et toutes les parties
morales et physiques. Dans un ouvrage où l'on prétend nous exposer l'ordre naturel et essentiel de la
société, j'aurais voulu ne pas lire « qu'en général,
» le plus grand bonheur possible pour le corps social
» consiste dans la plus grande abondance possible
» d'objets propres à nos jouissances, et dans la plus
» grande liberté possible d'en profiter...... Que la
» richesse des récoltes annuelles est la mesure de la
» population et de tout ce qui constitue la force poli-
» tique d'une société; par conséquent que l'accrois-
» sement de ses richesses à leur plus haut degré pos-
» sible est ce qui, dans l'ordre politique, établit son
» meilleur état possible, c'est-à-dire sa plus grande
» puissance et sa plus grande sûreté possible. »

Où en sommes-nous? Je n'aurais jamais cru qu'on
pût porter l'engouement rural jusqu'à ce point. Comme
de vils animaux, ne nous occupons pas de notre
seule pâture; si nous n'avions que ce besoin, nous
serions comme eux incapables de société. Daignons
quelquefois nous considérer comme des êtres intelligents et sensibles, que leur intelligence et leur
sensibilité réunissent, et nous verrons naître bien d'autres besoins que ceux de l'agriculture. Nous verrons
que la justice, la prudence, le courage, etc., nous
sont aussi nécessaires que les fruits de la terre. Voyez
que, sans les vertus sociales, vos campagnes resteront en friche ou seront dévastées. Craignez que,
sans leur secours, les passions de vos citoyens ne dé-

truisent tout; craignez que des étrangers avides,
après vous avoir ravi votre liberté, ne vous condam-
nent, vous et vos champs, à cette stérilité que vous
redoutez.... Non, dans la situation où la propriété
foncière a réduit les hommes, il n'est point sûr que
toute la politique consiste à augmenter son revenu
disponible, à n'établir que des impôts directs sur les
terres, et à respecter religieusement les fonds nécessaires à la reproduction des fruits : il faut sans doute avoir
de bonnes récoltes, mais il faut commencer par avoir
d'excellens citoyens. L'agriculture florissante est ordinairement le fruit d'un bon gouvernement, mais
elle ne le fait pas. Ne transposons pas les choses :
c'est la culture des hommes, c'est-à-dire ce sont les
vertus sociales qui serviront de base au bonheur de
la société. Voilà le premier objet de la politique; nos
champs viendront après.

On prouve très bien « que la propriété personnelle
» est un droit naturel dans les hommes, un droit qui
» est nécessairement donné à tout ce qui respire, un
» droit qui est essentiel à leur existence, et dont ils
» ne peuvent être dépouillés sans injustice. » Je
comprends à merveille cette doctrine ; et quand on
fait voir que la propriété mobilière, qui n'est que le
droit de pourvoir à sa subsistance, découle nécessairement de la propriété personnelle et n'est pas un droit
moins sacré, je ne suis arrêté par aucune difficulté.
Mais ce que je ne devine pas de même, c'est comment les hommes, dès qu'ils connaissent la propriété
personnelle et la propriété mobilière, c'est-à-dire
dès qu'ils pensent « arrivent naturellement à sentir
» et à comprendre la justice et la nécessité de la pro-

» priété foncière, qui prend naissance dans les deux
» premières propriétés. » Je suis maître de ma personne, j'ai droit de pourvoir à ma subsistance; donc il
est juste et nécessaire que j'aie une propriété foncière.
Cet argument ne me paraît pas dans les règles, à
moins que cette propriété foncière ne soit pour moi
un moyen unique et indispensable pour subsister.

Si je me mets à la place d'un de ces premiers hommes qui se réunirent en société, et que je tâche d'a-
nalyser ce qui se passe alors en moi, il me semble
que je ne découvre rien qui doive me donner l'idée
des propriétés foncières. J'étais accoutumé à regarder
la terre entière comme le patrimoine de chaque
homme. Mes qualités sociales commençaient à se développer, j'entrevoyais de nouveaux besoins; et l'acte
par lequel j'entrais en société, bien loin de me con-
centrer davantage dans mes intérêts, commençait à
me séparer en quelque sorte, à m'éloigner de moi-
même, en me donnant l'idée d'un bien commun et
général. Comment pouvait-il me venir dans l'esprit
de désirer alors une propriété foncière et d'en sentir
la nécessité et la justice? Il me semble qu'en suivant
une certaine analogie qui règne entre toutes les opérations de notre entendement, mes pensées devaient
au contraire se tourner du côté de la communauté des
biens, et les secours que j'espérais de mes nouveaux
concitoyens m'apprenaient ce qu'ils attendaient à leur
tour de moi. Notre chasse, devais-je dire, notre
pêche, les fruits que nous avons cueillis, tout entre
nous sera commun. Quand la fortune n'aura pas fa-
vorisé mes recherches, les autres me fourniront ma
subsistance, et je les consolerai à mon tour de leurs

disgràces quand leurs peines seront infructueuses, je partagerai avec eux les fruits que j'aurai ramassés ou le gibier que j'aurai.pris.

En faisant cheminer l'esprit humain avec plus de rapidité, on perdrait la chaîne qui doit lier toutes nos idées les unes aux autres. Mais laissons ces réflexions étrangères à mon sujet. Un des principaux avantages que je trouve à vivre en société, c'est que je suis en droit d'exiger qu'elle pourvoie à ma subsistance, parce que je consens à travailler pour elle : mais qu'elle se charge de ce soin, en laissant les biens en commun, ou en partageant le domaine public en propriétés foncières pour chaque citoyen, c'est la chose du monde la plus indifférente. Plus j'y réfléchis, moins je découvre cette justice et cette nécessité dont parle notre auteur. Je croirais assez vraisemblable qu'on ne doit la première idée des propriétés foncières qu'à la paresse de quelques frelons qui voulaient vivre aux dépens des autres sans peine, et à qui on n'avait pas l'art de faire aimer le travail.

Autre doute. On prétend « qu'il est d'une nécessité absolue que la sûreté des récoltes soit payée à » ceux qui la procurent, et que le devoir de les protéger assure aux protecteurs le droit de les partager » entre eux, les cultivateurs et les propriétaires fonciers. » Au lieu de l'ordre essentiel de la nature, je crains bien qu'on ne nous donne ici que l'ordre naturel de l'avarice, de la cupidité et de la sottise. La société a besoin de magistrats pour faire observer les lois, et les lois ont sagement pourvu à ce qu'un citoyen ne puisse nuire à la propriété d'un autre citoyen, et que les campagnes ne soient dévastées par des ennemis étrangers. J'admire ce bon ordre; mais pourquoi en conclure que le magistrat a droit de partager les récoltes avec les propriétaires? On me répond que cette portion des récoltes est le salaire légitimement dû à la peine des magistrats et des soldats leurs agents, qui sont chargés de veiller à la conservation du pays et de le défendre, tandis que le cultivateur, occupé du soin de défricher, de labourer, de semer, de planter, de récolter, jouira de la sûreté qui lui est nécessaire.

Ce n'est point là, je crois, l'ordre naturel et essentiel des sociétés, puisqu'une politique raisonnable ne peut s'en accommoder. Ne voyez-vous pas, vous dira-t-elle, que le salaire dû aux magistrats, c'est l'estime, c'est la confiance, c'est la considération? Dès qu'ils ne se contenteront pas de cette rétribution, soyez sûr que vous êtes déjà bien loin de l'ordre que vous prescrit la nature; soyez persuadé qu'il ne vous reste aucun moyen pour empêcher que l'administration de vos affaires ne soit presque toujours confiée à des mains infidèles et avares. Ce que vous établissez comme un droit juste, légitime et indispensable, est le germe de la corruption. Pourquoi introduire une milice dans votre société? En armant les magistrats de cette force, ne sentez-vous pas que vous les invitez à devenir injustes, et qu'ils abuseront des lois? Si vos propriétaires et vos cultivateurs ont le sens commun, qu'ils se chargent eux-mêmes de prendre l'épée quand il faudra défendre leurs récoltes contre les étrangers; qu'ils ne sachent pas se protéger eux-mêmes, et je vous réponds qu'ils seront bientôt les esclaves de leurs magis' 'ir milice.

C'est ce beau principe de payer en argent la protection des magistrats et les services des citoyens
qui a tout gâté. Faites attention que, sous prétexte de
remplir un devoir, on a éteint l'amour du bien
public, et donné l'essor aux passions les plus dangereuses. Il n'est pas possible que les magistrats et les
gens de guerre, dont on a fait des mercenaires,
n'estiment l'argent qui est devenu leur récompense.
En même temps que leur paresse imaginera cent raisons pour diminuer leurs devoirs, leur avarice ingénieuse trouvera cent moyens d'augmenter leurs salaires : les besoins de l'État se multiplieront à vue
d'œil ; en donnera bientôt ce nom imposant aux besoins les plus frivoles du magistrat. Tout est alors
perdu, parce que les propriétaires et les cultivateurs
ne manqueront pas de voir que le gouvernement
abuse de ses forces et se moque d'eux: Où trouver
alors l'ordre naturel et essentiel de la société?
Pour moi, je ne vois de toutes parts que des hommes
mécontents les uns des autres : il n'est plus possible,
dans cette situation, que les qualités sociales, par
lesquelles la nature nous invite à vivre en société, ne
deviennent des passions féroces, ou que les âmes af-
faissées ne tombent dans une léthargie stupide. Personne ne se rend justice, personne n'est content de
son état, personne ne veut se tenir dans la place
qu'il occupe, ou s'il paraît encore une apparence
d'ordre, il est l'ouvrage de la crainte.

Qui ne voit pas que nos sociétés sont partagées en
différentes classes d'hommes, qui, grâce aux propriétés foncières, à leur avarice et à leur vanité, ont
toutes des intérêts, je ne dis pas différents, mais

contraires? Il faut être bien sûr de son éloquence et
de son adresse à manier des sophismes, pour oser se
flatter qu'on persuadera à un manouvrier qui n'a que
son industrie pour vivre laborieusement dans la
sueur et dans la peine, qu'il est dans le meilleur
état possible; que c'est bien fait qu'il y ait de grands
propriétaires qui ont tout envahi, et qui vivent déli-
cieusement dans l'abondance et les plaisirs. Comment convaincra-t-on le cultivateur qu'il vaut autant
n'être que le fermier d'une terre que d'en avoir la
propriété? Je me lasserais à parcourir toutes les différentes conditions qui, étant toutes mal à leur aise,
se sont toutes accoutumées à se nuire réciproquement,
dans l'espérance de faire leur bien particulier aux
dépens du public. En un mot, comment s'y prendra-
t-on pour faire croire aux hommes qui n'ont rien,
c'est-à-dire au plus grand nombre de citoyens,
qu'ils sont évidemment dans l'ordre où ils peuvent
trouver la plus grande somme possible de jouissances
et de bonheur? On ne démontre pas qu'une erreur
est une vérité.

C'est de la comparaison que chaque homme fait
continuellement de sa fortune avec celle de ses voisins et de ses concitoyens, que naît cette inquiétude
secrète qui nous agite sans cesse, et qui est toujours
prête à troubler la société en troublant l'intérieur
des familles. Qu'il descende un Dieu sur la terre,
comme le dit Horace, qu'il exauce les vœux de tous
les hommes, que chacun obtienne aujourd'hui ce
qu'il demande, ce sera à recommencer demain : on
ne sera point heureux au milieu de ses nouvelles
jouissances, parce qu'on sera vexé par ses pas-

sions, tant que la communauté des biens et l'égalité des conditions ne leur auront pas imposé silence. Voilà ce qui me fait douter que toutes les volontés et toutes les forces se réunissent pour faire
triompher les vérités que nous présentent les économistes.

Je veux bien, pour un moment, convenir que
« l'ordre naturel et essentiel des sociétés, considéré
» dans toutes les institutions sociales qui résultent
» successivement de la nécessité absolue de mainte-
» nir la propriété et la liberté de jouir de sa propriété,
» est un ensemble parfait, composé de différentes
» parties qui sont toutes également nécessaires les
» unes aux autres. » Qu'on nous vante tant qu'on
voudra cette merveilleuse correspondance de besoins
et de rapports, qui unit et lie toutes les parties de la
société, et vous verrez, après toutes vos démonstra-
tions, que ces parties si unies et si nécessaires les
unes aux autres, continueront à être divisées, tant
qu'on ne leur fera pas un sort égal. Puisqu'il y a des
riches, il faut bien qu'il y ait des pauvres; ils se
sont mutuellement nécessaires : cela va le mieux
du monde, je le crois; mais pourquoi voulez-vous,
je vous prie, que je sois content en me voyant destiné à faire le plat rôle de pauvre, tandis que d'autres, je ne sais pas pourquoi, font le rôle important
de riche?

Cela me rappelle l'apologue de Ménénius Agrippa
aux Romains qui s'étaient retirés au Mont sacré. Il
leur conta, comme vous le savez, qu'un jour les membres du corps humain, indignés contre l'estomac, qui
passait sa vie dans la plus grande oisiveté, tandis

qu'ils étaient dans un mouvement perpétuel pour le servir, prirent le parti de se mutiner contre lui. Les voilà donc qui ne veulent plus rien faire ; les pieds refusent d'aller chercher les aliments, et les mains de les porter à la bouche. Bientôt l'estomac languit faute de nourriture, et tous les membres, affectés de cette langueur, s'aperçoivent de leur sottise, et reprennent gaiement leurs fonctions ordinaires. Cette belle parabole ne convertit point les plébéiens conjurés ; ils ne voulurent pas consentir à être la partie la moins noble de la république ; et ne pouvant se contenter de l'avantage d'obéir servilement au sénat, il fallut leur donner des tribuns, avec lesquels ils espérèrent de se faire respecter et de s'emparer même de la principale autorité.

Avec toute la philosophie on n'aura pas un succès plus heureux que le consul romain : ce ne sera pas pour la première fois que la vérité, toute rayonnante, dit-on, de la lumière de l'évidence, aura reçu un affront. Songez que, dans le système des propriétés foncières, il y aura toujours un très grand nombre d'hommes qui se plaindront de leur condition, et cette multitude a trop d'affaires et de besoins pour écouter les raisonnements d'un philosophe. Les citoyens les plus heureux, ceux qui sont en quelque sorte accablés des faveurs de la fortune, ont encore des désirs, parce qu'ils ont des supérieurs et des égaux ; et leur ambition, qui n'est pas satisfaite, ferme leurs yeux à la vérité. Ce n'est pas tout, dans tous les états vous trouverez une classe d'hommes qui profitent des maux publics, et pour qui la plus mauvaise administration est la meilleure. Au milieu de tant de pas-

sions, quel peut être le sort de la vérité? Se flatter
qu'on les persuadera, c'est prouver qu'on ne les connaît pas.

Il me semble que la politique de nos philosophes
économistes ne portera jamais la conviction dans l'esprit du lecteur, parce que jamais ils ne considèrent
à la fois l'homme par les différentes qualités qui lui
sont essentielles. Tantôt ils ne le voient que comme
un animal qu'il faut repaître, et qui n'est occupé que
de sa nourriture; et alors toute leur politique se réduit au produit net des terres, au revenu disponible.
La société est parvenue au dernier terme de la perfection, si ses récoltes sont aussi abondantes qu'elles
peuvent l'être : voilà la source du droit naturel, du
droit public et du droit politique des nations. Hélas!
vous établiriez dans un royaume tous vos principes
d'agriculture et de commerce que je crois très vrais
et très excellents, qu'il resterait encore bien d'autres
causes de malheurs parmi les hommes. La dureté
arbitraire des impôts et la misère du peuple ont certainement produit des commotions dangereuses dans
plusieurs états; mais, dans ceux mêmes où chaque
citoyen trouverait une subsistance aisée et commode,
il y aurait encore des troubles et des désordres. A
défaut de l'avarice, l'ambition agiterait les esprits.
On pourrait n'y craindre ni ses concitoyens, ni ses
magistrats; mais, faute de ressort et d'émulation, on
y pourrait languir dans une faiblesse fatale à un peuple qui a des voisins.

Dans mon système de la communauté des biens et
de l'égalité des conditions, tous les citoyens n'auraient qu'un intérêt; le bien particulier ne ferait ja-

mais obstacle au bien public. Mais dans un système, où l'on regarde la propriété foncière et l'inégalité des conditions comme le double fondement de la société, chaque citoyen est partagé entre deux intérêts, l'avantage général de la société et son avantage particulier. Que doit-il résulter du conflit de ces intérêts opposés ? Que le citoyen perdra souvent de vue le bien général pour ne s'occuper que de son bien particulier ; et par une conséquence nécessaire, que la loi qui le favorisera aux dépens de la société lui paraîtra la plus juste et la plus sage, ou du moins qu'il l'aimera autant que si la justice la plus exacte l'avait dictée. Il n'est donc pas vrai que l'homme soit toujours obligé de céder à l'évidence connue du bien public, puisqu'il trouve dans son bien particulier un principe de résistance et de contradiction qui lui fait souhaiter que la société lui soit sacrifiée. Dans un état où je supposerais tous les hommes animés de l'amour du bien public, ils le feraient infailliblement, car il leur serait impossible de prendre, pour arriver au but qu'ils se proposent, une voie qui les en écarterait évidemment ; mais dans un état, au contraire, où une politique vicieuse et négligente donnerait aux citoyens des intérêts opposés à ceux de la société, il doit régner une extrême confusion ; parce que, préférant leurs avantages particuliers à l'avantage général, il ne leur serait pas possible de les sacrifier au bien public.

C'est cet intérêt particulier, toujours ou presque toujours opposé à l'intérêt général, qui a détourné presque continuellement la puissance législative de la fin qu'elle devait se proposer et pour laquelle elle a été établie : voilà la véritable source de toutes ces lois grossières, barbares et odieuses qui ont désolé, qui désolent et qui désoleront encore la terre. Quand le législateur pourra séparer ses intérêts de ceux de la société, soyez sûr que la puissance législative ne sera pour ainsi dire occupée qu'à former des conjurations contre la société. Tandis qu'elle ne cherchera qu'à intéresser en sa faveur un grand nombre de partisans et de défenseurs, avec lesquels elle partage les profits qu'elle attend d'une loi injuste et destructive de l'ordre, elle fera un étalage fastueux de ses forces et de son pouvoir pour consterner et forcer à un stupide silence la portion de la société qu'elle immole à ses intérêts particuliers.

Après ces réflexions, je vois évidemment que le seul moyen infaillible d'empêcher que la puissance législative ne s'écarte des règles qui lui sont prescrites, c'est d'établir la communauté des biens et l'égalité des conditions ; parce qu'il n'y a que ce seul arrangement qui puisse détruire ces intérêts particuliers qui triompheront toujours de l'intérêt général. De cette première vérité, je suis en droit de conclure que la philosophie des économistes ne nous présente point l'ordre auquel la nature nous appelle ; au lieu même de nous en rapprocher autant qu'il est possible aujourd'hui et de nous dire que le meilleur gouvernement est celui qui a pour base la démocratie, elle ne travaille qu'à nous en éloigner, en voulant nous persuader qu'une institution qui faisait des héros chez les Grecs et les Romains, c'est-à-dire, des hommes toujours disposés à préférer le bien général à leur avantage particulier, n'est que l'ouvrage de l'ignorance et de la barbarie. Dans ce système, il me semble que tout doit nous embarrasser. Tandis que l'histoire ne m'offre aucun phénomène que je ne puisse aisément expliquer, elle est une énigme perpétuelle pour nos adversaires, et dément à chaque page tout ce qu'ils disent de plus fort en faveur de leur système.

Savez-vous quelle est la principale source de tous les malheurs qui affligent l'humanité? C'est la propriété des biens. Je sais que les premières sociétés ont pu l'établir avec justice ; on la trouve même tout établie dans l'état de nature ; car personne ne peut nier que l'homme alors n'eût droit de regarder comme son propre bien la cabane qu'il avait élevée et les fruits qu'il avait cultivés. Rien n'empêchait sans doute que des familles en se réunissant en société pour se prêter des forces réciproques ne conservassent leurs propriétés ou ne partageassent entre elles les champs qui devaient leur fournir des aliments. Vu même les désordres que causaient dans l'état de nature la barbarie des mœurs et le droit que chacun prétendait exercer sur tout ; et faute d'expérience pour prévoir les inconvénients sans nombre qui résulteraient de ce partage, il dut paraître avantageux d'établir la propriété des biens entre les nouveaux citoyens. Mais nous qui voyons les maux infinis qui sont sortis de cette boîte funeste de Pandore, si le moindre rayon d'espérance frappait notre raison, ne devrions-nous pas aspirer à cette heureuse communauté de biens, tant louée, tant regrettée par les poëtes, que Lycurgue avait établie à Lacédémone, que Platon voulait faire revivre dans sa république, et qui, grâce à la

6.

dépravation des mœurs, ne peut plus être qu'une chimère dans le monde?

Avec quelque égalité qu'on partage d'abord les biens d'une république, soyez sûr que l'égalité ne régnera plus entre les citoyens à la troisième génération. Vous n'avez qu'un fils, formé sous vos yeux à l'économie et au travail, et il recueillera votre succession cultivée avec soin : tandis que moi, à qui la nature a refusé vos forces et vos talents, moins actif, moins industrieux ou moins heureux, je partagerai la mienne entre trois ou quatre enfants paresseux ou peut-être dissipateurs. Voilà des hommes nécessairement inégaux; car l'inégalité des fortunes produit infailliblement des besoins différents et une sorte de subordination désavouée, il est vrai, par les lois de la nature et par la raison, mais reconnue par les passions nombreuses que les richesses et la pauvreté ont déjà fait naître. Il n'est pas possible que les riches, dès qu'ils seront estimés et considérés par leur fortune, ne se liguent et ne prétendent former un ordre séparé de la multitude. De la meilleure foi du monde, ils croiront mériter la place qui n'est due qu'à la vertu et aux talents. Ils s'arrogeront le droit d'être durs, fiers, dédaigneux et insolents avec les pauvres dont ils excitent à la fois l'envie et l'admiration. Que de vices tourmentent déjà la société! Ils se multiplieront avec les arts inutiles. N'espérons plus que le bien public soit le premier intérêt du citoyen; sa propriété et les distinctions que son orgueil s'est acquises, sont pour lui des biens plus précieux que la patrie. Il se forme des intrigues, des cabales et des factions; pendant que le luxe développe dans les grands l'esprit de tyrannie, il dégrade la multitude, de jour en jour plus hébétée, et la façonne à l'esclavage.

On murmure d'abord contre les abus, mais on les supporte tant qu'ils ne sont pas extrêmes, et cette condescendance même les accrédite. Parviennent-ils enfin à ce point d'effronterie qui révolte? Il n'est presque plus temps d'y remédier. Fera-t-on des lois agraires et somptuaires ? Elles ne conviennent plus aux mœurs publiques et privées. On excitera inutilement dans la république des commotions qui prouveront qu'il n'y a plus de gouvernement; et pour imposer silence à quelques lois inutiles qu'on ose encore réclamer, les citoyens effarouchés se porteront, autant par avarice que par ambition, aux violences les plus atroces : les passions forment les projets les plus vastes, le succès les couronne, et la tyrannie appesantit sa main sur des citoyens qu'elle craint : voilà l'histoire romaine. S'abandonne-t-on sans courage et avec nonchalance au cours des événements et des vices? Une sorte de tyrannie froide, timide et concertée s'établira dans l'État. Le bien public sera d'abord oublié, et ensuite méprisé partout. Des rescripts honteux, publiés sous le nom de lois, sèmeront la division entre les citoyens, et mettront en honneur l'avilissement, la fraude et la délation. La tyrannie ne daignera pas répandre des torrents de sang, parce qu'elle méprise ses esclaves. D'un côté, on ne verra que des oppresseurs oisifs, stupides et enivrés de l'immensité de leur fortune, qui promettront des récompenses à qui pourra leur rendre le sentiment du plaisir étouffé sous les voluptés. De l'autre on verra

des opprimés à qui leur misère a ôté la faculté de
penser; et ces brutes qui ne se croient plus des hommes, et qui ne le sont plus en effet, seront occupées
d'une vile pâture qu'on leur refuse; voilà l'histoire
de ces peuples anciens, Assyriens, Babyloniens,
Mèdes, Perses, etc., décriés par leur luxe et leur
mollesse, et de la plupart de nos états modernes.

Jamais je ne lis dans un voyageur la description
de quelque île déserte dont le ciel est serein et les
eaux salubres, qu'il ne me prenne envie d'y aller
établir une république où, tous égaux, tous riches,
tous libres, tous frères, notre première loi serait de
ne rien posséder en propre. Nous porterions dans
des magasins publics les fruits de nos travaux; ce
serait là le trésor de l'État et le patrimoine de chaque
citoyen. Tous les ans les pères de famille éliraient
des économes chargés de distribuer les choses nécessaires aux besoins de chaque particulier, de lui assi-
gner la tâche qu'en exigerait la communauté, et d'entretenir les bonnes mœurs dans l'État.

Je sais tout ce que la propriété inspire de goût et
d'ardeur pour le travail; mais si dans notre corruption nous ne connaissons plus que ce ressort capable
de nous mouvoir, ne nous trompons pas jusqu'au
point de croire que rien n'y puisse suppléer. Les
hommes n'ont-ils qu'une passion? L'amour de la
gloire et de la considération, si je savais le remuer,
ne deviendrait-il pas aussi actif que l'avarice, dont il
n'aurait aucun des inconvénients? Ce ne serait point
aux inventeurs des arts que je décernerais des récompenses propres à exciter l'émulation, mais aux labou-
reurs dont les champs seraient les plus fertiles; au

berger dont le troupeau serait le plus sain et le plus
fécond ; au chasseur le plus adroit et le plus exercé à
supporter les fatigues et les intempéries des saisons ;
au tisserand le plus laborieux ; à la femme la plus
occupée de ses devoirs domestiques ; au père le plus
attentif à instruire sa famille des devoirs de l'humanité, et aux enfants les plus dociles aux leçons, et les
plus empressés à imiter les vertus de leurs pères. Ne
voyez-vous pas l'espèce humaine s'ennoblir sous cette
législation, et trouver sans peine un bonheur que
notre cupidité, notre orgueil et notre mollesse recherchée nous promettent inutilement ? Il n'a tenu qu'aux
hommes de réaliser cette chimère si vantée de l'âge
d'or. Quelle passion oserait se montrer dans mon île ?
Nous n'aurions point sur nos têtes ce fardeau des lois
inutiles dont tous les peuples sont aujourd'hui accablés. Lassé du spectacle fatigant et insensé que
présente l'Europe, je ne puis permettre à mon imagination de s'occuper de ces agréables rêveries, que
mon âme ne s'ouvre à de douces espérances. Je crois
presque jouir des fantômes que j'ai formés, et ce n'est
qu'en gémissant que je m'en sépare. Notre cœur,
trompé par une illusion qui le flatte, ne nous dit-il
pas que c'est là le bonheur pour lequel les hommes
étaient faits ?

Allons sous un ciel nouveau, où, dépouillés des
préjugés et des passions de l'Europe, nous puissions
en être éternellement oubliés, et ne plus voir les
folies cruelles de nos gouvernements, et les misères
de nos concitoyens. Qui voudra me suivre ? Qui voy-
dra aller chercher loin de sa patrie un bonheur qu'il
y dédaignerait, s'il le trouvait sous sa main ? Nous

sommes parvenus à ce point énorme de corruption, que l'extrême sagesse doit paraître l'extrême folie, et l'est en effet. Si nous n'avons pas des hommes tout nouveaux pour en faire à notre gré des citoyens, comment parviendrons-nous à changer leurs idées? Comment couperons-nous dans leurs cœurs la racine de ces passions sans nombre, toujours renaissantes, et dont l'éducation et l'habitude ont rendu l'empire inébranlable ?

Il n'est point de lois plus nécessaires que celles qui règlent l'ordre des successions. Les lois des premiers Romains, à cet égard, étaient admirables; elles ne permettaient pas que le patrimoine d'une famille passât dans une autre comme héritage. Il est si aisé de sentir combien cet ordre favorable à l'égalité est utile à chaque citoyen, et de voir tous les avantages qui en résultent, que je ne puis faire aucun cas des raisonnements des jurisconsultes. On n'a point, disent-ils, une véritable propriété de son bien, si on n'est pas le maître d'en disposer à sa fantaisie. Dès que le droit de propriété est établi, pourquoi serait-il injuste qu'un testateur se choisît à son gré un héritier et établît une substitution? Pourquoi un père ne pourrait-il sans injustice partager inégalement ses enfants? C'est cette faculté qui lui donne un pouvoir précieux pour la

république, et qui le rend véritablement le magistrat de sa famille.

Fort bien, mais je réponds à ces jurisconsultes : que si la loi veut nous empêcher d'avoir des fantaisies déraisonnables, pernicieuses à la société, et par conséquent à nous-mêmes, elle ne viole pas plus notre droit de propriété, qn'elle ne blesse notre liberté naturelle, en nous défendant d'offenser un citoyen ou d'insulter un magistrat. La propriété ouvre la porte à cent vices et à cent abus ; il est donc prudent que des lois rigides veillent à cette porte. En ne permettant pas qu'on fasse le moindre tort à votre fortune, elles peuvent vous ordonner de ne vous en servir et de n'en disposer que de la manière la plus avantageuse à la société, et la plus conforme à vos vrais intérêts. Un testateur peut sans doute substituer son bien si l'État ne le défend pas ; mais l'État a-t-il raison de le permettre si les substitutions tendent à mettre trop d'inégalité entre les familles ? J'ai bien peur que ce ne soit notre vanité seule qui nous fait traiter inégalement nos enfants. Il importe à la république que le père soit le magistrat de sa famille ; mais lui importe-t-il que les enfants qui sont son espérance, et qui doivent un jour la gouverner, s'accoutument à agir par des vues d'intérêt, et à croire dès leur enfance que l'argent est la récompense naturelle du mérite ?

Dans la plupart des États de l'Europe, il y a aujourd'hui tant de causes de cupidité et d'avarice, qu'il est impossible de juger avec une certaine exactitude des maux que produisent les lois qui permettent aux pères de partager inégalement leurs enfants, et

laissent à chaque citoyen la liberté de dissiper ses
biens ou d'en disposer arbitrairement. Mais chez les
Grecs et les Romains, ne voit-on pas clairement que
cette négligence du législateur altéra la république?
Les Athéniens les plus sages blâmèrent la loi de
Solon, qui permit de faire des testaments. Si le citoyen avait été, pour ainsi dire, attaché à son patrimoine, on aurait résisté avec plus de courage aux
passions qui font les dissipateurs. Il est certain que
Sparte, qui se lassait déjà des lois de Lycurgue, ne
tomba dans la plus extrême corruption qu'après que
le citoyen, devenu propriétaire de la portion de terre
dont il n'était auparavant qu'usufruitier, put l'alié-
ner, la vendre et la donner à sa fantaisie. A Rome, le
même abus combattit sourdement les institutions les
plus sages de la république, en triompha enfin, et
laissa un libre cours à l'avarice.

. Dans un État bien gouverné, le législateur établi-
rait sans doute des formalités qui gêneraient la vente
et l'aliénation des biens. Pour conserver plus d'égalité dans les fortunes, il ne permettrait pas sans
doute que les testaments fussent connus. La loi dis-
poserait du bien de chaque mourant, ou si elle lui
laissait la faculté de distribuer à son gré son mobi-
lier, ce ne serait que pour reconnaître le zèle et l'affection de ses serviteurs, et faire rentrer ainsi dans
la classe des pauvres quelques richesses pernicieuses
aux riches. Réglez les degrés de parenté qui donneront droit au partage d'une succession vacante; mais
ne les étendez pas trop loin, de peur que des espérances trop étendues n'ouvrent l'âme à la prodigalité
et à l'avarice. La fille unique d'un citoyen porterait

une fortune dangereuse dans la famille de son mari ;
elle en abuserait infailliblement et corromprait les
lois domestiques ; pour sauver ses mœurs et sauver
les mœurs publiques du danger dont elles sont me-
nacées, qu'elle ne possède donc que la troisième partie de la succession, et que son père ou ses tuteurs
lui donnent deux frères adoptifs. Si un homme n'a
aucun héritier, que son bien n'appartienne pas à
l'État, qui doit donner l'exemple du désintéressement,
que cette succession soit partagée également entre
les familles pauvres du lieu qu'habitait celui qui la
laisse. Qu'il serait heureux que les riches s'accoutumassent à regarder les indigents comme leurs fils,
leurs frères et leurs héritiers ! Sans entrer dans un
plus grand détail, je dis, en un mot, qu'une bonne
législation doit continuellement décomposer et diviser les fortunes que l'avarice et l'ambition travaillent
continuellement à rassembler.

Jamais vous n'enchaînerez ces passions actives et
impérieuses, si vous n'avez recours aux lois agraires.
Ces lois, dit-on, ont perdu la république romaine.
C'est une erreur. C'est parce qu'on les avait violées,
et non parce qu'on les avait faites, que la liberté a
éprouvé des secousses qui l'ont ruinée. Quelle folie
de penser que des lois qui défendaient de posséder
plus de cent arpents de terre, c'est-à-dire qui ne permettaient de se rendre, ni assez riche, ni assez puissant pour opprimer ses concitoyens, aient été propres à faire des usurpateurs et des tyrans (1) ! Plus

_____

(1) Les lois agraires n'avaient point, à Rome, la portée que
Mably imagine. D'ailleurs, il a avoué lui-même leur impuissance

la proposition des lois agraires excitait d'agitation et de querelles dans la place publique, plus les Romains devaient en sentir la nécessité. Le tribun Licinius n'eut pas de bonnes intentions, il ne voulut, selon les apparences, que mortifier les patriciens; mais son plus grand tort fut d'avoir lui-même peu respecté sa loi, et de n'avoir pas pris les mesures nécessaires pour forcer les citoyens à y obéir. Les Romains eurent tort de ne pas prévoir qu'en se livrant à leur ambition pour enrichir la république, ils ne seraient plus les maîtres de tempérer l'avarice des particuliers. Leur seconde faute fut de tolérer les rapines des riches, tant qu'elles ne furent pas excessives, et de vouloir enfin rétablir brusquement des lois oubliées et méprisées, dans des circonstances où l'avarice et l'ambition avaient fait des citoyens puissants, qui, ne se courbant qu'à regret sous l'empire des anciennes lois, n'attendaient qu'un prétexte pour prendre les armes et devenir des tyrans.

S'il est vrai qu'un riche ne croira jamais qu'un pauvre ait les mêmes droits que lui à l'administration des affaires, jamais vous ne parviendrez, sans le secours des lois agraires, à conserver une certaine égalité qui est nécessaire pour unir les citoyens, maintenir l'équilibre entre toutes les parties du gouvernement, et empêcher qu'on ne porte des lois partiales. Quand j'ai eu occasion de dire qu'un État, où l'on ne connaît encore qu'un ordre de citoyens, doit

---

quand il a reconnu précédemment que toute propriété foncière entraînait l'inégalité des citoyens, l'oppression du plus grand nombre sacrifié au bien-être de quelques uns.

donner des bornes fixes aux possessions de chaque
citoyen, ou ne pas permettre qu'on possède au delà
d'une certaine quantité de terre, on n'a jamais manqué de me répondre que l'agriculture serait négligée.
Mais que m'importe cet inconvénient, s'il me sert à
en éviter un plus grand! Que les récoltes soient moins
abondantes, pourvu que la république ne se partage
pas en patriciens et en plébéiens. D'ailleurs je nie que
des lois agraires nuisent à l'agriculture. Les trop
grandes possessions frappent la terre de stérilité; ce
sont les petits héritages qui sont les mieux cultivés.
En bornant, dit-on, les espérances et l'industrie de
vos principaux citoyens, vous les engourdirez. C'est
ce que je souhaite, si par cet engourdissement on
entend l'habitude qu'ils contracteront de ne rien désirer au delà de ce que la loi leur permet de posséder; je le nie, si l'on entend, au contraire, cette paresse qui accompagne la misère. Vos citoyens, ajoute-
t-on, abandonneront le pays, ils déserteront pour se
faire une nouvelle patrie. Entendrai-je toujours ces
misérables objections? Qu'ils fuient, ces hommes
pervers dont les passions ne peuvent obéir à des lois
salutaires; la république y gagnera, elle n'aura plus
dans son sein des ennemis du gouvernement, des lois
et des mœurs. Mais personne ne fuira: la tyrannie
du gouvernement et des magistrats chasse quelquefois les citoyens; mais des lois justes par leur austé-
rité même les attachent au contraire à leur patrie.

La cupidité des riches envahit tous les héritages
sans que les lois s'opposent à leurs usurpations et
viennent au secours des pauvres. Le gouvernement
féodal était sans doute ce que la licence a pu imaginer

de plus contraire à la fin que les hommes se sont proposée en se réunissant en société; malgré ses pillages, son anarchie, ses violences et ses guerres privées, nos campagnes cependant n'étaient point dévastées comme elles le sont aujourd'hui. L'espèce de point d'honneur qu'on se faisait de compter beaucoup de vassaux dans sa terre, et d'y posséder un grand nombre de sujets, servait pour ainsi dire de contrepoison à la tyrannie des fiefs. Loin de dévorer tout ce qui l'entourait, le seigneur principal faisait des démembrements de sa terre pour se faire des défenseurs, et les familles se multipliaient sous sa protection. Mais lorsque ce gouvernement se fut détruit par ses propres mains, on ne jugea des terres qui avaient perdu leur dignité que par le revenu, et l'on voulut réunir à soi toutes les possessions. Dans un territoire qui était autrefois partagé entre plusieurs familles qui y vivaient avec honneur, on ne voit plus qu'un seul seigneur, qui a fait autour de lui une vaste solitude. Pour s'agrandir, on n'a pas craint d'acheter le patrimoine des malheureux paysans, et de les condamner à une pauvreté plus dure que l'ancienne servitude de leurs pères. Nos campagnes ne sont couvertes que d'hommes livides et décharnés, à qui il ne reste que leurs bras pour faire vivre à moitié une famille malheureuse. Qu'elles sont rares ces personnes aimées du ciel et des hommes, qui respectent le patrimoine des pauvres, et croient que tout paysan qui arrose la terre de sa sueur doit y avoir une possession !

CHAPITRE III.

DES LOIS.

Il est certain que quand nos premiers pères firent entre eux des conventions, des traités, des lois, et jetèrent en un mot les fondements de la société, chacun d'eux ne put avoir d'autre motif que son intérêt particulier pour renoncer à son indépendance (1). L'idée du bien public n'était pas encore née; et en parler alors aux hommes, c'eût été leur parler une langue étrangère. C'est parce que chacun sentait dans sa faiblesse le besoin de s'unir à ses pareils pour en être secouru, et l'avantage de s'engager à remplir à l'égard des autres des devoirs que tous s'engageraient de remplir au sien, qu'on fît des alliances, et qu'on se soumit à une autorité publique. La législation dut donc se proposer de rendre chaque citoyen heureux :

(1) Nous avons déjà insisté, dans l'introduction, sur cette double erreur qui donne pour base à la société l'égoïsme et suppose à l'individu humain des droits antérieurs à l'établissement des sociétés.

7.

de quel droit les législateurs se sont-ils affranchis
d'une obligation sans laquelle la société n'aurait jamais été formée ? S'est-il fait une révolution dans la
nature du cœur et de l'esprit humain? Si nous avons
encore les mêmes affections que nos premiers pères ;
s'il est encore impossible à chacun de nous de renoncer au désir d'être heureux ; si je suis forcé de préférer mon bien particulier à celui des autres ; si cette
loi, selon l'expression de Cicéron, ne peut être violée sans détruire toutes les règles de nos devoirs et
de nos vertus, n'est-il pas évident que ce que nous
appelons le bonheur public ne peut être composé
que du bonheur particulier de chaque citoyen ? N'est-
il pas absurde qu'un législateur espère faire aimer
ses lois à des hommes dont il a négligé les intérêts ou qu'il immole à ses caprices ? N'est-il pas
insensé de vouloir fixer le bonheur dans un État, où
la plupart des citoyens sont mécontents de leur condition? Les passions ne feront-elles pas un effort
continuel pour secouer le joug qu'on leur a imposé?
Quels désordres n'en doivent pas résulter? Bientôt
les tyrans de la société seront presque aussi malheureux que les victimes mêmes de leur tyrannie (1).

Je dis que le bien public résulte de l'amour que
les magistrats et les citoyens ont pour leurs lois ;
parce qu'avec cet amour rien ne manque pour rendre

---

(1) Cette parole profonde prouve que Mably avait entrevu la
loi de la solidarité. Plus tard Saint-Just, s'inspirant de lui, devait
dire : « Lorsque la politique humaine attache la chaîne aux pieds
» d'un homme libre, qu'elle fait esclave, au mépris de la nature
» et du droit de cité, la justice éternelle rive l'autre bou au cou
» des tyrans. »

une république heureuse et florissante, et que sans cette affection elle est divisée au dedans, et ne se défendra point au dehors contre les attaques de ses ennemis. Je conclurai de cette vérité, que ce n'est que par une sottise monstrueuse que tant de législateurs ont cru faire le bien public, en portant des lois qui devaient être odieuses. Comment, dans quelques États où tout est évidemment sacrifié aux intérêts de quelques personnes, ose-t-on prononcer le mot de bien public, et sous ce prétexte exiger des sacrifices de la part des citoyens? Après n'avoir fait que des mécontents, il est assez plaisant de s'attendre à ne trouver que des héros. En un mot, tout législateur est insensé, qui, en voulant faire le bien public, ignore que je ne puis être remué que par mon avantage particulier (1).

Peut-être, me dira-t-on, que les peuples dont nous admirons le plus la sagesse ont souvent exigé de grands sacrifices ; mais je le nie. Jamais dans ces républiques les lois n'ont été assez brutales et assez ineptes pour ordonner au citoyen de préférer le bien public à son avantage particulier ; elles se sont bornées à l'inviter à s'oublier lui-même pour s'occuper de l'intérêt général : et si elles avaient paru l'exiger, elles auraient éteint cette flamme qui fait les Codrus

---

(1) Il est faux que l'homme ne soit remué que par son avantage particulier. Un législateur qui aurait affaire à des citoyens persuadés que leur avantage particulier est la base de l'ordre social ferait de vains efforts pour organiser ces sauvages. L'avantage particulier de chaque homme est dans le bien de tous : voilà ce qu'un législateur doit savoir et enseigner. L'amour d'autrui, voilà l'amour-propre bien entendu.

et les Décius. C'est en faisant aimer les lois et le gouvernement, que les législateurs ont eu l'art de faire aimer la patrie jusqu'au point qu'on se dévouait avec transport à son service. On lui sacrifiait sa fortune, parce qu'elle la protégeait véritablement; on lui sacrifiait sa vie, parce qu'elle enivrait les citoyens de l'amour de la gloire. C'était dans l'amour de soi-même qu'on cherchait et qu'on trouvait le principe du bien public. C'est ainsi qu'un Spartiate, avant la guerre du Péloponèse, un Athénien dans les beaux jours d'Athènes, et un Romain dans le siècle de Décius, trouvait son bonheur particulier dans ce qui faisait le bonheur de la république; et ce n'est qu'en vivant sous des lois qui nous rendent heureux, que nous pouvons nous faire cette heureuse illusion.

Que toutes vos lois soient donc impartiales, car il n'y a que celles-là de justes. Qu'elles nous rapprochent, autant qu'il est possible, de l'égalité; car les citoyens dégradés ne prendront qu'un intérêt médiocre à l'État, et les autres seront plus attachés à la conservation de leurs prérogatives qu'au bien de la république. Que vos lois apprennent aux citoyens à se contenter de peu; car on a remarqué que moins les hommes sont occupés de leur fortune domestique, plus ils s'intéressent au bien public; et que l'héroïsme s'éteint à mesure que les richesses, le luxe et les voluptés se multiplient. Chez un peuple ainsi gouverné, il n'y aura que des distractions à punir, puisque l'amour de l'ordre et de la justice sera dans tous les cœurs; que vos lois soient donc infiniment douces et humaines. Vois-je infliger des châtiments sévères? j'accuserai le législateur d'ignorance et de dureté. S'il prétend se faire redouter des coupables sans se faire aimer des gens de bien, il n'atteindra point le but qu'il se propose : des lois trop dures n'empêcheront pas plus le mal, que des lois trop molles ne porteront au bien, en prodiguant mal à propos les récompenses.

Pour n'être pas réduit à la fâcheuse extrémité d'écrire les lois en caractères de sang, et de conduire les citoyens par la terreur et la crainte, que le législateur soit assez habile pour profiter des qualités sociales que la nature nous a données. Qu'il avertisse plusieurs fois avant que de punir; qu'il travaille à nous rendre honteux de nos fautes, et que le châtiment, si je puis parler ainsi, frappe l'âme plutôt que le corps. Enfin un législateur éclairé s'occupera plus des moyens de prévenir les délits, que de la manière dont il les punira. Il le faut avouer, les Romains ont eu à cet égard une sagesse qu'on ne peut trop admirer. Leurs censeurs, comme autant de sentinelles, avaient les yeux continuellement ouverts sur les vices qui cherchaient à se glisser dans la république. Ils écartaient les tentations ; ils empêchaient qu'on ne tombât dans le précipice, parce qu'ils ne permettaient pas d'en approcher. Des peines légères, telles que de priver un chevalier de son anneau ou de son cheval, de fermer l'entrée du sénat à un sénateur, ou de faire descendre un simple citoyen dans une tribu moins honorable que celle où il était inscrit, suffirent pendant longtemps pour ne voir à Rome aucun des délits que la corruption des mœurs y fit enfin paraître, et dont nos supplices atroces n'ont pu arrêter le cours.

Quand les punitions ordinaires semblent n'être plus capables d'empêcher les délits, je voudrais que les lois, au lieu de devenir plus sévères, se contentassent d'être plus vigilantes. Que ne tâche-t-on de connaître la source du mal dont on se plaint ! Pour n'avoir pas à punir rigoureusement les excès honteux où l'avarice et l'ambition se porteront, arrêtez par des châtiments doux et nouveaux tout ce qui peut aiguiser et favoriser ces deux passions. Des lois qui ont suffi pour gouverner les pères, pourquoi ne suffiraient-elles pas pour gouverner les enfants, dans un temps que les vices, encore nouveaux, conservent une certaine timidité? Que le législateur s'oppose donc aux premiers progrès du mal. Alors il suffira peut-être, pour corriger les citoyens, de retirer les magistrats de l'espèce d'assoupissement où ils se laissent quelquefois tomber. Je tâcherais de donner une nouvelle autorité au gouvernement; je créerais, s'il le faut, une magistrature extraordinaire et passagère, qui en donnant une secousse aux esprits, romprait les habitudes nouvelles, et remettrait en vigueur les anciennes lois. Voilà, si je ne me trompe, la seule méthode qu'un législateur doive employer pour nous corriger. Le sang des hommes est assez précieux pour qu'on doive l'épargner. A mesure que les vices deviennent plus audacieux et plus entreprenants, si les lois s'arment d'une sévérité nouvelle, il faudra donc ne donner aucune borne à notre cruauté. Vous substituerez la roue au gibet, mais qu'ajouterez-vous bientôt à la roue? Vous étonnerez les esprits, et vous ne les corrigerez pas. Ce n'est point en étouffant les sentiments d'humanité que la nature

nous a donnés, que vous contraindrez les hommes à
devenir meilleurs. Des lois sanguinaires hâteront la
décadence que vous voulez suspendre. En voulant
effrayer les coupables, vous abrutirez les gens de
bien. Des hommes qui ne sont retenus que par la
crainte se familiariseront peu à peu avec l'idée des
nouveaux supplices ; leur âme deviendra atroce. En
ôtant toute proportion entre les délits et les peines,
vous vous verrez enfin obligé de jeter dans son four
un boulanger pour avoir vendu son pain à fausse
mesure. L'Etat ne sera peuplé que de ces esclaves
timides qui déshonorent l'Asie, qui ne sont que des
imbéciles ou des scélérats, et le législateur ne sera
plus qu'un bourreau occupé à inventer de nouvelles
tortures.

Je suis persuadé que c'est la faute des lois si les hommes sont méchants. Après avoir tout arrangé de la manière la plus propre à multiplier et à irriter nos besoins et nos passions, on veut sans ménagement nous
empêcher d'être vicieux, et le législateur nous punit
barbarement de ses erreurs. Si les nations de l'Europe avaient fait elles-mêmes leur code criminel,
sans doute elles auraient eu cette douceur que je
désire ; et nos citoyens seraient traités comme l'ont
été autrefois ceux de la Grèce et de Rome. Mais ce
sont des maîtres élevés au-dessus des lois èt qui peuvent les violer impunément qui ont été et sont encore les législateurs de presque toutes les nations.
Fiers de leur pouvoir, endurcis par la prospérité, et
accoutumés à mépriser leurs sujets, ils ne croient
pas que leur royaume mérite qu'ils se donnent la
peine de penser pour le gouverner. Châtiments et

récompenses, tout est décerné au hasard et sans distinction. Comme on fait un premier visir d'un homme à peine capable d'être un cadi, on fait périr du dernier supplice un malheureux dont il aurait été aisé de faire un assez bon citoyen.

※

Quoique les lois ne puissent jamais être trop douces, il faut cependant se garder de proscrire toute peine capitale (1). Si notre cœur dépravé se porte aux plus grands excès, si la politique a épuisé inutilement toutes ses ressources pour nous corriger, n'est-il pas raisonnable d'effrayer nos vices, et les lois ne doivent-elles pas alors leur opposer un frein plus puissant ? Ne croyons point que pour déposer l'épée dans les mains du législateur, nous ayons dû avoir le droit de disposer de notre vie. C'est, au contraire, pour la défendre contre les attaques ouvertes ou cachées d'un meurtrier, que nous avons demandé ces lois sanguinaires qui révoltent. Dans l'état de nature, j'ai droit de mort contre celui qui attente à ma vie, et en entrant en société, j'ai résigné ce droit au magistrat : pourquoi n'en userait-il pas ? Les citoyens n'ont pas accordé au législateur le droit de se jouer arbitrairement de leur vie, cette concession eût été insensée et nulle ; mais ils ont exigé que le législateur veillât à leur sûreté, et que, l'épée à la

(1) Il est douloureux de voir Mably se porter défenseur de la peine de mort; mais on remarquera qu'il rejette la nécessité de cette barbarie sur la propriété qui oblige le législateur à s'armer, pour la défendre, d'une rigueur impitoyable.

main, il écartât les dangers dont ils sont menacés, ou les défendît contre un ennemi domestique qui voudrait les perdre.

Voilà ce que c'est que d'avoir établi cette propriété qui a fait naître tant de vices dans le monde, et qui force presque le législateur à être barbare. Il est probable que si les hommes avaient vécu dans cette heureuse communauté de biens, que je regretterai éternellement, leurs passions, sages, prudentes et tranquilles sans effort, n'auraient pas eu besoin d'être réprimées par cette sévérité terrible dont la justice est aujourd'hui obligée de s'armer.

Je ne me déguise point qu'en se conformant aux lois dont je viens de poser les principes, ma république ne fût encore exposée à des disgrâces et à des revers. N'oublions pas qu'obligé, par condescendance pour la méchanceté et la sottise des hommes, de ne pas détruire la propriété des biens et l'inégalité des fortunes et des conditions, je suis resté bien éloigné des vues de la nature. J'ai laissé parmi mes citoyens un germe d'avarice et d'ambition qui ne tendra qu'à se développer. Les passions feront un effort continuel contre mes lois; elles parviendront à corrompre le législateur même; tout l'édifice s'écroulera en peu de temps, si vous n'avez pas commencé par donner des mœurs aux citoyens, et pris les mesures les plus prudentes pour les conserver. Il résulte de notre ordre social que chaque citoyen, militaire, ecclésiastique, homme de loi, financier ou commerçant, s'habitue à ne considérer la société que par les intérêts particuliers de son ordre. Au lieu de lois générales et impartiales, chacun ne pense donc qu'à des lois particulières partiales. Tant qu'on n'embrasse point le corps entier de la république, on ne corrige un abus que pour en faire naître un autre. Après les plus grands changements, la réforme n'est pas même commencée. Peut-être n'avons-nous plus les mêmes défauts, mais le nombre de nos vices n'est point diminué.

Pourquoi nous plaindre de nos malheurs, après avoir fait tout ce que nous avons pu pour nous rendre malheureux? Après nous être rendus sourds à la voix de la nature, il nous sied bien de l'accuser d'injustice. Elle nous crie que nous sommes égaux ; et il nous plaît, en faisant des lois, de supposer qu'il n'y a point d'égalité, et de croire qu'il est sage de sacrifier le genre humain aux passions de quelques individus. La nature ne nous a fait ni avares, ni ambitieux ; et cependant nous voulons que l'avarice et l'ambition soient les deux principes de l'ordre et des mouvements de la société. Est-il juste que des fous, pour récompense de leur folie, obtiennent le bonheur qui est promis aux sages?

Il faut enfin revenir sur nos pas ; il faut réparer nos fautes et prendre une route nouvelle, si nous voulons former des sociétés raisonnables, et non pas des associations de brigands. Pour savoir à quelles lois nous devons nous soumettre, il faut remonter à ces lois éternelles qui sont, dit Cicéron, la raison même de Dieu, qui ont précédé la naissance des villes et des sociétés, et que ni le sénat ni le peuple ne peuvent changer. Il faut étudier notre cœur, nos passions, nos besoins et les ressources de notre esprit. Nous sommes à une distance immense du but que nous devons nous proposer, je l'avoue ; mais par quelle étrange logique en veut-on conclure qu'au lieu de nous en rapprocher de quelques pas, nous devons nous en éloigner encore davantage? Mes principes de législation ne paraîtront à de certaines gens que des rêves chimériques ; mais qui doit-on accuser de se repaître de chimères? Moi, qui cherche à pénétrer les intentions de la nature, et qui ne propose que des lois auxquelles les peuples les plus sages et les plus heureux ont obéi ; ou ces politiques profonds qui se flattent d'assujettir la nature à leurs caprices, qui s'opiniâtrent à courir après un bonheur qui les fuit, et qui espèrent de nous rendre bons citoyens à force de multiplier et d'étendre nos vices?

A quel signe certain jugera-t-on de la justice des lois? A leur impartialité. Puisque la nature n'a mis aucune différence entre ses enfants; puisqu'elle me donne à moi comme à tous le même droit à ses faveurs; puisque nous avons tous la même raison, les mêmes sens, les mêmes organes; puisqu'elle n'a point créé des maîtres, des sujets, des esclaves, des princes, des nobles, des roturiers, des riches, des pauvres, comment les lois politiques, qui ne doivent être que le développement des lois naturelles, pourraient-elles établir sans danger une différence choquante et cruelle entre les hommes? Pourquoi la loi qui doit satisfaire la raison pour produire le bien, la révolterait-elle sans produire le mal? Toute législation est partiale, et, par conséquent, injuste, qui sacrifie une partie des citoyens à l'autre. Elle n'établira qu'un faux ordre, un

faux bien, une fausse paix ; car de quel œil des hommes
dont on blesse les intérêts ne doivent-ils pas regarder ceux qui ne sont heureux qu'à leurs dépens?
N'ayant et ne pouvant point avoir de patrie, ne for-
ment-ils pas une troupe d'ennemis, ou du moins
d'étrangers dans le sein de l'État? Les esclaves des
anciens devaient haïr leurs maîtres ; aussi se soule-
vèrent-ils souvent. Parmi nous autres modernes, ne
serait-il pas insensé de s'attendre à trouver des citoyens dans ces hommes à qui leur extrême pauvreté
èt les mépris des riches et des grands défendent d'être
libres et presque d'être hommes.

L'impartialité des lois consiste principalement en
deux choses : à établir l'égalité dans la fortune et
dans la dignité des citoyens. Je ne songe point ici à
imaginer une république à laquelle on ne donnerait
que des lois impartiales ; sans doute on en verrait
résulter le plus grand bonheur. A mesure que les
lois établiraient une plus grande égalité, elles devien-
draient plus chères à chaque citoyen ; elles seraient
plus propres à tempérer les passions, à prêter des
forces à la raison, et, par conséquent, à prévenir
toute injustice. Comment l'avarice, l'ambition, la volupté, la paresse, l'oisiveté, l'envie, la haine, la jalousie, seules causes des malheurs et de la ruine des
États, agiteraient-elles des hommes égaux en fortune et en dignité, et à qui les lois ne laisseraient
pas même l'espérance de rompre l'égalité? Où les
fortunes sont égales, l'amour des richesses est inconnu ; et où l'amour des richesses est inconnu, la
tempérance et l'amour de la gloire et de la patrie
doivent être des vertus communes. Où la dignité et

l'honneur de l'humanité sont également respectés dans tous les hommes, il doit régner un certain goût de justice, d'honneur et d'élévation qui entretient la paix, sans engourdir l'âme des citoyens. L'émulation y développera toutes les vertus, et l'amour du bien public ne permettra jamais aux talents d'être cachés ou de devenir dangereux. S'il s'élève des maladies dans l'État, elles ne seront que passagères; il sera aisé aux magistrats d'y appliquer un remède, ou plutôt la force seule de sa constitution y rétablira l'ordre.

Voilà les biens que l'on verrait naître en foule dans une république où les lois seraient justes. Mais sans entreprendre ce travail, il nous suffit de nous rappeler l'histoire, et d'examiner avec soin si les peuples dont les constitutions ont été les plus impartiales n'ont pas été les plus forts, les plus florissants et les plus heureux.

Ce qu'on dit de la république de Sparte doit nous donner de grandes lumières sur cette question. Aucun autre État n'a jamais eu des lois plus conformes à l'ordre de la nature ou de l'égalité; aussi aucun autre État n'a jamais conservé si longtemps ni si religieusement sa constitution. Si les Spartiates ont quelquefois été troublés par les alarmes que leur donnèrent les Ilotes; s'ils ont enfin perdu leurs institutions et leur bonheur, il me semble que l'on ne doit en accuser que ce reste d'anciens préjugés dont la sagesse de Lycurgue n'avait pu débarrasser ses concitoyens. Violant à l'égard des Ilotes les règles de l'humanité qu'ils respectaient entre eux, ils se virent forcés de craindre des hommes qui devaient les haïr, et leur joug devint de jour en jour plus pesant. L'im-

8.

mense intervalle qu'il y avait entre le maître et l'esclave préparait l'esprit des Spartiates à admettre un jour des distinctions choquantes entre les citoyens mêmes. Qu'il a été malheureux pour Lacédémone que Lycurgue ait été contraint de violer la loi de l'égalité, en laissant à deux branches de la famille d'Hercule le droit de posséder héréditairement la première magistrature! Pouvait-on voir sans surprise que le mérite qui faisait les sénateurs et les éphores ne fît pas les rois qui leur étaient supérieurs? La surprise devait conduire au murmure, le murmure à la plainte, et la plainte à une révolution.

Lysandre n'aurait pas été un ennemi de sa patrie, s'il eût pu aspirer légitimement au trône qui était le partage d'une autre famille. Pour occuper une place où ses talents l'appelaient, mais dont une loi partiale lui fermait l'entrée, son ambition n'eut d'autre ressource que de renverser le gouvernement et les lois. Il remplit la république de ses intrigues; il y introduisit des richesses avec lesquelles l'État ne pouvait subsister; et bientôt Lacédémone, peuplée de citoyens mécontents de leur sort, et qui ne craignaient ni la servitude ni la tyrannie, commença à éprouver les malheurs qui annonçaient sa ruine.

On connaît la situation des Romains sous leurs rois. Les familles étaient distinguées en patriciennes et en plébéiennes, et aucune loi n'avait mis des bornes à l'avarice ni à l'étendue des héritages. Les âmes étant par conséquent ouvertes à la vanité et à l'intérêt, il n'est point surprenant que le bien public fût négligé, et que les Romains n'eussent rien qui les distinguât avantageusement de leurs voisins. En effet, leur nom serait demeuré inconnu comme celui de mille autres peuples si la révolution des Tarquins, en leur donnant l'espérance de l'égalité, n'eût donné à chaque citoyen les sentiments d'un héros. Si cette élévation d'âme semble disparaître dans la république naissante; s'il éclate de nouveaux désordres; si le peuple abandonne sa patrie et se retire sur le Mont-Sacré, n'en accusez que la noblesse, dont l'orgueil ne peut souffrir l'égalité. Si elle avait réussi dans ses projets, Rome, infailliblement peuplée de citoyens enorgueillis par leur grandeur ou avilis par leur bassesse, aurait été condamnée à languir dans l'esclavage et l'obscurité. C'est la noblesse qui était l'ennemi de la république, et non pas le peuple. C'est en ramenant les lois à l'égalité prescrite par la nature, c'est en défendant avec constance la dignité des plébéiens, que les tribuns préparèrent et consommèrent la fortune de l'État.

Les querelles de la place publique deviennent moins vives, l'ordre s'établit, les talents se multiplient, les mœurs s'épurent, toutes les vertus et les lois prennent une nouvelle force. Cet heureux changement est l'ouvrage de cet esprit d'égalité qui dicte déjà aux Romains des lois moins partiales. Pourquoi s'élèvera-t-il enfin chez eux de nouvelles dissensions, aussi funestes que les premières avaient été avantageuses? C'est que celles-ci avaient établi l'égalité, et que les autres la ruinèrent. La république, malheureusement emportée par son ambition et ses conquêtes, n'avait pas aperçu qu'elle travaillait à sa perte. Elle ne sentit point que les lois agraires et somptuaires, si favorables à l'égalité des fortunes, ne pourraient se main-

tenir au milieu des richesses qui fondirent à Rome,
quand elle eut porté ses armes victorieuses en Afrique et en Asie. Plus on s'enrichit, plus on sentit le
besoin de s'enrichir encore davantage. La république
avait pillé les vaincus, les citoyens pillèrent la république. Tandis que les uns étaient riches comme des
rois, les autres demandaient du pain et des spectacles.
Plus les fortunes sont disproportionnées, plus les
vices se multiplient. C'est de cette inégalité monstrueuse que découlèrent, comme de leur source,
l'oubli ou plutôt le mépris des anciennes lois, les
mœurs les plus infâmes, la perte de la liberté, les
guerres civiles, les proscriptions publiées contre les
hommes qui osaient avoir quelque mérite, et cette
tyrannie stupide et sanguinaire des empereurs, qui
ouvrit les provinces de l'empire à quelques hordes de
barbares.

Toutes les histoires, tous les faits prouvent que
l'impartialité ou la partialité des lois a été la racine
heureuse ou malheureuse de tous les biens ou de tous
les maux. On ne trouve point de nation qui ait vu
s'élever impunément au milieu d'elle des familles
privilégiées par leurs droits ou par leurs richesses.
Partout où l'égalité n'est pas respectée, la justice aura
deux poids et deux mesures. Partout il se formera
de ces patriciens orgueilleux qui trouvaient étrange
que la nature eût daigné accorder à des plébéiens
des poumons pour respirer, une bouche pour parler
et des yeux pour voir.

La politique ne se repaît que d'espérances chimériques, tant qu'elle se flatte de produire le bien sans
établir des lois impartiales. Peut-être suspendra-t-elle

pour quelques moments l'activité de l'avarice et de l'ambition ; peut-être les forcera-t-elle à n'oser se montrer avec leur hardiesse ordinaire ; mais alors même ces passions agiront en secret. Toujours infatigables, toujours inépuisables en ressources, elles lasseront la constance de la politique, profiteront de ses distractions pour se rendre plus impérieuses que jamais. Quel peuple s'est corrigé de ses vices, si une heureuse révolution n'a commencé par lui donner le goût de l'égalité, et par abroger les lois injustes et partiales auxquelles il obéissait ?

Les historiens n'indiquent ordinairement que les causes prochaines de la prospérité ou de l'adversité des Etats. Par exemple, on dira que la discipline et le courage des Romains, leur patience, leur justice envers les étrangers, leur magnanimité, leur amour de la patrie, leur désintéressement, ont été les causes de leur élévation. Si vous vous en tenez là, vous ne connaîtrez, si je puis parler ainsi, que les instruments qui ont servi à faire la fortune de la république romaine. Pour acquérir une connaissance vraiment profonde, vous devez remonter jusqu'à la cause qui a elle-même produit le courage, l'amour de la patrie et les autres vertus des Romains. Vous la trouverez, cette cause primitive, dans la justice et l'impartialité de leurs lois ; et si vous ne la regardez pas comme le principe fondamental de toute politique, tous vos soins seront inutiles pour donner des vertus aux citoyens. Ces plantes, cultivées dans un terrain qui ne leur est pas favorable, auront de la peine à prendre racine et se flétriront en naissant.

On s'en prend à Sylla, à Marius, à César, à Pompée, à Octave et à Antoine, si la république romaine a été détruite. On a tort. Ces hommes auraient servi utilement leur patrie qu'ils ont déchirée, si l'on avait encore eu les lois et les mœurs qui firent des Camille et des Régulus.

En lisant dans l'histoire que les Grecs ont vaincu les Perses, parce qu'ils étaient aussi sages, aussi courageux, aussi habiles à la guerre que les autres étaient imprudents, lâches et peu disciplinés, si on recherche les causes de cette différence, on apprend par quel art on peut faire encore de grands hommes. Les Grecs aimaient leur patrie, parce qu'ils y étaient libres, et que la qualité d'aucun citoyen n'y était avilie. Ils avaient toutes les vertus et tous les talents qui leur étaient nécessaires, parce que des lois impartiales, en n'admettant des préférences que pour les vertus et les talents, les exaltaient tous, si je puis parler ainsi, et n'en perdaient aucun. Dans la Perse, au contraire, la naissance plaçait au hasard, sur le trône, un homme à peine capable de remplir un emploi obscur. Cet homme ordinaire n'avait pour instruments de ses desseins que des courtisans, à qui leurs intrigues et leur flatterie tenaient lieu de talent, et une populace accoutumée au mépris et aux injures, et persuadée que le mérite, toujours inutile, nuit quelquefois à la fortune.

Jetons les yeux sur l'Europe, et nous verrons que chaque État est plus ou moins heureux, à mesure que les lois se rapprochent plus ou moins de l'impartialité de la nature. Le paysan suédois est citoyen (1); il par-

(1) La révolution de 1772, fomentée par la France et qui donna à la Suède une constitution ultra-monarchique , n'avait

tage avec les autres ordres de la république la qualité de législateur. La Suède est-elle donc exposée aux mêmes injustices, aux mêmes vexations, à la même tyrannie que la Pologne, où tout ce qui n'est pas noble est barbarement sacrifié à la noblesse? L'Anglais, soumis à des lois qui respectent les droits de l'humanité dans le dernier des hommes, porte-t-il l'âme abjecte et abrutie de ce Turc qui, ne sachant jamais quel sera le caprice du sultan et de son vizir, ignore s'il est destiné à faire un bacha ou un palefrenier? Il doit y avoir autant de zèle en Angleterre pour le bien public, et par conséquent de talents, qu'il y a de découragement et d'ineptie dans les États du Grand-Seigneur. La Hollande, cultivée par des citoyens, et gouvernée par des lois encore plus impartiales, nourrit un peuple nombreux, et donne des bornes à la mer suspendue sur ses côtes. Dans les provinces d'un despote, ne cherchez que des friches et des hommes couverts de haillons, qui abandonneraient leurs déserts s'ils savaient qu'il y a des terres qui ne dévorent pas leurs habitants.

Il y a certainement un plus grand nombre d'hommes heureux dans la Suisse que dans tout le reste de l'Europe. Pourquoi? Parce que les lois, plus impartiales que partout ailleurs, y rapprochent davantage les hommes de l'égalité naturelle. Un citoyen n'est point là plus qu'un autre citoyen. On n'y craint que les lois, et on les aime, parce qu'on en est protégé.

pas encore éclaté lorsque Mably écrivait ces lignes. Du reste il se faisait singulièrement illusion sur la prétendue égalité dont on jouissait en Suède. Ce gouvernement était au fond une pure aristocratie (V. Sheridan, *Hist. de la Révolution de Suède*).

Est-on puissant, c'est parce qu'on est magistrat, et la
puissance du magistrat a ses bornes. Des fortunes ni
trop grandes ni trop petites n'inspirent ni l'esprit de
tyrannie, ni l'esprit de servitude. De sages lois somptuaires, en rendant inutiles de grandes richesses,
empêchent de les désirer, et tempèrent toutes les
passions. C'est cette sage économie qui entretient
l'union et la paix entre les cantons inégaux en force,
et qui ont des gouvernements différents. Ils sont voisins, et cependant ils sont sans jalousie, sans rivalité
et sans haine. L'aristocratie même de quelques cantons n'a pas les vices naturels à ce gouvernement.
Les sujets obéissent sans chagrin et sans humiliation
à des souverains qui, se contentant d'être des bourgeois simples, peu riches et économes comme eux,
cachent qu'ils forment un ordre privilégié.

C'est pour n'avoir pas fait les recherches nécessaires sur la génération de nos vertus et de nos vices,
que les lois n'ont presque produit aucun bien dans
le monde ; elles devraient être l'ouvrage de la sagesse
la plus consommée ; elles ne paraissent aux yeux
d'un homme qui raisonne, que le monument le plus
authentique de la folie humaine. S'il ne s'agissait pas
du bonheur, c'est-à-dire de tout ce que nous avons
de plus précieux, pourrait-on s'empêcher de rire,
quand on voit de graves législateurs qui, en se plai-
gnant de quelques abus qu'ils prétendent corriger,
finissent cependant par publier une loi qui les favorise ? Ayez des vues générales sur le bien public,
connaissez la source où vous devez les puiser ; consultez la nature, et jamais vos lois ne nous présenteront
un bien faux et passager ; jamais, pour arrêter un

mal médiocre, elles ne jetteront dans l'État le germe d'une calamité générale et perpétuelle. Le plus grand bonheur pour les hommes, ce serait de voir tomber dans l'oubli et le mépris cette multitude de lois dont ils sont accablés. Vous avez beau entasser règlements sur règlements, vous multiplierez vos malheurs, si vous ne vous attachez pas à détruire les deux principaux vices que nous donne la propriété.

Je pourrais avancer que c'est en cela que consiste aujourd'hui parmi nous toute la législation. Je pourrais prouver du moins que ce n'est que par ce moyen que nous pouvons nous débarrasser des vices qui nous oppriment, et remontrer au monde ces républiques anciennes dont quelques sages admirent la sagesse et envient le bonheur. Mais ce serait un législateur bien stupide que celui qui se contenterait de dire aux hommes : Je vous défends d'être avares ; vous ne serez point ambitieux ; vous ne préférerez point l'argent à la probité ; vous aimerez votre patrie, et vous vous rendrez dignes des emplois avant que d'y aspirer. Il ne suffit point d'infliger des peines sévères contre les délits que l'avarice et l'ambition feront commettre. Ces deux passions, toujours actives, toujours ingénieuses, toujours adroites à se déguiser, se joueraient sans peine de l'imbécillité d'un législateur qui n'emploierait que ce moyen pour les réprimer. L'art consiste à les tenir, pour ainsi dire, endormies et engourdies, en écartant les tentations qui nous inviteraient à être avares et ambitieux ; en un mot, les lois n'ont rien fait et ne feront rien tant qu'elles n'auront pas disposé la vie privée du citoyen et les ressorts du gouvernement de façon que nous

9

trouvions notre bonheur sans le secours de l'avarice
et de l'ambition.

Vos lois seront encore plus ou moins sages, suivant
qu'elles seront plus ou moins propres à vous lier
avec vos voisins, de façon que vous ne formiez qu'une
république fédérative : voilà le plus haut degré de
perfection où la politique puisse s'élever. Si vous
voulez y réfléchir, vous verrez que les Grecs durent
autrefois leur bonheur à cette confédération, et que
la perte de leur liberté suivit de près leurs divisions.
C'est l'alliance des treize cantons qui fait encore aujourd'hui la sûreté de la Suisse. Chacune de ces républiques est faible par elle-même, toutes sont fortes
par l'intérêt commun qui les unit. Aucun de leurs
voisins ne songe à s'agrandir à leurs dépens. Sup-
posez-les divisées entre elles, et sur-le-champ vous
verrez que des alliés perfides leur offriront des secours dangereux, et que, sous prétexte de les servir,
on ne cherchera qu'à les subjuguer.

On fait trop peu d'attention aux intérêts de cette
multitude qu'on appelle populace. Ces citoyens qui
sont toujours prêts à oublier qu'ils sont hommes, au
lieu de les avilir chaque jour davantage, il faudrait
leur apprendre à connaître leur dignité. Plus on les
humiliera, plus la vanité des grands et des riches
sera insensée et oppressive : de là ces guerres d'esclaves, ces révoltes de paysans et ces émeutes d'ouvriers qui ont souvent mis la république en danger.
Quand le législateur parle à la multitude, pourquoi

prend-il toujours le ton d'un despote menaçant? Que
n'a-t-il quelquefois la douceur d'un père indulgent?
Il est barbare de punir le peuple de la stupidité à
laquelle on l'a condamné. Le sentiment de la crainte
n'est pas le seul que la nature nous ait donné pour
nous rendre disciplinables; pourquoi donc la politique n'emploie-t-elle que celui-là? Si elle y est forcée,
c'est une preuve que les lois sont extrêmement vicieuses, et il faut se hâter de les corriger. Puisque
les derniers citoyens ont des devoirs bas et pénibles
à remplir, ennoblissez leur état, en récompensant
ceux qui s'acquittent de leurs devoirs d'une manière
supérieure. Tentez tout d'abord pour les retirer de
cette misère qui les abrutit. La mendicité déshonore
et affaiblit un gouvernement. Les aumônes des riches
ne réparent pas le mal; et si vous ne voulez pas que
les vices des riches profitent des vices des pauvres,
proscrivez la pauvreté.

Malheureusement les lois ont presque toujours été
faites au hasard : ouvrage de la raison, elles nous
auraient procuré le bonheur auquel nous sommes
appelés ; ouvrage des passions, elles ont fait notre
malheur. Elles n'ont servi qu'à nous égarer, elles
n'ont servi qu'à nous attacher à nos erreurs. Après
nous avoir appris cette grande vérité, qu'il faut respecter les lois, on abuse de ce respect pour nous faire
aimer et vénérer des injustices et des absurdités.
Comment ne pas se moquer de ces politiques sublimes qui chargent l'avarice et l'ambition de faire le
bonheur des peuples, ou qui se flattent de faire dans
un État des réformes avantageuses en ménageant ces
deux passions?

Il y a une épreuve infaillible pour juger de la sagesse d'une loi : elle consiste à se demander si la loi proposée tend à mettre plus d'égalité entre les citoyens. Est-elle propre à produire cet effet, ne balancez point à la juger très bonne ; elle corrigera nécessairement plusieurs abus et procurera plusieurs avantages. On me dira peut-être que cette loi dont j'augure si favorablement sera contraire à l'esprit de plusieurs lois anciennes, et entraînera à sa suite quelques inconvénients. Cela peut être, mais ce n'est point une raison pour ne la pas publier. Ces lois anciennes, qui favorisent l'inégalité, sont autant de vices qu'il faut détruire, et si le législateur ne doit pas les attaquer brusquement et sans préparation, qu'il se garde bien de les protéger quand les circonstances lui permettent de les affaiblir.

Si nous supposons un gouvernement où règne la plus parfaite égalité entre les citoyens, ou du moins entre les différents ordres de la société, je conviendrai qu'un établissement nouveau qui dérangerait, soit directement ou indirectement, l'équilibre de cette constitution serait un vice. Mais supposons un gouvernement où des préjugés impérieux ne permettent pas de proposer et d'établir l'égalité ; pourquoi serait-il indigne d'un sage législateur, en feignant de ne pas toucher aux coutumes anciennes, de porter de nouvelles lois qui prépareraient une révolution ? La contrariété dans les lois est un mal quand elle trouble les ressorts d'un gouvernement établi sur de sages proportions ; mais elle est un bien si elle suspend l'activité d'un mauvais gouvernement, et peut en changer insensiblement les principes. Gardons-nous d'un respect superstitieux pour les lois actuellement en vigueur. Je demande si la contrariété que l'établissement du tribunat mit dans la république romaine ne fut pas un bien, et je ne me laisserai point intimider par les plaintes et les cris des patriciens.

Quand certains écrivains parlent du respect profond qui est dû aux lois, ils se gardent bien de faire remarquer que, s'il y a des lois justes, c'est-à-dire conformes et proportionnées à notre nature, il y en a d'injustes auxquelles on ne peut obéir sans humilier l'humanité et préparer la décadence et la ruine de l'État. Ils affectent de ne connaître ni les hommes ni les ressorts propres à les mouvoir. Parce que telle administration diamétralement opposée à l'institution et à la fin de la société produit par hasard un bien passager ou faux, ils vous diront hardiment que c'est une police merveilleuse dont il faut craindre de déranger l'harmonie. Ils vous prouveront qu'il faut obéir aveuglément à la loi, en étalant avec éloquence, ou simplement avec longueur, les prétendus dangers de l'examen. Laissez-les faire ; ils vous démontreront que l'auteur de la nature a eu tort de vous donner une raison, et qu'elle se doit taire devant celle du magistrat qui vous domine, et qui ne prendra pas la peine de penser. Ils triomphent quand ils viennent à parler de troubles, d'anarchie et de guerres civiles ; l'imagination est alarmée, on a peur, et on les croit trop légèrement sur parole.

Si je vous faisais voir quelle semence féconde de maux une seule loi injuste est capable de jeter dans un État ; si je vous démontrais que les vices les plus

9.

énormes de la plupart des gouvernements ne doivent leur origine qu'à une erreur, même légère, qui tendait à dégrader la dignité des hommes ; si je vous faisais envisager les suites funestes de cette obéissance aveugle et servile, qui, au mépris de notre raison et de la nature qui nous en a doués, nous transforme en automates ; que sais-je? quand l'amour de l'ordre et du repos n'est pas éclairé, si je vous prouvais qu'il nous précipite rapidement au-devant de tous les maux que nous voulons éviter; si je vous découvrais que le despotisme avec ses prisons, ses gibets, ses pillages, ses dévastations sourdes, et ses imbéciles et cruelles inepties, est le terme inévitable des principes de nos jurisconsultes, ne nous deviendraient-ils pas justement suspects?

L'amour de la liberté suffit pour donner naissance à une république; mais l'amour seul pour les lois peut la conserver et la faire fleurir; et c'est de l'union de ces deux sentiments que la politique doit faire, par conséquent, son principal objet. On travaillera inutilement à établir cette union précieuse ou à la conserver, si on ne cherche sans cesse à rendre le gouvernement impartial et favorable à tous les ordres de citoyens. En vous proposant cette fin, ne craignez point de faire des lois injustes; en la négligeant, n'espérez pas le bonheur public. Le législateur, prêt à porter une loi pour corriger un abus qui s'est glissé dans l'État, doit se demander avec soin si cette loi n'est point propre à diminuer, soit directement, soit indirectement, l'amour de la liberté ou le respect pour les lois. Si elle produit un de ces deux effets, soyez ûr que, malgré le bien apparent et passager qu'elle produira, elle a porté une plaie mortelle à la république. Cela seul ne suffit pas ; il faut. pour ainsi dire, que vous teniez ces deux sentiments en équilibre dans le cœur de vos citoyens. Je vous l'ai déjà dit, les passions, telles que l'ambition, la colère, l'orgueil, l'avarice, abuseront d'une manière étrange de l'amour de la liberté, s'il n'est point dirigé par l'amour des lois ; et d'autres passions, la paresse, la volupté, la crainte, rendront inutile et même dangereux le respect pour les lois, s'il n'est point animé par l'amour de la liberté.

Suivez l'histoire des républiques de l'antiquité, et vous verrez les dissensions s'y former dès que cet équilibre que je demande se perd. Se rétablit-il, le calme succède au trouble ; n'est-il plus possible de tenir la balance égale, l'État est perdu sans ressource. Dans ces moments de décadence, on a vu des républiques, qui gémissaient sous le poids de leurs malheurs, faire sans succès des lois et des règlements en apparence sages et salutaires. Quelle en est la cause ? C'est qu'on n'a pas commencé la réforme par où il aurait fallu la commencer. On applique un remède à tel ou tel vice en particulier, mais il aurait fallu remonter à la cause qui l'a produit. Les lois particulières ne produiront aucun effet quand les lois constitutives du gouvernement seront mauvaises ou auront perdu leur force.

Les hommes n'ont presque jamais connu l'ordre et la méthode de la législation, faute de distinguer les lois selon leur importance, leur pouvoir, leur efficacité et leur influence. Les États ont presque toujours travaillé inutilement à se rendre heureux, ou ne l'ont été que pendant quelques moments. Les peuples libres n'ont que trop ordinairement le malheur de se déguiser les vices de leur constitution, et même de les aimer; et de là vient que tant de républiques ne jouissent qu'à moitié des avantages que procure la liberté. Elles sont tourmentées par une foule d'inconvénients dont elles ne peuvent se débarrasser, parce qu'elles en aiment le principe. Les Anglais se plaignent de mille désordres qui tiennent à de certaines prérogatives de la couronne. Qu'importe d'établir par des bills la libre élection des communes et le pouvoir des deux chambres du parlement, tandis qu'ils respectent dans le roi le droit qu'il a de les corrompre?

Rappelons-nous que la puissance législative n'est autre chose que le droit de faire des lois, de changer, modifier, abroger et annuler les anciennes. Si ce droit appartient purement et simplement à un prince, tremblons, nous avons fait un despote qui nous perdra. Si nous avons accordé ce droit à de certaines conditions sans avoir un garant que ces conditions seront observées, nous obéissons encore à un despote. Si en effet vous avez établi un garant qui vous réponde de la fidélité du législateur à remplir les conditions qui lui sont imposées, je dis que vous avez formé dans l'État une puissance supérieure à la puissance législative, ce qui est contraire aux notions les plus simples de la société. Je dis que vous avez mis des entraves à la puissance législative qui par sa nature doit être maîtresse de tout. Je dis encore que vos lois seront mauvaises, que vous n'aurez aucun droit public, et que vous éprouverez par conséquent tous les malheurs qui en doivent résulter.

Quand la nation n'a pas elle-même le pouvoir de faire ses lois, on est obligé, pour ne pas tomber dans le despotisme, d'établir comme autant de maximes que le prince est obligé de gouverner conformément aux lois, qu'il y a des lois fondamentales qu'il ne peut abroger, et que les nouvelles lois doivent être dictées par l'esprit des anciennes. Voilà de beaux mots qui sont dans la bouche de tout le monde, et que personne ne comprend. Si l'on entend que le législateur doit se conformer aux lois tant qu'il les laisse subsister, rien n'est plus vrai ; mais si l'on prétend qu'il n'est pas le maître de les abroger pour en substituer d'autres, c'est avancer une absurdité ; et je vous prie de me dire de quel nom vous appellerez la puissance qui s'y opposera. Je voudrais qu'on me dît pourquoi ces lois qu'on appelle fondamentales auraient le privilège de ne pouvoir être annulées. Elles sont l'ouvrage du législateur ; pourquoi donc ne lui seraient-elles pas toujours soumises ? N'est-il pas de la nature de la puissance législative de ne pouvoir se prescrire des bornes à elle-même ? il serait ridicule de penser que les lois nouvelles ne doivent jamais être contraires aux anciennes ; car des circonstances toutes différentes exigeront des lois dont l'esprit sera entièrement différent. D'ailleurs les anciennes lois peuvent être vicieuses ; elles peuvent avoir été portées par un législateur ignorant et injuste ; pourquoi donc ne serait-il pas permis à un législateur éclairé et juste de les corriger ?

Je vous dis hardiment qu'un État ne peut avoir de bonnes lois qu'autant qu'il est lui-même son propre législateur.

Il est ridicule d'attendre dans une monarchie ou dans un gouvernement aristocratique des lois justes et raisonnables. Comment un monarque ou des patriciens dédaigneux jouiraient-ils de la puissance législative, sans que leurs passions, plus aveugles et plus emportées que celles des autres hommes, ne tournassent tout à leur avantage particulier? Pouvant tout, ne voudront-ils que le bien? Leurs flatteurs mêmes ne les empêcheraient-ils pas d'exécuter leurs projets? Ce serait un prodige dont à peine l'histoire de tous les siècles fournit trois ou quatre exemples; depuis le temps qu'on les avertit inutilement de préférer le bien public à leurs chevaux, à leurs maîtresses, à leurs chiens, à leurs complaisants, comment n'a-t-on pas encore compris qu'on parlait à des sourds?

Dès qu'un peuple, au contraire, se sera réservé la puissance législative, soyez sûr qu'il aura bientôt les lois les plus sages et les plus salutaires. Un républicain assez fier de sa dignité pour ne vouloir obéir qu'aux lois a naturellement l'âme droite, juste, élevée et courageuse. Qui s'accommode de la domination des hommes doit être prêt à respecter des caprices, des injustices et des folies; son jugement y perd. A force de respecter les lois de leur sultan, les Turcs se sont accoutumés à regarder ses ordres particuliers comme des lois. Il n'y a plus d'autres vertus pour les sujets d'un despote que la patience et quelques utiles qualités d'esclaves, compatibles avec la paresse et la crainte. Si un peuple jaloux de sa liberté se trompe quelquefois, ses erreurs ne sont que passagères, elles l'instruisent même; mais pour les hommes asservis sous le joug, leur première faute en prépare infailliblement une seconde.

Quelque gouvernement qu'adoptent les hommes, jamais ils ne pourront se passer d'admettre la loi de la pluralité des suffrages. C'est une nécessité à laquelle la nature nous a soumis, puisqu'elle nous a donné des connaissances si bornées, et qu'il n'y a aucun de nous qui n'ait besoin des lumières de ses semblables pour parvenir à la vérité. Notre faiblesse et nos erreurs nous avertissent que nous sommes égaux, et servent à resserrer les liens de la société en nous rendant tous nécessaires les uns aux autres.

Je conviens que l'établissement des propriétés foncières et l'inégalité des conditions ont tellement changé l'état naturel des hommes, c'est-à-dire, irrité les passions et multiplié les intérêts particuliers, que la loi de la pluralité des suffrages est incapable de prévenir tous les abus; mais si elle ne les prévient pas tous, n'en prévient-elle pas beaucoup? Parce que nous nous sommes écartés de la fin que nous proposait la nature, faut-il nous en écarter encore davantage?

Le meilleur gouvernement n'est pas celui qui est sans défauts, mais celui qui en a le moins. Si quelques inconvénients attachés à la pluralité des suffrages suffisent pour qu'on ne doive plus y recourir, il faudra obéir non pas à un despotisme légal, mais au despotisme le plus arbitraire; et alors quelles calamités n'affligeront pas la société?

Il pourrait se faire que ce ne fût pas la faute de la pluralité des suffrages, si cette forme politique ne tend pas constamment au bien commun de la société : peut-être que c'est nous qui l'avons détournée de sa destination naturelle ; peut-être que cet ordre de procéder en politique ne serait sujet à aucun inconvénient, si nous ne l'avions nous-mêmes vicié et corrompu en nous éloignant des lois que la nature nous avait prescrites. Pourquoi avons-nous renoncé à la communauté des biens et à l'égalité des conditions ? De là sont nés les intérêts particuliers qui ont changé nos qualités sociales en des passions effrénées. Pourquoi un auteur qui n'a pas connu cette première vérité s'en prend-il à la pluralité des suffrages, si elle ne peut pas empêcher tout le mal que les intérêts particuliers doivent produire ? Si par l'établissement des propriétés foncières nous nous sommes mis dans l'impuissance d'avoir une forme de gouvernement qui prévienne tous les abus, est-il juste de présenter quelques inconvénients attachés par notre faute à la plus sage institution comme un motif de la décrier et de la rejeter ? Je le demande, la pluralité des suffrages ne serait-elle pas la méthode la plus sûre et la plus sage pour parvenir à la fin que se propose la société, si les citoyens étaient plus occupés du bien public que de leurs intérêts particuliers ? On a eu tort de ne pas apercevoir cette vérité ; et si on l'eût aperçue, jamais en voulant nous tracer l'ordre naturel et essentiel des sociétés, on n'aurait attaqué la pluralité des suffrages. Et pour rendre cette méthode aussi salutaire qu'elle peut l'être à des créatures dont l'intelligence est bornée, on nous aurait dit de diminuer nos passions ; on nous aurait appris que tout l'art de la politique consiste à diriger de telle manière nos affections, que nous trouvions un plaisir à nous sacrifier à la société. Au lieu de ne nous occuper que de propriétés foncières, d'agriculture, de classe stérile, de produit net, de commerce, d'argent et de fortune, il aurait vu qu'il fallait commencer par régler les mœurs; que sans elles tout est mauvais, mais qu'avec leur secours l'homme peut encore espérer d'être heureux.

Si la nature n'avait pas destiné les hommes à être en commun leurs propres législateurs, pourquoi les aurait-elle mis dans la nécessité de faire en commun leurs lois, quand ils commencèrent à former des sociétés? Pourquoi leur aurait-elle donné les mêmes organes, les mêmes besoins, les mêmes passions et la même intelligence? Si depuis l'établissement des propriétés foncières, les fortunes et les conditions ne peuvent plus être égales, la politique ne doit-elle pas du moins tout tenter pour empêcher que la loi ne devienne oppressive ? Ne voyons-nous pas évidemment que plus les peuples ont eu part à la législation, plus leurs lois ont été impartiales, et la société florissante? Je n'aime pas la démocratie (1), je sais à combien de vertiges et d'erreurs le peuple est sujet; mais si ce gouvernement est vicieux, ce n'est certainement pas par les raisons qu'on allègue contre lui.

J'ignore qui a imaginé de dire qu'une nation doit

---

(1) Par démocratie, Mably entend ici le gouvernement tumultuaire de la place publique dans l'antiquité.

posséder elle-même la puissance législative parce
qu'elle forme un corps : il ne peut résulter de là
que des raisonnements auxquels je ne comprends
rien. Il me semble que les philosophes anciens
donnent des raisons qu'il aurait été plus difficile de
réfuter. Rappelez-vous ce que disent Platon, Aristote, Xénophon, Thucydide, Cicéron, Tacite, Plu-
tarque, etc. Le résultat de toute leur doctrine, c'est
qu'une nation doit faire elle-même ses lois, parce
qu'elle est composée d'êtres intelligents, à qui Dieu
a donné une raison pour juger de ce qui leur convient. Ils disent qu'il n'y a que les enfants et les insensés qui soient destinés à se conduire par la raison
d'un autre. Ils disent que la nature a imposé à tous
les hommes les mêmes devoirs, et qu'elle leur a con-
féré les mêmes droits. Ils ajoutent qu'elle ne les
aurait point faits libres, si elle avait ordonné à la politique de les rendre esclaves. Ils remarquent que la
société ne peut fleurir qu'autant que les citoyens sont
attachés à la chose publique, et qu'ils n'y sont attachés qu'autant qu'ils obéissent à des lois dont ils
sont les auteurs.

« Décomposez une nation, disent les adversaires
» du suffrage universel, suivez sa distribution natu-
» relle en différentes professions, en différents or-
» dres de citoyens; interrogez chaque classe en par-
» ticulier, vous les trouverez toutes désunies et
» divisées par des intérêts opposés. Alors vous verrez
» que chaque classe est un corps séparé qui se sub-
» divise à l'infini, et que cette nation, qui vous pa-
» raissait n'être qu'un corps, en forme une multitude
» qui voudraient tous s'accroître aux dépens des au-

» tres. » Voilà certainement la peinture d'une société
très vicieuse ; mais permettez-moi à mon tour de
remonter jusqu'à l'origine de ces intérêts opposés
qui rendent tous les citoyens d'un État ennemis les
uns des autres. Je découvrirai infailliblement que
ce malheur est l'ouvrage d'une législation partiale
qui ne regarde pas du même œil tous les hommes,
et qui par là est suspecte à ceux même qu'elle favorise, parce qu'ils ne sont pas sûrs qu'elle les favorisera demain comme elle les favorise aujourd'hui.
Ne nous arrêtons point après ce premier pas ; re-
cherchons la cause de cette législation partiale, et
nous trouverons qu'une partie des citoyens, en s'em-
parant de la puissance législative, a donné à son gré
des lois à l'autre ; et plus nous verrons que le nombre des législateurs se resserre et devient petit, plus
les lois, dictées par des intérêts particuliers, établi-
ront l'injustice comme un droit.

Nous n'aurions pas à craindre que les passions triomphassent des lois, si la puissance législative s'acquittait de tous ses devoirs, ou commençait à
s'imposer à elle-même des règles pour ne pas s'égarer dans sa marche. Nos passions sont pleines de
ruse, d'adresse, d'artifice ; mais c'est devant un législateur qui ne leur fait pas sentir que tout ce ma-
nége ne sera bon à rien. Nos passions sont trop habiles pour se proposer longtemps un but qu'il leur
serait impossible d'atteindre ; leur activité est toujours proportionnée à leur espérance de réussir.
Quand on me dit que les lois s'usent, j'avoue que
je n'entends pas bien ce que l'on veut me dire.
Entendez-vous que le temps use les lois comme

des meubles et mon habit? Je vous répondrai que le temps au contraire donne de la force aux lois, et les rend plus chères et plus respectables, parce que l'habitude a un pouvoir merveilleux sur nous. Des lois établies par un préjugé, une mode, un caprice s'usent et s'affaiblissent de jour en jour; c'est que de jour en jour on s'aperçoit davantage de leur inutilité. Mais des lois qui nous rapprocheraient des vues de la nature, des lois véritablement utiles à la société, leur autorité s'affermirait au contraire de jour en jour, si la puissance législative ne concourait elle-même à les affaiblir par sa mauvaise conduite.

On me demandera quelles sont donc ces règles que le législateur doit d'abord s'imposer à lui-même? Les voici. Son premier soin doit être de mériter la confiance publique et de se faire respecter. Une nation qui ne contribue en rien aux lois ne manquera jamais de les prendre pour un joug incommode. Elle se défiera toujours d'un prince et d'un sénat de patriciens qui veulent décider de son sort. Cette défiance ôte aux lois leur force dans le moment même où elles sont publiées. Citez-moi quelque aristocratie, et surtout quelque monarchie où les lois aient été observées pendant quelque temps avec une sorte de religion. La légèreté avec laquelle on les multiplie dégrade le législateur; il a beau assurer que son édit irrévocable est fait pour subsister éternellement, on ne le croira pas : on sait par expérience que l'ouvrage d'un caprice doit être bientôt détruit par un autre caprice. Aussi voit-on quelquefois que des princes décriés sont obligés de convoquer des assemblées de notables ou même des états généraux pour terminer les troubles où l'irrégularité et la confusion de leurs lois ont jeté le gouvernement. ˙

Je conclus de là qu'un peuple n'aura de confiance en ses lois qu'autant qu'il sera lui-même son propre législateur. Ne craignez pas cependant que je confie la puissance législative à la multitude. L'histoire de la Grèce m'a trop appris combien la démocratie est capricieuse, volage et tyrannique. Quand le peuple fait ses lois, il ne manque jamais de les mépriser; parce que c'est l'intrigue, l'engouement, la précipitation, la cabale, ou l'esprit de parti qui les a publiées. C'est donc aux hommes que chaque ordre a choisis pour le représenter que cette autorité suprême doit être confiée. Je vous avertis même que je serai prévenu peu favorablement pour cette auguste assemblée, si elle n'est pas soumise à de certaines formalités qui me répondent en quelque sorte de la sagesse avec laquelle elle procédera dans ses opérations. Que rien ne puisse se décider par acclamation. Que le projet d'une loi nouvelle ou d'une loi qu'on veut corriger soit remis à un comité chargé d'en faire l'examen. Huit jours après que les commissaires auront fait leur rapport, il sera permis à chaque membre de l'assemblée de parler pour ou contre la loi; on laissera encore passer huit jours avant que d'aller aux opinions. La puissance législative ne saurait trop réfléchir, et si je puis parler ainsi, se replier sur elle-même. Alors on recueillera les suffrages de la manière la plus propre à entretenir l'ordre et à prévenir la confusion.

En empêchant qu'on ne se livre à l'engouement et à l'enthousiasme, craignez de lasser et de fatiguer

10.

les esprits. J'aime assez cette loi polonaise qui défend de délibérer aux lumières. En effet, l'attention
des hommes a ses bornes; et s'il est ridicule de
fixer le temps que doit durer une diète, il est sage
de limiter celui de chaque séance. J'ai de la peine à
comprendre comment les membres du parlement anglais, qui ne sortent quelquefois de la Chambre qu'à
deux ou trois heures du matin, ont pu conserver cette
fraîcheur de tête que doit avoir un législateur. J'ai
peur que dans ces séances éternelles la raison n'ac-
corde par lassitude tout ce que l'opiniâtreté demande. Si chaque député n'a pas le droit de proposer
à son gré une loi nouvelle ou la réformation d'une
ancienne, vous exposez la puissance législative aux
plaintes d'une partie de l'État. S'il faut des formalités
pour obtenir cette permission, vous ouvrez la porte
à l'intrigue; et l'intrigue ne fera jamais que des lois
injustes. Un député qui ne dépend point de ses commettants peut croire qu'il a une autorité qui lui est
propre, et trahir leurs intérêts. Qu'il ne puisse donc
faire quelque demande qu'autant qu'il y sera autorisé par ses instructions. Cette méthode liera plus
étroitement les citoyens à la puissance législative;
elle attachera les représentants à leurs devoirs, la
confiance naîtra, et les lois seront plus respectées.

Je n'entends point la pensée de quelques politiques
qui recommandent à la puissance législative de s'ex-
primer avec une majestueuse brièveté; ils veulent
que la loi se contente d'ordonner ou de défendre.
Mais si le législateur n'est pas d'une espèce supérieure à l'homme, pourquoi dédaignerait-il de mo-
tiver ses ordres? Parlant à des êtres raisonnables, et

étant lui-même sujet à l'erreur, n'est-il pas de son devoir de convaincre la raison de ceux qui doivent obéir, et de profiter de leurs lumières? Une loi qui discute avec moi mes propres intérêts me prévient en sa faveur; je crois entendre les conseils d'un ami, et non pas la voix impérieuse d'un maître; j'obéis avec zèle, ou du moins sans répugnance; et le législateur ne perd sa majestueuse brièveté que pour acquérir plus d'empire sur mon esprit. C'est à cette sécheresse des lois que je serais tenté d'attribuer une grande partie des vices de la législation. De quel front aurait-on osé publier tant de lois qui offensent et déshonorent l'humanité, si l'on eût été obligé d'exposer les motifs qui les dictaient? Le prince le plus ignorant et le plus esclave de ses passions aurait rougi lui-même des raisonnements absurdes et sophistiques dont il aurait tâché de couvrir ses injustices; et les peuples, mieux instruits, auraient été plus respectés, ou du moins plus ménagés. Jamais l'esprit de la loi n'aurait été douteux ni équivoque: peu de lois par conséquent nous auraient suffi. C'est en abandonnant les règles de notre conduite et de nos droits aux discussions intéressées des citoyens et des jurisconsultes, que nous sommes en quelque sorte parvenus à n'avoir plus de lois, en étant accablés sous le nombre des volumes monstrueux qui les renferment. Quelque demande qu'on fasse, quelque droit qu'on défende, on aura des lois pour et contre soi; et si je ne sais quelle routine, qu'on appelle jurisprudence, n'a pris la place des lois, les juges embarrassés prononceront des jugements arbitraires.

Je voudrais que le législateur ne se contentât pas

d'exposer vaguement à la tête de sa loi le bien qu'il en attend; je voudrais qu'il rendît compte des réflexions qui l'ont guidé, qu'il démontrât la nécessité de son règlement pour réprimer l'abus qu'il attaque, et fît sentir à quels périls on s'exposerait en cessant d'y obéir. Outre que par cette méthode on gagnerait nécessairement la confiance des citoyens, il arriverait qu'en peu de temps les préambules des lois formeraient le traité le plus complet et du droit naturel, et du droit politique. J'en suis fâché, mais j'ai à cette occasion un reproche à faire à Lycurgue. En faisant une réforme qui devait faire des Spartiates un peuple tout nouveau, il leur représenta sans doute tous les avantages qui en résulteraient, et c'était une raison pour les attacher à leurs nouvelles lois. Mais ne les aurait-il pas attachés par un second lien, et plus fort que le premier, si, prévoyant d'avance les tentations et les périls auxquels ils seraient exposés dans la suite des siècles, il leur avait appris à n'y pas succomber. Toutes mes lois, devait dire le législateur, se prêtent un secours mutuel, elles tendent toutes à un objet unique, c'est de vous faire aimer la justice, la tempérance, la gloire et la patrie; et je suis sûr qu'à la suite de ces vertus vous trouverez le bonheur. Si vous cessez un jour d'obéir religieusement à un de mes règlements, n'espérez pas de conserver les autres; votre âme, une fois ouverte à une passion destructive de la société, n'aura plus la force de résister aux autres.

CHAPITRE IV.

DES MŒURS.

A quels signes un législateur reconnaîtra-t-il si un peuple peut encore se conformer aux vues de la nature pour jouir dans l'égalité du bonheur auquel elle le destine? C'est quand les mœurs seront modestes et les besoins diminués au point que le pauvre soit content de sa pauvreté, et que le riche ne trouve aucun avantage à être riche; c'est quand les vertus seront plus honorées et plus utiles que les titres et les richesses, et qu'on jugera des rangs par la probité....

Veut-on connaître la force de l'empire que le génie d'une nation exerce sur elle-même? Il suffit de faire un retour sur son propre cœur, d'examiner avec quelle confiance on s'abandonne aux absurdités au milieu desquelles on est né; combien il en coûte à la raison pour déranger les habitudes qu'on a contractées. Quel doit donc être le sort des nations entières

qui sont emportées rapidement par le préjugé général qui les gouverne, et qui leur tient lieu de raison,
de sagesse et de réflexion?

Ce n'est point hors de nous-mêmes que nous
pourrons trouver les premières règles de la morale ;
elles sont dans notre cœur : c'est là que nous devons
les étudier. Je serai entendu de tout le monde, je
convaincrai, je persuaderai, j'encouragerai la vertu,
je ferai frissonner le vice, quand je dirai à l'homme :
Vous êtes fait pour travailler à votre bonheur, vous
devez le préférer à tout : c'est là votre règle, c'est là
votre boussole. Si vous pouvez vous suffire à vous-
même, si votre bonheur ne dépend que de vous,
s'il peut être l'ouvrage de vos seules mains, ne songez qu'à vous ; que tout le reste soit à votre égard
comme s'il n'existait pas : quand vous vous serez satisfait, vous aurez rempli tous vos devoirs (1).

Mais descendez en vous-même, qu'une folle présomption ne vous aveugle pas, et pour régler votre
conduite étudiez et apprenez quelle est votre condition. Quels désirs ardents et exagérés ne sont pas
toujours prêts à s'élever dans votre cœur et à troubler
votre raison? Cependant, faible, borné, ne pouvant
suffire seul à vos besoins, obligé de vous fuir quelquefois vous-même pour vous retrouver avec plus
d'avantage, voyez combien de liens vous attachent
et vous soumettent à tous les objets qui vous entourent. Toujours nécessité à vous servir de mains étran-

_____

(1) Nous nous sommes expliqué dans l'Introduction sur la
valeur de cette doctrine qui donne l'égoïsme, l'amour de soi
pour base à la société.

gères pour élever l'édifice de votre bonheur, n'oubliez donc jamais que vous ne pouvez travailler à ce
grand ouvrage qu'avec le secours d'autrui. Vous êtes
homme ; mais je le suis aussi, et nos droits sont
égaux. Si vous me blessez, je vous offenserai. Si
vous voulez vous rendre heureux à mes dépens, ne
vous attendez pas que j'y consente. Entrons donc
en négociation, ne cherchons point à nous tromper;
plus nos conditions seront égales, plus nos secours
mutuels nous seront avantageux ; je défendrai votre
bonheur et vous défendrez le mien.

Voilà le traité d'alliance perpétuelle que la nature
a rendu nécessaire, parce qu'elle voulait nous réunir en société. Tous les hommes doivent l'observer
religieusement, puisqu'il lie, unit et confond le bonheur général de la société et le bonheur particulier
de chaque citoyen. C'est donc de là que je dois tirer
toutes les règles de la morale. Cette première vérité
commence à me rendre suspectes les affections qui
tendent à me séparer de mes semblables, ou qui, plus
vicieuses encore, m'invitent à affecter sur eux un
empire qui ne m'appartient pas. Ma raison, alors plus
libre, est plus en état de connaître ses devoirs et de
jouir de ses droits. Combien ne suis-je pas disposé
favorablement envers mes pareils, quand je les regarde comme les instruments précieux de mon bonheur. C'est alors que, m'élevant de la créature jusqu'au Créateur, qui est le premier principe et le
dernier terme de tout, je le regarde comme le pro-
tecteur et le garant de l'alliance qu'il a établie entre
les hommes. Cette pensée agrandit, fortifie ma raison et soulage les peines de mon cœur. Combien

Dieu ne doit-il pas me paraître grand, bon, sage et aimable, quand je vois qu'il m'ordonne simplement d'être docile aux conseils de ma raison, et qu'il me récompensera dans une éternité de siècles de l'atten-.tion que j'aurai eue à me rendre heureux dans le cours passager de cette première vie !

Une prétendue philosophie, prenant ce qui se fait d'insensé dans le monde pour la règle de ce qui doit se faire, est venue au secours de nos préjugés, et leur a donné je ne sais quel air de raison propre à éterniser leur empire. Des charlatans ont flatté nos caprices; et voulant nous instruire avant que d'être eux-mêmes sortis de leur ignorance, leur bel esprit n'a pu leur fournir que des sophismes que nous avons pris pour des vérités, et nous nous égarons avec méthode. Ils ne sont point descendus dans notre cœur, ils n'ont point étudié nos passions, et c'est dans des choses, pour ainsi dire, étrangères à l'homme qu'ils ont cherché les lois et les établissements qui devaient faire le bonheur de la société. S'il faut les en croire, la Providence a fait des bonheurs différents pour les anciens et pour nous, pour l'Asie, l'Afrique, l'Amérique et l'Europe. Ils vous diront gravement que des lois bonnes au dixième degré de latitude ne valent plus rien sous le trentième : en vérité, un législateur ne devrait-il pas plutôt consulter les affections de notre cœur qu'un thermomètre, pour savoir ce qu'il doit ordonner ou défendre? Qu'importent des plaines, des montagnes, un sol plus sec, plus humide, plus ou moins fertile, le voisinage de la mer ou d'une grande rivière, et cent autres pareils accidents, pour décider des lois les plus propres à faire le bonheur de

l'homme? La nature des climats change-t-elle la nature de son cœur? N'a-t-il pas partout les mêmes
besoins, les mêmes organes, les mêmes sens, les
mêmes penchants, les mêmes passions et la même
raison? Partout l'attrait du plaisir et la crainte de la
douleur ne sont-ils pas les mobiles de nos pensées et
de nos actions? Partout ne sont-ils pas également
sujets à tromper le désir que nous avons d'être heureux? Sous l'équateur comme sous le pôle, dans des
plaines et des vallées comme sur des montagnes, chacun de nos sens n'ouvre-t-il pas notre âme à cent
passions différentes? Quelles sont les terres favorisées
du ciel où l'avarice, l'ambition, la paresse et la volupté ne puissent pas germer? Dans quels climats ces
plantes empoisonnées se produiront-elles impunément? Dans un lieu, si l'on veut, nos passions seront
plus impérieuses, et dans l'autre plus disciplinables;
là elles seront exposées à des tentations plus fréquen-
tes, ici des accidents particuliers en retarderont le
développement et le progrès, et je consens à tout ce
que vous voudrez dire du pouvoir des climats. Mais
partout ces passions ne sont-elles pas la source de
notre bonheur ou de notre malheur, suivant qu'elles
sont bien ou mal réglées? Partout elles ont donc besoin d'un frein et d'un conducteur, la loi doit donc
commencer par les rendre droites.

Mais ce grand art de gouverner nos passions,
qui me l'apprendra? Où en puiserai-je les secrets?
Dans l'étude du cœur humain. Je suis d'abord
effrayé en découvrant cet amour de nous-même que
nous appelons l'amour-propre, passion impérieuse
dont aucun homme ne peut se séparer sans s'anéan-

tir, et qui est le mobile de toutes nos pensées, de
tous nos mouvements et de toutes nos actions. Elle
semble élever une barrière entre chacun de nous, ou
ne nous rapprocher que pour nous armer les uns
contre les autres. Si je ne sais pas apprivoiser ce
monstre farouche, il rompra sa chaîne; si je permets
à des passions telles que l'avarice, la volupté et l'ambition, d'être pour ainsi dire les ministres de ses
plaisirs, quels ravages ne dois-je pas craindre de sa
fureur? Mais je commence à me rassurer, dès que
réfléchissant sur la sagesse de la nature, je soupçonne qu'elle ne nous a pas condamnés à nous aimer
pour nous rendre malheureux.

Je descends dans les abîmes du cœur humain, je
découvre que l'amour-propre est le lien qui doit nous
unir en société : si je ne m'aimais pas, comment serais-je capable d'aimer mon semblable? Je vois avec
quel artifice admirable l'auteur de notre existence
dispose les différents besoins auxquels il nous assujettit, pour nous rendre nécessaires les uns aux
autres, et préparer notre amour-propre à une bienveillance mutuelle. Ce n'est pas tout, il a placé dans
notre âme plusieurs qualités sociales qui ne sont,
pour ainsi dire, qu'autant d'instincts involontaires
qui préviennent toute réflexion, qui nous rendent
cher le bonheur de nos pareils, et nous invitent par
l'attrait du plaisir ou par la crainte de la douleur, à
nous rapprocher, à nous unir, à nous aimer, à nous
soulager, à nous servir et à nous faire des sacrifices
réciproques. J'aperçois en moi la pitié, la reconnaissance, le besoin d'aimer, la crainte, l'espérance,
l'amour de la gloire, l'émulation, etc. Que de freins

pour notre amour-propre! Mais à peine me livré-je à la joie que me donne cette découverte, que je retombe dans la crainte, en voyant combien ces qualités sociales, dont je m'applaudis, peuvent produire de maux, si elles ne sont pas conduites et dirigées avec une extrême circonspection.

En effet, elles peuvent se changer en autant de vices, elles peuvent s'éteindre en quelque sorte et s'anéantir si elles ne sont pas cultivées. Que me sert d'avoir reçu de la nature un cœur sensible à la pitié, si par les besoins sans nombre que je me fais chaque jour, je ne travaille qu'à m'endurcir? Y a-t-il quelque bonheur à attendre pour les hommes, quand un vil intérêt et de détestables bienfaits corrompront la reconnaissance et abuseront du penchant que j'ai à aimer? Tout est perdu si la crainte qui doit me détourner du mal m'empêche d'oser être homme de bien. Offrez-moi des plaisirs trompeurs, présentez-moi une fausse considération, et dès lors les deux ressorts puissants de l'espérance et de l'amour de la gloire seront aussi funestes pour la société qu'ils auraient pu lui être avantageux; et l'émulation, dégénérée en envie et en jalousie, portera partout la haine, la discorde et le trouble.

Voilà, si je ne me trompe, les observations que les législateurs des nations ne devaient jamais perdre de vue en faisant leurs lois. Ils devaient se regarder comme des coopérateurs de la Providence; ils devaient penser qu'elle ne nous invite à nous unir en société que pour donner plus d'énergie à nos qualités sociales, et empêcher qu'elles ne se détournent de la fin pour laquelle elles nous ont été dor

nées. Les lois devaient nous guider selon les vues de
la nature, et les magistrats devaient nous faire respecter ces guides.

Est-ce en Angleterre, par exemple, que la politique s'est rapprochée de ces principes dont on ne
peut douter? Ce luxe, ce commerce, cette avarice,
cette ambition dont on veut faire les ressorts de ce
gouvernement, sont-ils bien propres à faire naître
entre les citoyens la bienveillance mutuelle qui soulage des misères et de la faiblesse de l'humanité ! Il
est certain que plus les lois nous apprendront à nous
contenter de peu, plus elles resserreront les liens de
la société, parce qu'elles développeront et entretien-
dront nos qualités sociales. La terre ne nous offre
qu'une quantité bornée de richesses; pourquoi vou-
lons-nous donc avoir des besoins sans bornes ? Si les
législateurs n'ont voulu être que des brigands, je n'ai
rien à dire ; mais s'ils ont voulu être justes, s'ils ont
voulu faire le bonheur de la société, comment n'ont-
ils pas eu l'esprit de soupçonner qu'en rendant le
superflu nécessaire, ils dérangeraient l'ordre de la
Providence, et qu'une partie des hommes ne pourrait
plus satisfaire ses véritables besoins, dès que l'autre
s'en ferait d'imaginaires? Nos besoins, qui dans l'ordre
de la nature devaient nous unir, ne serviront dans
l'ordre ou le désordre de cette politique qu'à nous
diviser. Quand la société n'est plus qu'un assemblage de citoyens envieux, avides, jaloux et ardents à
se nuire, parce qu'ils ne peuvent se satisfaire qu'aux
dépens les uns des autres, le législateur espérera-t-il
d'y ramener l'union, la paix et le bonheur, en ne
faisant que des lois propres à irriter nos passions?

Les Anglais sont de grands calculateurs ; je voudrais qu'ils me dissent aux dépens de combien de citoyens, ou plutôt de provinces, est fait le bonheur de leur roi. Croyez-vous qu'un Anglais qui n'a pas de quoi vivre n'ait aucun reproche à faire aux lois qui ont établi une liste civile d'un million, et permis à quelques citoyens de posséder des fortunes immenses ? Pour tâcher inutilement de contenter les fantaisies déréglées d'une douzaine d'hommes, il faut dévaster l'Asie entière. Quel est cet animal monstrueux qu'on appelle un sultan ou un sophi ? Il dévore tous les fruits de la terre ; et sa faim, toujours renouvelée, n'est jamais rassasiée.

Cette politique ne tend qu'à nous dépraver, et à rendre funestes les dons les plus précieux de la nature. Si l'on tolère les besoins inutiles dans un État, on ne tardera pas à les favoriser, parce que les uns voudront tout avoir et les autres n'auront rien. A mesure que les besoins des citoyens se multiplieront et s'agrandiront, attendez-vous à voir nos qualités sociales s'affaiblir, s'éteindre ou se dénaturer, et les vices se montrer avec plus d'impudence, et bientôt même exiger des ménagements et des respects. On connaît les désastres dont parle l'histoire : mépris des lois, ruine des mœurs, guerres civiles, guerres étrangères, chute des empires, tous ces maux n'ont point d'autre origine que notre négligence à nous conformer aux vues et aux règles de la nature. J'ai de la peine à croire qu'en imitant les législateurs qui ne se sont proposé que de faux biens et des avantages chimériques, nous parvenions à réparer leurs fautes. A force de nous

11.

écarter de ce que la nature exige de nous, croyons-
nous acquérir le droit de nous en écarter chaque
jour davantage? Nous flattons-nous de la contraindre
par notre persévérance dans le mal à se prêter enfin
à nos caprices? Elle ne manquera pas à ses lois,
parce que nous y manquons. Il n'en est pas de ces
lois éternelles qui ont précédé la naissance des villes
et des sociétés, et qui, pour me servir de l'expression
de Cicéron, ne sont que la suprême raison de Dieu
même, comme de celles qu'on publie tous les jours
en Europe, et qu'il suffit de mépriser pour les faire
rentrer dans le néant.

Les anciens pensaient que la morale est la base
de la politique ; que sans les mœurs, c'est-à-dire sans
le mépris des richesses, la tempérance, l'amour du
travail et de la médiocrité, les lois s'écroulent, et
le bonheur fuit loin des républiques. Cette doctrine
est enseignée dans tous leurs écrits. Que disent, au
contraire, les institutions de la plupart des peuples
de l'Europe? Lisez, si vous le pouvez, ces ouvrages
sans nombre que l'ignorance et l'avarice nous ont
dictés sur le commerce et les finances; vous y trouverez partout des principes opposés à ceux des anciens. Qui se trompe d'eux ou de nous? Il est du
moins évident que les philosophes anciens voulaient
faire d'honnêtes gens, et que les nôtres, qui ne paraissent que des facteurs, des banquiers et des agio-
teurs, ne veulent par leurs éloges du luxe et leurs
calculs sur l'intérêt faire que des hommes efféminés
et des mercenaires.

L'avarice rend malheureux l'homme qu'elle possède ; par quel prodige, disaient les politiques an-

ciens, rendrait-elle donc heureux un État assez peu éclairé pour chercher sa prospérité dans des richesses accumulées ? L'amour de l'argent abaisse et dégrade mon âme : s'il est sordide, il me prépare à être injuste, lâche, rampant et impitoyable ; s'il est joint à la prodigalité, tous les vices me gouverneront avec d'autant plus d'empire que, languissant dans la mollesse, le luxe et le faste, je serai poursuivi par des besoins toujours renaissants et toujours insatiables. Pourquoi, concluaient les anciens, cette passion ne causerait-elle pas les mêmes ravages dans un État ?

Parcourez l'histoire, et tâchez de· découvrir une société qui, en s'enrichissant comme Carthage, ait acquis comme Sparte et Rome, dans la pauvreté, les vertus et les talents qui font la sûreté et la force d'une république. Nommez-moi un seul État, un seul royaume où les richesses n'aient pas fait germer l'esprit de tyrannie et l'esprit de servitude. Où n'ont-elles pas soufflé la division, l'injustice, le brigandage et le mépris des lois naturelles et politiques ? dans quel pays n'ont-elles pas appelé un ravisseur étranger ? Je ne me lasse point de le demander : pourquoi Lacédémone, enrichie par les conseils de Lysandre, ne put-elle conserver l'empire qu'elle avait acquis dans la pauvreté ? Pourquoi la république romaine tombe-t-elle en décadence, dès qu'elle est enrichie des dépouilles des vaincus ?

Notre politique financière sera bonne quand elle nous aura appris en quels lieux on achète au poids de l'or le désintéressement, qui est le premier lien des citoyens, la tempérance qui les dispose à remplir leurs devoirs, le courage et la prudence qui leur sont nécessaires pour défendre la patrie, les talents, en un mot, et surtout la justice qui doit être l'âme de toutes leurs pensées et la fin de toutes leurs entreprises. Si la société achète aujourd'hui à prix modique les actions qui sont nécessaires, demain elle ne remuera les âmes qu'en donnant de plus grandes récompenses; et bientôt, au milieu de toutes les richesses de l'univers, elle sera trop pauvre pour contenter une avidité à laquelle on aura appris à ne mettre aucune borne. Les richesses ne sont qu'un ressort qui s'use en peu de temps. Les rois de Perse et les empereurs romains étaient riches : à quoi leur ont servi leurs richesses? Mais, hélas! j'écris dans un siècle où toutes les âmes sont vénales; je combats des préjugés qu'il est presque impossible de détruire; et les écrivains qui louent l'argent, le luxe et nos passions seront plus écoutés que moi!

Le rapport de la morale avec la politique est tel qu'il n'y a point de vertu, quelque obscure qu'elle soit, qui ne soit utile et nécessaire au bonheur de la société; que les vertus domestiques décident des mœurs publiques; qu'il est insensé d'espérer de bons magistrats, quand on n'a pas commencé par rendre les citoyens honnêtes gens dans le sein de leur famille; que les bonnes mœurs ont souvent tenu lieu de lois, parce qu'elles portent naturellement à l'amour de l'ordre et de la justice; mais que les lois ne suppléent jamais aux mœurs, parce que sans cet appui, elles sont continuellement attaquées, et finissent par être méprisées et violées impunément. Il y a quatre vertus principales : la tempérance, l'amour du travail, l'amour de la gloire et le respect pour la religión. Sans le secours de ces quatres vertus, un peuple ne fera jamais que de vains efforts pour être juste, prudent et courageux, c'est-à-dire, pour être heureux et affermir son bonheur.

La vérité, comme la vertu, fuit les excès, et toute la morale humaine ne se trouve que dans de sages tempéraments qui concilient la sublimité de notre raison et la folie de nos passions. Le stoïcisme n'est point la philosophie des hommes; il nous suppose tout différents de ce que nous sommes en effet : avec des arguments on ne nous rendra pas insensibles. Et tandis que nous sommes entourés d'objets qui réveillent sans cesse dans notre âme le sentiment du plaisir ou de la douleur, on ne nous persuadera jamais que tout doit nous être indifférent, à l'exception de l'honnête, qui seul est un bien, et du déshonnête, qui seul est un mal. Quand nous pourrions nous dérober à toutes ces affections, notre sort n'en serait pas meilleur; nous n'aurions aucun vice, mais nous n'aurions aucune vertu : nous ne serions, pour ainsi dire, que des statues inanimées et incapables de remplir les devoirs auxquels la nature nous appelle. La philosophie contraire, qui méconnaît, ou plutôt méprise les droits de notre raison, qui exagère ceux de nos sens, et voudrait nous réduire à l'instinct des animaux, n'est pas moins fausse; les conséquences en sont infiniment plus dangereuses. L'une ignore notre faiblesse, l'autre notre dignité; la vérité est placée entre ces deux opinions. Ne blâmons pas avec

Zénon toutes les affections de notre âme, puisqu'elles sont nécessaires; puisque la nature nous les a données pour nous être utiles et contribuer à notre bonheur; puisqu'elles peuvent nous conduire à la vertu, si nous voulons profiter des conseils salutaires de notre raison, qui est le don le plus précieux qu'elle pouvait nous faire. Mais gardons-nous surtout de croire avec les Épicuriens que nous nous conformons aux vues de la nature en obéissant sans réserve à toutes les sensations de volupté ou de douleur que nous éprouvons : ce serait nous rabaisser à la condition des brutes. Ne confondons pas les passions naturelles et celles que nous nous sommes faites à nous-mêmes en étouffant les lumières de notre raison : ce serait confondre les vices et les vertus, réduire en système les moyens de nous rendre malheureux en accréditant nos erreurs, et nous ôter jusqu'à l'espérance de nous corriger.

Quand les hommes sortirent des mains de la nature, toute leur sagesse consistait à se conformer à ses intentions. On le pouvait alors sans beaucoup de peine, parce que nos besoins étaient simples, nos désirs modérés, et que notre raison, en un mot, n'était point encore séduite par une foule de passions, de préjugés, d'erreurs, de misères qui sont l'ouvrage du temps et de notre imagination, et sous lesquels notre raison succombe aujourd'hui (1). La politique n'avait alors rien à craindre des arts indis-

(1) C'est l'erreur de tout le xviiie siècle d'avoir placé la perfection à l'origine des choses. L'homme est né avec l'amour du bien ; il y tend aujourd'hui comme *en sortant des mains de la nature.*

pensables que demandaient et créaient des besoins
grossiers ; elle put pendant longtemps les encourager
sans danger, tant nous étions loin de cette malheureuse perfection à laquelle nous sommes enfin parvenus. Mais, revenant sur ses pas, elle n'a aujour-
d'hui rien de mieux à faire, pour réparer ses fautes
et nous rappeler à notre devoir, que de nous rapprocher autant qu'il est encore possible de ces anciens temps. La corruption des mœurs publiques s'y
oppose invinciblement, je le sens ; mais il subsiste
encore des citoyens qui cultivent et écoutent leur
raison. Elle leur dira que la morale, pour leur ouvrir
la route de la vertu et du bonheur, doit commencer
par diminuer leurs besoins ; et que la raison, plus
libre alors, échappera aux tentations qui l'entourent,
et trouvera dans ses privations le calme et la douceur
qui fuient les hommes esclaves de leurs sens et de
leurs besoins.

Un écrivain très éloquent, mais qui souvent néglige trop l'examen de ses opinions, a dit que celui
qui inventa des sabots mérita la mort : opinion farouche et ridicule ! Comment aurais-je la dureté de
condamner comme funeste aux hommes un art facile
que tous peuvent également exercer, et qui ne mettant par conséquent aucune différence entre eux,
ne blesse point leur égalité naturelle, et n'excitera
dans l'ame aucune commotion violente de rivalité, de
jalousie, de haine et de vanité ? Les arts nécessaires
et grossiers unissent les citoyens, les arts superflus
et trop perfectionnés les rendent ennemis les uns
des autres.

Je ne nie pas que, dans le temps où un peuple déjà

corrompu conserve cependant un reste de fierté et de force dans son caractère, on ne puisse profiter de ses vices mêmes pour lui procurer des succès et le faire paraître avec un éclat que l'imbécillité humaine enviera. L'histoire en fournit mille exemples, et c'est là un de ces phénomènes dont on a le plus abusé pour répandre des erreurs dans la société et les accréditer. Mais quel sera ensuite le bras assez fort pour réprimer et gouverner ces passions exaltées? Quand le successeur d'Alexandre aurait eu tous les talents réunis de Philippe, de Thémistocle, d'Épaminondas et de Lycurgue même, quels moyens lui seraient restés pour ramener des hommes ivres et furieux d'ambition, d'avarice et de luxe, à la pratique des vertus sur lesquelles est établi le bonheur véritable des nations? Que ne puis-je évoquer les mânes de Cyrus? Après avoir vu tant de peuples régner successivement dans l'Asie, et succomber successivement sous le poids de leur prétendue prospérité, quelles instructions ne nous donnerait-il pas? Voyez du moins dans Xénophon comment, ouvrant trop tard les yeux sur sa conduite, il tenta inutilement de rappeler à leurs anciennes mœurs les Perses corrompus par leurs succès. Les délices auxquelles ils se livrent ont déjà pris trop d'empire sur leur esprit pour pouvoir entendre les leçons de Cyrus; et ce prince, qui ne voit que trop comment les vices naissent les uns des autres et se prêtent un secours mutuel, prévoit au milieu de sa grandeur la ruine de empire qu'il vient d'établir.

En effet, les États, à force de passions exaltées, tombent enfin dans cette mollesse et cet anéantissement qui ne laissent aucune espérance de réforme et de salut. On a comparé l'homme à un clavecin ; mais quels sons tirerez-vous désormais de ce ridicule instrument ? Il est dénaturé, il est détraqué, et ne rendra point les sons que vous lui demanderez. En vain connaîtrez-vous le clavier du cœur humain, vous n'y trouverez plus les touches qui remuaient autrefois les vertus les plus nobles et les plus sublimes, elles sont muettes ; vous n'y trouverez pas même les touches des vices qui exigent de la force, du courage et de la constance, ou elles ne rendront que des sons secs, maigres, discordants et faux.

Telle est en effet la destinée des vices, que les plus bas et les plus vils prennent enfin dans notre cœur l'ascendant sur les autres ; et si je ne me trompe, voici comment s'établit cet empire. Dès que, trompés par une fausse délicatesse, nous avons permis à nos besoins de se multiplier, notre raison, trompée par de nouveaux plaisirs, doit de plus en plus s'écarter des vues simples de la nature, et tomber chaque jour dans de nouvelles erreurs. Nos besoins particuliers doivent nous rendre moins chers ceux de la république ; et déjà l'amour de la patrie et du bien public, si propre à purifier, si je puis parler ainsi, et à ennoblir les passions, s'étant affaibli, ne s'occupe plus que nonchalamment de la chose publique ; nous nous concentrons en nous-mêmes, et les passions doivent en profiter pour se procurer plus de liberté, et en moins laisser à notre raison. Parce qu'il commence à y avoir des riches, il commence à y avoir des pauvres ; les uns vont acheter leurs plaisirs, les autres vont vendre leur industrie. Dès lors il est nécessaire que la passion de s'enrichir usurpe la première place dans le cœur humain, parce que toutes les autres passions ne peuvent se satisfaire sans son secours et sollicitent sans cesse ses faveurs. L'avarice régnera donc impérieusement sur elles. Mais remarquez que, toujours pauvre au milieu des richesses qu'elle amasse ou qu'elle répand, elle étouffera la voix de la justice, fera disparaître la générosité, et sacrifiera au luxe, à la mollesse, aux voluptés les devoirs de l'humanité. La plus basse des passions imprimera donc partout son caractère de dureté, de lâcheté et d'avilissement. Les riches domineront par leurs richesses, et la multitude, ayant tous les vices rampants de la pauvreté, admirera avec respect leur prétendue félicité, et croira se rapprocher d'eux par ses bassesses et ses rapines. Tout se dégrade ; à peine quelques hommes, nés pour la philosophie, et qui savent que le bonheur est en nous, et non pas dans les objets qui nous environnent, pourront échapper à la contagion générale. Tout le reste, mécontent d'une sage médiocrité dont il est indigne de connaître le prix, ne travaillera qu'à se ruiner ou à s'enrichir; et par conséquent les cœurs seront ouverts à tous les vices les plus opposés aux vertus qui demandent de la force et du courage.

Que doit-il résulter de l'assemblage de pareils hommes? Il n'est pas difficile de le deviner. Les besoins simples de la nature nous rapprochent tous les uns des autres ; ils nous rendent humains, compatissants, hospitaliers ; parce que la nature a répandu assez de biens sur la terre pour nous rendre tous également heureux, si, les partageant avec quelque égalité, nous avions la sagesse de n'en pas abuser. A l'égard des besoins insensés et sans bornes que notre avarice, notre vanité, notre ambition et notre luxe se sont faits, ils nous rapprochent aussi ; mais je l'ai déjà dit, c'est pour nous envier, nous haïr, nous tromper, nous voler et nous dévorer les uns les autres. Qu'attendrez-vous donc d'une politique qui, pour nous délivrer de tant de maux, ne chercherait qu'à rassasier des passions insatiables, et en ferait ses ministres et les instruments du bonheur public en leur donnant nn nouveau degré d'activité ?

Voulez-vous que je ne désire pas le bien d'autrui dont je suis jaloux? Arrangez vos lois de façon que je sois content d'une fortune médiocre. Rendez-moi les richesses inutiles, si vous ne voulez pas que je m'occupe des moyens d'en amasser.

Rome et la Grèce avaient des plaisirs et des honneurs qui ne coûtaient rien, et elles eurent des mœurs. Je sais qu'il y a des hommes heureusement nés, qui se plaisent dans la médiocrité, mais le nombre en est petit ; presque personne n'a le courage d'être heureux à son goût, on veut l'être à la manière de tout le monde, parce qu'on veut que son bonheur soit remarqué, et peut-être envié. On se croira pauvre à Londres avec mille guinées, lorsqu'on y entend répéter de tous côtés qu'il en faut avoir au moins cent mille pour y être riche.

Autrefois, si une république avait un vice, souvent tous les citoyens en souffraient, et faisant un effort général pour se corriger, il était bien difficile qu'on ne trouvât pas un remède à ses maux. Il ne fallait qu'un bon citoyen, un bon magistrat, un bon moment pour faire prendre une résolution salutaire. C'est ainsi qu'en un jour Lycurgue fit de Lacédémone une république nouvelle. C'est ainsi que les différents partis qui divisaient Athènes se lassèrent enfin de leurs haines, et convinrent de prendre Solon pour arbitre, et d'obéir aux lois qu'il leur dicterait. Enfin, c'est ainsi que les Romains, avant qu'ils se fussent agrandis et corrompus par leurs conquêtes, trouvèrent toujours dans la sagesse de leurs magistrats un remède efficace pour tous leurs maux. Chez nous, au contraire, tout est si bien ordonné que ce qui fait le malheur des uns fait le bonheur des autres. La constitution n'a pas un vice qui ne soit avantageux à un grand nombre de citoyens ; et comptez que plus ce vice sera considérable, plus ses protecteurs seront puissants. En voyant ce qu'il faudrait faire, jamais on ne le fera. Un abus disparaît, mais il n'a pas été corrigé ; un autre abus lui a succédé, et nous aurions à la fois tous les vices, si heureusement ils n'étaient pas tels, qu'ils ne peuvent point subsister ensemble.

Tant qu'une nation conserve un gouvernement libre, c'est-à-dire, n'obéit qu'aux lois qu'elle se fait elle-même, il est très aisé, s'il lui reste des mœurs, de corriger une législation qui n'aura pas été établie sur des principes assez sages, et de lier toutes les parties de la république par une harmonie et des rapports qui en rendront l'administration plus salutaire.

Des citoyens qui ne vendent pas leur suffrage, et qui regardent leur liberté comme leur plus grand bien, ne demandent qu'à être éclairés : montrez-leur

le chemin de la vérité, ils y entreront sans répugnance. C'est ainsi que dans les beaux temps de la
Grèce, vous avez vu plusieurs républiques s'abandonner avec joie aux conseils d'un magistrat. Les intérêts particuliers étaient sacrifiés aux intérêts publics,
et l'avantage qu'une partie des citoyens retirait de
quelques abus n'était point une raison pour les conserver.

Si les désordres n'ont point d'autre origine que cette
espèce de lassitude et de paresse, à laquelle les hommes
ne sont que trop sujets, qui affaiblit quelquefois
les lois, et relâche les ressorts du gouvernement, un
rien suffit souvent pour y remédier. Cherchez à faire
naître de l'émulation entre les citoyens pour retirer
leur âme de sa léthargie. Il n'est que trop ordinaire
que tout le mal ne tienne qu'à la négligence avec laquelle les magistrats se seraient acquittés de leurs
fonctions; rendez donc leurs devoirs plus faciles, afin
qu'ils n'aient aucune raison de les négliger. Les
consuls romains servirent plus utilement la république, après que les censeurs et les préteurs les eurent
délivrés d'une partie du fardeau dont ils étaient
chargés. Quelquefois il sera utile de créer une magistrature nouvelle, quelquefois il suffira d'avertir les
anciennes que les lois languissent, et que l'État est
menacé d'un danger.

Mais quand le gouvernement tombera en décadence, parce que les mœurs se seront corrompues;
quand de nouvelles passions ne peuvent plus souffrir
les anciennes lois; quand la république est infectée
par l'avarice, la prodigalité et le luxe; quand les esprits sont occupés à la recherche des voluptés; quand

12.

l'argent est plus précieux que la vertu et la liberté,
toute réforme est alors impraticable. Il faudrait commencer par réformer les mœurs ; et il est impossible
que quelques honnêtes gens luttent avec succès contre
les préjugés et les passions agréables qui règnent impérieusement sur la multitude. Ferez-vous des lois?
Les magistrats corrompus en éluderont eux-mêmes
la force. Caton aura beau crier : *O temps! ô mœurs!*
il fatiguera par ses conseils qu'on ne veut pas
écouter. Peut-être se moquera-t-on de la bonne foi
avec laquelle il espérera le bien. Il est sûr du moins
qu'il n'aura jamais assez de crédit pour persuader à
ses concitoyens de faire un effort sur eux-mêmes, et
de remonter au point dont ils sont déchus.

Cette république énervée, qui n'a plus la force de
résister à ses vices et de se rapprocher des lois de la
nature, deviendra la proie d'un ennemi étranger, ou
verra naître un tyran dans son sein. Je ne sais si,
dans de pareilles circonstances, un Lycurgue même
pourrait conjurer contre les vices de ses concitoyens,
leur faire une sainte violence, et les rendre justes et
heureux malgré eux : je craindrais qu'il n'éprouvât le
sort d'Agis. Les désordres d'un peuple excitent ordinairement l'ambition de ses voisins ; on le méprise,
on lui fait des insultes, on lui déclare enfin la guerre,
parce qu'on espère de le vaincre et de l'asservir. Si
par hasard les étrangers l'épargnent, il succombera
sous un ennemi domestique. Les succès des intrigants
pour obtenir des magistratures dont ils ne veulent
point remplir les fonctions formeront bientôt des
ambitieux qui aspireront ouvertement à la puissance
souveraine. On n'a pas encore un tyran, et cependant

la tyrannie est déjà établie. Fatigué du mouvement,
de l'agitation, des peines et de l'inquiétude qui accompagnent une liberté expirante, on désire le repos,
et pour se délivrer des caprices et des violences d'une
oligarchie agitée et tumultueuse, on se, donnera un
maître.

Comment ne pas désespérer du salut de l'Europe,
en connaissant ses mœurs? Des millions d'artisans
sont occupés à irriter nos passions, et à nous rendre
nécessaires des choses que nous serions trop heureux
de ne pas connaître. Nos provinces sont inondées
des superfluités du reste de l'univers. L'oisiveté, le
goût des arts inutiles et le luxe, nous ont jetés dans
un engourdissement d'où il n'y a que l'amour des richesses qui puisse nous retirer. Si nous agissons,
c'est pour être vils, bas, rampants et mercenaires.
Honneur, vice, vertu, courage, lâcheté, tout se vend
à prix d'argent. Cet esprit qui anime les particuliers
conduit les gouvernements, qui regardent l'or comme
le nerf de la guerre et de la paix : à quels législateurs sommes-nous donc livrés !

Dans quelque mépris cependant que soit tombée
la vertu, j'aime à croire, pour l'honneur de l'humanité, que nous ne sommes point encore parvenus à
étouffer entièrement dans nos cœurs les qualités sociales que la nature y a placées. Les hommes aiment
le bien par un instinct naturel, et ils le feraient, si
les lois, qui invitent au mal, ne les avaient jetés
dans l'ignorance la plus profonde de leurs devoirs.

Il est encore des âmes pures et généreuses ; elles feraient le bien si elles le connaissaient. Nous cherchons le bonheur, mais nous le cherchons à tâtons. La vérité devrait être triviale, mais les méchants l'ont condamnée à se taire. Il leur est commode de se servir de notre ignorance pour nous tromper.

Combien est digne de mépris la politique de ces prétendus philosophes qui nous vantent éternellement le luxe ! Ils regardent comme un grand bien les dépenses impertinentes des riches ; mais n'est-ce pas un mal qu'il y ait des citoyens qui fassent des dépenses impertinentes ? Elles font vivre les pauvres (1). Mais remédier à la misère des pauvres par la folie des riches, c'est réparer une faute par une faute,

(1) On sait aujourd'hui que les riches ne font point vivre les pauvres. Tout au contraire, ce sont les pauvres, les travailleurs qui font vivre les riches. Mably n'a guère envisagé le luxe que dans ses rapports avec la morale. Il n'y a rien à ajouter à ce qu'il dit de l'injustice et de l'immoralité du luxe. Mais, au point de vue économique, la question est à peine effleurée. Il fallait montrer, comme on l'a fait depuis, que le mauvais luxe dont souffrent les sociétés est une suite du principe de propriété. Le luxe, c'est-à-dire la recherche de l'élégance, de la grâce, de l'art dans les habitudes de la vie, est un besoin de la nature humaine. S'il est arrivé à un raffinement monstrueux, s'il ne sert aujourd'hui que les caprices de la mollesse, s'il est tombé dans tous les excès du faux goût, c'est que l'inégalité pervertit les plus justes instincts des hommes. Mais le luxe d'une société d'égaux n'étant plus que la recherche du beau dans le comfortable, doit être encouragé comme tout ce qui perfectionne l'être humain. Le luxe social est une des conditions du progrès moral lui-même. Il faut donc substituer au mauvais luxe de quelques uns le luxe légime de tous, et non retourner au brouet noir.

c'est en faire deux. Les riches feraient mieux d'en-
fouir leur or ; ils ne rendraient méprisables qu'eux,
et ils rendent vicieux tous ceux qui les envient, qui
les admirent, ou qui veulent les imiter. Les anciens pensaient plus sensément que nous ; dans aucun de leurs écrits vous ne trouverez l'éloge des
richesses, ni l'absurde apologie du luxe. On éprouve
je ne sais quelle amertume dans l'âme, et l'on sent
naître cependant sur ses lèvres un rire de pitié, quand
on voit des États se plaindre de leur corruption et se
tourmenter en même temps pour augmenter leurs
richesses et encourager le luxe.

Le commerce des agriculteurs mérite la principale
attention des politiques. Si l'on n'encourage pas leur
industrie, on pourra bien avoir quelques villes florissantes par leurs manufactures, mais le corps entier
de la nation sera toujours mal constitué. Le plus
grand nombre des citoyens vivra à peine dans sa misère. Et pour en tirer des secours, il faudra le fouler
avec barbarie.

La balance du commerce est favorable à un État.
Cela suffit-il pour le rendre puissant? Non sans doute.
C'est un médiocre avantage de gagner par son commerce plusieurs millions sur ses voisins, si le
gouvernement n'a pas l'art de les faire circuler dans
tout le corps de la nation, de sorte qu'ils portent la
vie et l'abondance dans tous ses membres. Ces richesses tomberont dans les coffres d'un certain nombre de citoyens: s'ils sont avares, elles seront dans
l'État comme si elles n'y étaient pas ; s'ils sont pro-
digues, elles produiront le luxe. Or le luxe rend inutiles les richesses mêmes qu'il fait entrer dans un

État : c'est le propre du luxe d'appauvrir les plus riches citoyens, parce que leurs besoins sont encore plus grands que leurs richesses, dès qu'ils se livrent au goût des superfluités et de l'élégance. L'État est obligé de ménager leur dépravation ; il ne peut en tirer des secours qu'en leur empruntant à gros intérêts ou à fonds perdus ; et cette politique funeste, qui ne laisse espérer aux pauvres aucune diminution dans les impôts, augmente encore le goût des riches pour les dépenses inutiles, pendant qu'elle achève de ruiner les familles.

Que le luxe est humiliant pour les pauvres qui manquent de tout ! Et par quelle maladie de l'esprit les hommes qu'il devrait révolter en sont-ils presque toujours éblouis ? Qu'il doit être laborieux pour les riches ! Ils ne sont point payés de leurs peines ; car la nature n'a point attaché les vrais plaisirs aux besoins artificiels que nous nous sommes faits. Que le luxe doit paraître plat et injuste aux personnes qui savent estimer la véritable grandeur ! Mais malheureusement ce luxe contribue plus que tout le reste à répandre de fausses idées dans les esprits ; il ouvre le cœur à tous les vices, et en les faisant aimer, empêche les peuples de tenter quelques efforts pour se rapprocher des lois de la nature.

Les âmes ne se dégradent peut-être pas moins par le luxe que par la crainte, et le despotisme l'a souvent employé avec succès. Chaque besoin superflu que donne le luxe est une chaîne qui servira à nous garrotter. Le propre du luxe est d'avilir les esprits, au point de n'estimer et de ne considérer que le luxe : dès lors nous ne sommes gouvernés que par les passions les plus méprisables. Une fortune médiocre nous paraît le plus grand des maux, et la fortune la plus immense ne nous paraîtra qu'une fortune médiocre. Nous vendrons notre liberté à vil prix, parce que nous sommes incapables d'en connaître la valeur.

Il est une pauvreté que donnent les bonnes mœurs, qui est l'âme de la justice, et qui fera de grandes choses : c'est la pauvreté qui se contente du nécessaire et qui méprise les richesses. Mais cette pauvreté, qui est une suite du luxe et des rapines du gouvernement, ne fait que des séditieux qui veulent troubler l'État pour le piller, ou des mercenaires qui ne demandent que des salaires. Le mal est parvenu à son comble, quand les sujets ne vivent plus que des bienfaits du gouvernement, ou que n'attendant rien de leur économie ni de leur industrie, ils se sont accoutumés à leur misère, et regardent leur paresse comme le plus grand bien.

Nous ne possédons plus aujourd'hui qu'un fantôme de justice que nous nous sommes fait. Tout imparfaite qu'elle est, elle doit nous donner du moins cette espèce de bonne foi que conservent entre eux les brigands qui ne veulent pas se détruire. Elle suspend le cours des vexations, des rapines, des brigandages et des tyrannies, et nous ordonne de nous en tenir aux injustices que l'avarice et l'ambition ont imaginées, que le temps et l'habitude ont consacrées et rendues enfin tolérables ; mais qu'on ne peut laisser plus libres sans multiplier le nombre des malheu-

reux et mettre la société sur le penchant du précipice.

Sans la justice, il n'est ni véritable gloire, ni grandeur solide, ni bonheur durable : les hommes ne
sont pas grands par leurs passions, mais par leur
raison. Les particuliers sont obligés de se lier entre
eux par les conventions de la société, et d'y obéir
pour être heureux ; les sociétés, sous peine d'être
malheureuses, doivent de même observer entre elles
les lois de bienveillance qui unissent les citoyens. Il
leur est ordonné de s'aider et de se secourir : le droit
des gens est un droit sacré ; c'est la nature qui nous
l'a donné, et nous sommes punis pour y avoir substi-
tué les maximes barbares que nos passions nous ont
dictées. C'est une proposition plus absurde encore ,
qu'impie, que la Providence ait condamné les hommes
à déchirer et tourmenter leurs pareils pour se rendre
heureux.

CHAPITRE V.

DE L'ÉDUCATION.

Le but que l'on doit se proposer dans toute éducation, c'est que chaque citoyen devienne pour lui-
même un magistrat plus sévère que celui que les lois
établissent.

Je suis fort porté à penser qu'à leur naissance tous
les enfants se ressemblent. N'ayant encore aucune idée
et se bornant à essayer leurs sens mous, délicats et à
peine formés, ils ne sentent encore en eux le germe
d'aucune des passions dont ils seront bientôt agités.
Ne souffrent-ils point, ils jouissent d'un calme qui
les jette dans un sommeil profond. La lassitude du
repos les réveille-t-elle, ils ne pensent point, ils
obéissent au mouvement imprimé à leur machine, et
s'étudient instinctivement à se servir de leurs membres. Si la joie, la tristesse, la colère ou une certaine
douceur se font plus remarquer dans quelques enfants
que dans d'autres, j'aurais de la peine à convenir que
ces différences indiquassent déjà des passions et des

13

caractères différents. Selon toute apparence, des organes plus ou moins délicats, plus ou moins propres à être frappés par les objets qui les entourent, une santé plus ou moins forte, les disposent à une joie plus égale, plus ou moins vive, ou font naître des cris plus ou moins constants, plus ou moins aigus (1). L'enfant, qui n'a qu'un besoin, celui de se nourrir, n'aime que le sein de sa nourrice, qui peut le satisfaire; voilà son seul besoin, et par conséquent sa seule passion. Mais les événements qu'il éprouve dans cet âge tendre contribueront-ils à décider de son caractère? Les soins de la nourrice préparent-ils déjà les sens d'un enfant à porter à l'âme avec plus de célérité, de justesse et de force, les impressions que feront sur eux les objets extérieurs? ces soins pourront-ils influer sur les organes de son cerveau? les disposeront-ils à obéir un jour à l'âme avec plus ou moins de docilité et d'exactitude? Les philosophes, je crois, l'ignorent; et quand ils en seraient parfaitement instruits, quel fruit retirerions-nous de leurs lumières? comment pourrait-on faire passer leurs leçons jusqu'aux nourrices, si peu faites pour en profiter? Abandonnons-nous à la nature, qui travaille sans

(1) Il est étrange que Mably ne se soit pas aperçu que ces différences dans les tempéraments étaient la source de la variété des caractères. Si les hommes naissent avec des sens plus ou moins délicats, une santé plus ou moins robuste, comment soutenir qu'ils se ressemblent tous à leur naissance? Mably, dans son spiritualisme chrétien, séparait-il complétement les dispositions de l'*âme* de celles du *corps?* Il est probable, puisque après avoir déclaré qu'il croit à l'identité des hommes à leur naissance, il constate la différence des organisations, sans paraître inquiet de se contredire.

cesse à développer et à perfectionner son ouvrage ; gardons-nous donc de la gêner, elle est plus habile que nous.

Quand un enfant commence à marcher, soutenu par sa lisière, et à balbutier plutôt des mots qu'une pensée ; quand il connaît déjà assez d'objets différents pour varier ses goûts et avoir une espèce de volonté, ce n'est point encore le moment où ces passions mobiles, inconstantes, et qui effleurent à peine l'âme, peuvent prendre un caractère décidé. Les objets extérieurs ne laissent encore dans la mémoire que des traces légères, et qui, pendant longtemps, seront encore effacées par les sensations nouvelles qui se succèdent. Il est vrai que quelques philosophes ont prétendu que c'est dans ce premier âge que se forment certains goûts, certains préjugés, certaines antipathies qui durent quelquefois toute la vie, et dont il est impossible de découvrir la cause. Je l'avoue, j'adopterais avec peine cette opinion. N'est-il pas plus vraisemblable que les organes de notre corps sont alors trop mous, trop faibles, trop déliés, trop mobiles, pour contracter des habitudes durables. Ils obéissent malgré eux à tout ce qui les frappe successivement. De là cette inconstance des enfants dans leurs goûts, ce passage rapide de la joie à la tristesse, et ce mélange continuel du rire et des pleurs. Cette âme qui sera capable de s'élever un jour par la pensée jusqu'à Dieu, de porter la lumière dans les abîmes ténébreux du cœur humain, de calculer le cours des astres, et de sonder les secrets de la nature, faute d'instruments propres à la servir, ne peut être encore occupée que des puérilités qui l'attirent sans cesse de toute part, et ne peuvent fixer ses désirs (1).

Mais passons à cette bande d'enfants que vous voyez d'ici folâtrer sur ce gazon. Ils sont déjà assez forts pour courir seuls, sauter, bondir. Avec quelle ardeur ne jouent-ils pas entre eux! Voyez combien leurs goûts sont déjà plus constants; voyez combien ils aiment déjà de choses différentes. Le monde s'est agrandi à leurs yeux, et leur âme s'est étendue avec leur mémoire et les forces de leur corps. Ils courent sans précaution vers les objets qui leur paraissent agréables; ils fuient sans examen ceux qui leur déplaisent. Combien de passions ne se sont pas déjà développées? Déjà on est jaloux, on a de l'émulation, on est fier de ce qu'on possède; on veut dominer ses pareils, on s'irrite à la moindre contradiction; on est sensible à la louange, on aime un rien avec la même ardeur qu'on aimera bientôt sa maîtresse, et ensuite les honneurs et la fortune. Suivez le développement de la nature dans ces enfants, et vous verrez, je crois, que leurs passions enfantines et contenues par leur ignorance ont toutes le même caractère, et se succèdent avec la même inconstance. Un peu plus ou un peu moins d'ardeur les distingue, mais elles se manifestent par les mêmes signes, parce qu'elles n'ont point encore appris à se déguiser, et ne sont point

(1 Notre auteur se trouve ici en contradiction avec Rousseau, qui veut que la vigilance du maître s'éveille pour ainsi dire avec la vie de l'enfant. Malgré le profond respect que mérite l'auteur d'*Émile*, nous croyons que Mably a raison contre lui, et par les motifs qu'il en donne.

mêlées et corrompues les unes par les autres, comme dans un âge plus avancé.

Qnelques années s'écoulent, l'enfance se mûrit, la mémoire s'est enrichie d'une foule de nouvelles idées ; les forces du corps donnent à l'âme plus de vigueur, elle embrasse un plus grand nombre d'objets ; elle agit à son tour sur les organes de notre corps, elle essaie son empire, et les habitudes commencent à se contracter. Avec des passions plus caractérisées et plus bruyantes, je crois cependant retrouver encore des restes de la même légèreté et de la même inconstance, si familières à l'âge précédent : c'est que la raison, alors trop faible pour réfléchir, n'a que des idées vagues, décousues, incertaines et flottantes, qu'elle ne peut encore ni combiner ni lier, et qui lui impriment des mouvements contraires. C'est le temps seul et une plus longue expérience qui la mettront en état de profiter de ses richesses. Cependant, au milieu de ce nombre innombrable d'enfants que la nature destine à être des hommes sans caractère, que l'opinion gouvernera, qui aimeront, haïront et désireront, comme on leur ordonnera d'aimer, de haïr et de désirer, il s'élève quelques enfants qui commencent à être moins semblables aux autres. Ce sont ceux qui, dans leurs jeux, ne suivent point machinalement la routine commune. Vous diriez que leur âme, qui s'est, pour ainsi dire, un peu concentrée en elle-même, est sujette à moins de distraction et d'inconstance. Elle pense, elle imagine de nouveaux jeux, ou perfectionne ceux qui lui plaisent. Voilà les germes d'un caractère ; et ces enfants annoncent ce qu'ils seront un jour, si des instituteurs maladroits n'arrêtent pas leurs progrès.

Que de sagesse dans cette lenteur que nous avons la témérité de reprocher à la nature ! Pourquoi, dit-on tous les jours, l'homme, de tous les animaux le plus parfait, jouit-il si tard de sa raison ? Pourquoi ses facultés intellectuelles se développent-elles avec tant de peine, tandis que les animaux jouissent en naissant de tout l'instinct qui doit leur suffire ? C'est que la nature nous a donné une âme faite pour penser, propre à se dégager de ses sens pour nous élever jusqu'aux vérités les plus sublimes, et nous rapprocher des substances purement spirituelles. L'instinct des animaux n'est susceptible d'aucune perfectibilité, et tout est achevé pour eux quand ils peuvent suffire à leurs besoins. La nature nous traite au contraire comme des êtres d'un ordre infiniment supérieur, et destinés, par la raison dont elle nous a doués, à élever nous-mêmes l'édifice de nos connaissances et de notre bonheur. Elle a voulu que nous vécussions en société pour nous aider mutuellement de nos méditations, de nos lumières et de nos connaissances. Comme on n'en peut douter, si telle est notre fin, nous avons besoin d'une longue enfance pour y parvenir. Il fallait que notre raison s'éclairât par degrés, et qu'une éducation de plusieurs années nous préparât à remplir nos devoirs. Quels êtres bizarres, méprisables, ou plutôt monstrueux, ne seraient pas les hommes, si les passions nécessaires au développement de notre intelligence se fussent montrées avec toute leur force, avant que notre raison fût éclairée par l'expérience ? Comment aurions-nous été disciplinables? par quelle éducation aurait-on pu prévenir ou suspendre les malheurs dont nos passions nous auraient accablés? Notre raison n'ayant pas eu le temps d'acquérir les lumières nécessaires à notre bonheur, ou de contracter dans une longue enfance des habitudes qui sont le fruit de l'expérience et de la sagesse de nos pères, elle aurait été l'esclave des passions avant que de pouvoir se développer, et serait restée dans l'abrutissement.

Mais sans nous arrêter plus longtemps à ces questions abstraites, revenons à nos enfants. Je n'essaierai pas de rechercher la cause de ces différences que je commence à apercevoir entre eux. Vraisemblablement il ne faut s'en prendre qu'à la différence même des organes intérieurs de notre corps, et surtout de notre cerveau, qui sont peut-être aussi différents dans les hommes que les traits mêmes de leur physionomie. Chez moi ils seront moins disposés à recevoir telles ou telles impressions par les objets extérieurs. Mon sang circulera avec plus ou moins de vivacité; les esprits animaux, plus rares ou plus abondants, se porteront aux organes de mon cerveau qui ne seront pas disposés à recevoir des traces assez profondes pour frapper l'âme avec force et fixer son attention. Chez vous, au contraire, les sens auront un succès plus heureux. Quelques philosophes attribuent cette différence des caractères aux seules causes morales. Je me serai trouvé dans des circonstances à peu près égales, presque uniformes, et par conséquent peu piquantes, qui, ne pouvant m'intéresser vivement, m'auront abandonné à ma légèreté naturelle. Je continue à être enfant, c'est-à-dire à être dominé successive-

ment par tous les objets qui se présentent à moi ;
tandis que des hasards favorables, en vous offrant une
scène toujours nouvelle et variée, vous ont appris à
avoir des préférences et des goûts que l'habitude et la
réflexion vont augmenter et vous rendre de jour en
jour plus chers. Peut-être aussi que ces causes, soit
physiques, soit morales, concourent à la fois à fermer
la différence de nos caractères; et cette opinion me
paraît la plus probable.

Quoi qu'il en soit, nous ne sommes nous-mêmes
que de vieux enfants, quand nous rions de ces passions naissantes. Sans doute je les dois voir éclore
avec plaisir, puisqu'elles serviront au progrès de la
raison; mais au lieu de veiller à leur marche, pour
commencer à les diriger par une morale enfantine
qui donnerait de l'essor à l'esprit, pourquoi les aga-
çons-nous imprudemment? Pourquoi applaudissons-
nous à des malices qui nous réjouissent? C'est instruire la raison d'un enfant à être la complice et
bientôt l'esclave de ses passions. Ces espiègleries annoncent, dit-on, de l'esprit et des talents. Rien n'est
moins vrai: les sots n'ont-ils pas leurs passions
comme les gens d'esprit? Ne se proposant, ajoute-
t-on, que des objets frivoles, elles ne peuvent produire aucun mal dans le monde. D'accord; mais ne
devrions-nous pas trembler pour l'avenir? Ne devrions-nous pas voir que ces passions se forment
dans un être qui acquiert tous les jours de nouvelles
forces, et qu'étant destiné à être citoyen, père de
famille, et peut-être même à se voir bientôt revêtu
d'une magistrature et d'un grand pouvoir, notre ridicule complaisance prépare son malheur et celui de

tous ceux avec lesquels il aura des relations? Nous
est-il permis d'ignorer, puisque nous nous mêlons de
morale, que son premier principe, son principe le
plus nécessaire, c'est de conduire l'enfance de façon
qu'elle nous prépare à une adolescence honnête, afin
que cette adolescence si dangereuse nous rende
faciles les vertus de l'âge viril, et nous mène ainsi
par degrés à une vieillesse heureuse et honorable?

Ces enfants, au contraire, qui obéissent sans résistance à tout ce qui les entoure, dont la vivacité est
toute dans leurs jambes et dans leurs bras, et qui ne
laissent échapper aucun trait d'imagination ou de
réflexion, ils sont destinés à passer éternellement de
préjugés en préjugés, d'erreurs en erreurs, d'engouement en engouement. Pour prévenir ce malheur, que
ne tâchons-nous de leur donner un caractère, au
lieu de louer bêtement leur douceur et leur docilité?
Il y a tel enfant que je voudrais rendre hargneux,
opiniâtre, colère, jaloux, envieux ou taquin ; on lui
reprochera quelque jour un de ces défauts, mais
parce qu'on ne saura pas de quels vices il l'a préservé.
Cette espèce de création que je demande n'est pas
impossible ; mais elle exige un philosophe, et l'instituteur habile qui l'emploierait serait regardé comme
un fou presque par tous les pères, et sûrement par
toutes les mères (1). Que ne tâchez-vous du moins
de prémunir votre élève contre les dangers auxquels

(1) Il semble que les pères et les mères auraient ici raison
contre le philosophe. Il n'y a point d'homme si dépourvu d'aspiration au bien qu'on ne puisse l'exciter à le vouloir autrement
qu'en provoquant ses mauvaises passions. Les hommes sont
plutôt divers qu'inégaux. Mably s'y trompe souvent.

l'expose, si je puis parler ainsi, la nullité de son caractère. Susceptible de tous les vices qu'il ren-
contrera sur son chemin, ne serait-ce pas beaucoup
gagner que de lui en donner un qui le préserverait de
tous les autres (1)? Sondez son cœur, étudiez ses premiers mouvements. Ne trouvez-vous rien dans cette
âme toujours indécise et incapable de penser par elle-
même? Profitez de cette mollesse de votre élève pour
lui faire contracter des habitudes; faites-lui aimer la
vertu dont la pratique lui paraîtra plus facile. Peut-
être qu'avec ce secours il serait moins le jouet de sa
faiblesse naturelle; il résisterait plus aisément aux
tentations, et l'habitude qu'il aurait contractée d'une
vertu le préserverait de plusieurs vices.

Si un enfant a un caractère décidé, n'espérez pas
de le changer, la nature résistera à tous vos efforts;
mais des soins vigilants peuvent augmenter le bien
que vous espérez ou diminuer le mal que vous craignez. Plus je songe à ce que j'exige d'un instituteur,
plus je suis persuadé que la prudence doit être la
première de ses vertus. Sans son secours, la morale
ne saura ni modifier à propos les principes généraux
qu'elle se sera faits pour les rendre plus praticables,
ni aller à son but par des routes détournées quand le
chemin le plus droit lui paraîtra embarrassé. Ne
croyez pas cependant que par amour pour une sagesse
prématurée, je veuille faire de mes élèves autant de
petits Catons. La prudence n'est pas faite pour eux,

.

(1) Une vertu est toujours bonne à enseigner; mais la saine
morale permet-elle de donner un vice, quand bien même il
serait aussi vrai qu'il est faux qu'un vice puisse vous garantir
de beaucoup d'autres?

mais elle doit présider à leur éducation. Les efforts
qu'on ferait pour leur faire comprendre ce que c'est
que cette vertu sublime qui est étrangère à leur âge
ne serviraient qu'à rendre plus timides, et par conséquent plus mous, ceux qui n'ont point de caractère ;
et les autres, encore incapables de voir les rapports
des choses et de juger de leurs causes et de leurs
effets, ne profiteraient de vos leçons que pour apprendre à dissimuler leurs vices. En voulant les former à la prudence, vous ne les instruiriez qu'à être
indécis, soupçonneux, faux et menteurs. Je voudrais
qu'un‾enfant se donnât à lui-même des leçons de
prudence. Il le fera certainement si vous avez quelquefois l'art de ménager de telle sorte les événements,
que ses sottises lui attirent comme par hasard quelque mortification, et ses actions honnêtes quelque
plaisir. Son expérience sera l'ouvrage de sa raison,
elle l'éclairera mieux que toutes vos moralités et ces
châtiments d'étiquette dont on use à leur égard, et
par une espèce de tarif. Heureux si, en entrant dans
le monde, ces premiers germes de prudence n'étaient
pas étouffés par le spectacle du vice honoré et de la
vertu négligée !

Que les enfants aient un caractère ou non, leur
première vertu, c'est le respect pour leurs parents
et leurs instituteurs ; de là doivent naître la confiance
et l'amitié, sans lesquelles toute éducation est nécessairement vicieuse. La maison paternelle est toute
leur république ; qu'ils y apprennent de bonne heure
à aimer comme par routine l'ordre et la subordination, qui les prépareront insensiblement à aimer et
respecter les lois et les ⌐⌐⌐⌐⌐⌐⌐'s civils auxquels ils

seront bientôt soumis. Ici toute ma morale s'éva-
nouit, et, si je puis parler ainsi, je ne sais plus à quel
saint me vouer. Nous sommes à Paris. En inspirant
à un enfant un grand respect pour ses parents, ne
serait-ce pas verser dans son cœur un poison mortel?
Que de vices résulteront de cette vertu qui doit servir
de base à la morale des enfants. Au lieu de se façon-
ner à la modestie des mœurs, à l'union, à la justice,
à la tempérance, à la modération, etc., tous les vices
seront en quelque sorte justifiés à leurs yeux ; des
exemples contagieux rendront inutiles les leçons les
plus salutaires. Il n'y a pas à délibérer, enlevons mon
élève à la maison paternelle ; et malgré les inconvénients de notre éducation publique, envoyons-le
dans un collége. Ses camarades le corrigeront mieux
que ses parents et ses maîtres. Vivant avec des enfants qui n'ont encore ni arrière-vues ni politique,
il s'accoutumera à l'égalité, sentiment précieux,
et qui, ne devant jamais nous abandonner, ne peut
jamais trop tôt commencer. Ses qualités morales
se montreront avec plus de franchise, et ses talents
se développeront plus librement. N'attendez rien de
pareil dans l'éducation domestique. Les flatteries des
valets et les caresses indiscrètes d'un père ou d'une
mère corrompent un enfant. Entouré toujours de
gens beaucoup plus âgés que lui, et qui n'ont point
l'habileté ou la complaisance de se mêler à ses jeux
pour l'évertuer, son esprit s'endort, il n'ose se livrer
à aucun élan, et je ne sais quelle contenance d'ennui et de gravité, qu'on prend pour de la sagesse,
prolongera sa sottise et son enfance.

Nous touchons à l'âge de puberté ; et les personnes

qui ont été chargées de l'éducation des enfants ont remarqué qu'il se fait une révolution singulière dans ce passage de l'enfance à la jeunesse. Souvent, dit-on, le caractère d'un enfant est entièrement changé, ordinairement toutes les passions prennent une marche et une route nouvelles. Je ne sais quelle chaleur du sang nous crée en quelque sorte des sens nouveaux. L'âme, étonnée, enivrée et inquiète, est emportée hors d'elle-même par des besoins inconnus, et trouve dans les organes du corps des ministres qui, en l'irritant, sont plus disposés à lui obéir. Dans ce moment où l'enfant disparaît, le jeune homme quelquefois ne se fait point apercevoir. L'esprit, qui devrait dans son inquiétude prendre plus de force, s'appesantit; et aux jeux de l'enfance succède brusquement une maturité précoce que j'admire et dont je me défie. Que je vous plains! Je crains beaucoup que vous ne fassiez que des efforts inutiles pour faire un homme de cet automate; je crains bien qu'en louant cette prétendue sagesse, vous n'ayez loué qu'une sottise incorrigible. Examinez avec soin votre nouveau sage, et vous verrez à la fin que ses organes, dérangés par la révolution qu'ils viennent d'éprouver, et moins libres dans leurs opérations, au lieu d'obéir à l'âme et de la servir avec la même facilité, l'éteignent, l'enveloppent et la rendent prisonnière. Pour ceux qui ont éprouvé un plus heureux changement, concevez des espérances, mais ayez des alarmes, et soyez plus attentif et plus vigilant que jamais.

Heureux les jeunes gens qui ignorent le grand miracle que la nature vient d'opérer en eux, qui n'éprouvent aucune convulsion, ou qui n'en abuseront pas. Mais, je l'avoue, je tremble pour cette adolescence, qui doit décider de toute la vie d'un homme, quand je songe au misérable système d'éducation qui s'est mis à la mode parmi nous. Ne contraignez point, dit-on, un enfant; je veux qu'il soit heureux, je l'abandonne à ses fantaisies; je veux qu'il s'amuse, je veux qu'il ne s'instruise qu'à varier ses jeux. Fort bien, il est sage sans doute de sacrifier un avenir incertain au moment présent dont on peut jouir; et puisque la vie est semée de tant de peines, de chagrins et d'amertume, il est juste de les épargner à l'enfance. Votre méthode est excellente, si vous êtes sûr que votre enfant mourra avant que de parvenir à l'âge de puberté. Mais si vous espérez de le conserver, par quelle inhumanité voulez-vous qu'il arrive sans précaution, sans préservatif, à l'âge le plus exposé aux illusions et aux erreurs des sens? Qu'espérez-vous en donnant une amorce à toutes ses passions, et en retardant les progrès de sa raison? Songez que tous ces caprices inconstants, ces niaiseries, ces amusements perpétuels, ces misères dont vous avez besoin pour vous soulager des vices stupides au milieu desquels vous végétez, ne sont point nécessaires à l'enfance. Profitez de son innocence. Un enfant sera content de vous, il sera heureux si vous savez varier ses occupations, et tour à tour exercer son esprit et son corps pour prévenir l'ennui et le dégoût; mais j'insiste, et je vous demande par quel prodige l'esprit de cet enfant que vous avez débauché et détraqué par une lâche et ridicule condescendance, sera tout d'un coup susceptible de l'attention à laquelle il faut l'exercer à la naissance de la jeunesse, et sans laquelle votre jeune

libertin tombera nécessairement dans les vices qui
lui prépareront une virilité ridicule et une vieillesse
infâme.

Si un jeune homme ne s'est pas accoutumé à une
certaine règle, à un certain travail, à une certaine
méditation, tandis que ses passions, encore faibles et
dociles, pouvaient obéir à un instituteur, comment
s'y prendra-t-on pour réprimer et diriger des passions désormais bouillantes et téméraires qui troublent sa raison? Vous viendrez, dites-vous, à son
secours; mais je vous prédis que tous vos efforts
seront inutiles, car on nous a appris combien
les passions sont rusées, adroites et dissimulées.
Vous parviendrez seulement à forcer votre élève de
se cacher; il vous trompera, vous serez sa dupe,
parce qu'il aura plus d'adresse que vous n'aurez de
vigilance : et s'il a lieu une fois de se moquer de
votre bonhommie, vous ne conserverez aucun crédit
sur son esprit. Ce ne sont pas de belles réflexions
morales que vous lui débiterez sur le danger des
passions qui le préserveront de leur délire. Il n'en-
tendra pas votre froide raison : l'expérience lui manque, son cœur sera plus éloquent que vous; et parce
que vous le gênez, il vous refusera sa confiance. Il
vous prendra tour à tour pour un insensé ou pour un
homme qui veut le tromper, surtout si vous vous
trouvez dans une nation corrompue : car il est trop
intéressé à se justifier à ses yeux pour ne pas deviner
ce qui se passe dans le monde. Il remarquera très
bien qu'on y rit des vices dont vous voulez lui faire
peur, et qu'on y honore même tout ce que vous voulez
lui faire mépriser.

Je soutiens que notre jeune homme aura une conduite déplorable, s'il ne trouve pas en lui-même des armes pour combattre ses passions. Il faut donc qu'au lieu de ces jeux éternels qui paraissent si sages, on n'ait perdu aucune occasion de semer dans son âme tendre des vérités qui jetteront de profondes racines; il faut qu'il ait appris de bonne heure à se recueillir en lui-même, à se rendre maître sans trop d'effort de son attention, et que les premiers progrès de son esprit lui fassent aimer ses études. Les passions alors peuvent être vives et même impétueuses impunément, La chaleur du sang et du cœur se communiquera à l'esprit, qui, de son côté, sera plus capable de ces élans qui multiplient sa force et lui rendent plus douces et plus chères ses opérations les plus pénibles. Mon jeune homme tombera sans doute, mais il se relèvera promptement. Bientôt sa marche sera plus sûre ; car notre raison est aussi insatiable au milieu des plaisirs qui lui sont propres, que nos sens sont promptement rassasiés et même fatigués des voluptés qu'ils désirent avec tant d'ardeur. Peu à peu il s'établira un équilibre entre la raison et les passions ; et les années, en s'écoulant, donneront enfin à mon philosophe cet empire sur lui-même qui est la source du bonheur.

L'écueil le plus dangereux pour cet âge, c'est la volupté, la mollesse et le luxe, qui, en flattant nos sens, les énervent. Quand l'ame ne se dépraverait pas de même, quand elle conserverait toute sa noblesse et sa dignité, que pourrait-elle alors exécuter de grand, de difficile, de généreux? elle ne trouverait que des instruments incapables de lui obéir : *libidi-*

*nosa et intemperans adolescentia effœtum corpus tradit
senectuti* : elle succomberait sous leur paresse.
J'aime ces Spartiates et ces Romains, qui, dans l'exercice d'une vie dure, laborieuse et frugale, s'accoutu-
maient à ne rien trouver d'impossible. Proposez-leur
les plus longues fatigues pour aller sacrifier leur vie
au bien de la patrie, leur âme se prête avec joie à un
sentiment héroïque, parce que leur corps n'est point
efféminé par les plaisirs. Pourquoi nous hâterons-
nous donc de détruire la force et la vigueur des jeunes gens par une éducation molle qui les anéantit?
Ils seront à leur tour pères de famille; et peut-on
penser, sans une sorte de terreur, à la dégradation
qu'ils préparent à leur postérité? Vous êtes d'autant
plus coupables, qu'ils pourraient se passer de tout ce
que votre faste et votre ennui ont imaginé avec tant
de peine, de recherche et de constance. Leur impatience les dispose à ne pas haïr une vie un peu dure
et pénible, et les plaisirs les plus communs leur plai-
ront sans leur nuire.

Il ne faut pas se le déguiser, les jeunes gens paraissent n'avoir qu'un sens, ils paraissent n'avoir
qu'une passion ; et cette passion c'est l'amour, qui
traîne à sa suite une foule de vices, et dont il est si
important et si difficile de se préserver. Dans quel
abandon d'eux-mêmes, dans quel anéantissement l'a-
mour n'a-t-il pas précipité des hommes que la nature
destinait à avoir, dans un degré assez élevé, les principales vertus? Il me semble que je rencontre assez
souvent de ces gens qui auraient pu se distinguer
dans la société et ŗ   même très utiles, s'ils
avaient su de bor   ndre les maîtres de
14.

leur cœur, et ne pas se familiariser avec ces niaiseries, ces scrupules, ces délicatesses quintessenciées,
qu'ils regardent enfin comme des sentiments héroïques. J'aime à étudier ce qu'ils auraient été, s'ils ne
s'étaient pas laissé emporter par les mœurs de leur
siècle, ou qu'à force de se sacrifier à l'objet de leur
passion, ils n'eussent point pris des vices qui ne leur
étaient pas naturels(1). Aux éclairs de raison et même
de force qui leur échappent quelquefois, je juge des
qualités qu'ils ont malheureusement étouffées, et
dont les restes languissants ne servent qu'à les rendre ridicules, en les mettant en contradiction avec
eux-mêmes.

On croirait que la plupart des gens qui écrivent
sur la morale n'ont jamais réfléchi sur l'action de
notre esprit et les mouvements de notre cœur. Les
uns, comme les stoïciens, demandent trop et n'obtiennent rien. Leur humeur est chagrine, et ils croient
avoir embelli nos vertus quand ils les ont défigurées
en les poussant au delà des bornes que la nature leur
prescrit. Les autres, pour nous corriger, se rendent
trop indulgents. C'est sans doute bien fait de se prêter
à notre faiblesse, et de savoir qu'il nous est impossible d'être parfaits; mais pour ne nous point égarer
en voulant nous conduire, il faut connaître la source
de nos vertus, celle de nos vices, et les liens presque
imperceptibles qui les rapprochent, les unissent et
quelquefois les confondent.

(1) Mably fait ici le procès à la galanterie, et il est dans la
vérité : malheureusement il la confond avec l'amour, qu'il condamne tantôt comme une faiblesse du caractère, tantôt comme
un emportement des sens.

Étudions l'homme tel qu'il est, pour lui apprendre à devenir ce qu'il doit être. Songeons au temps où nous vivons, avec quelle patience et quelle adresse il faut aujourd'hui négocier avec les passions, et leur accorder quelque chose pour les rendre plus dociles et moins impérieuses. Il ne nous reste, pour ainsi dire, que de choisir entre les vices les moins pernicieux.

En voyant le besoin que la nature nous a donné d'aimer, en voyant l'attrait, ou plutôt l'espèce d'ivresse et d'étourdissement qu'elle a joints au plaisir de l'amour, il est évident, si je ne me trompe, que, loin de blâmer un amour honnête et soumis aux règles du devoir, la Providence nous y invite pour perpétuer l'ouvrage de la création. Croissez et multipliez : c'est le précepte donné au genre humain. Je voudrais qu'on me dît en quoi cet homme ou cette femme qui se sont voués au célibat, valent mieux que ce père ou cette mère de famille qui élèvent des enfants à la république.

Les gens du monde ne voient guère aujourd'hui dans le célibat que le mérite de la difficulté surmontée. Ils ont tort : c'est une vertu d'un ordre supérieur ; c'est un don particulier que la Providence dispense à son gré. Pour en parler, il faudrait être théologien, et je ne le suis pas. M'en tenant donc aux vertus sociales qui appartiennent à tous les hommes, je dis que la continence et la chasteté sont des vertus du plus grand prix, parce qu'elles servent de base aux mœurs domestiques, qui préparent les mœurs publiques, et procurent ainsi les plus grands avantages à la société et à ceux qui les pratiquent.

Ayant tant de vices à vaincre, ce serait être un mauvais économe des forces que la nature nous a données pour combattre nos passions, que de les employer à acquérir une vertu qu'elle ne nous ordonne pas. Les efforts qu'on ferait pour se vaincre pourraient faire contracter une dureté trop peu compatissante pour la faiblesse humaine, et contraire à l'indulgence prudente que demande la morale. Peut-être que l'âme, lassée de ses combats, se laisserait alors entraîner par quelque autre passion, et s'y livrerait sans retenue. Je ne vous parlerai pas du célibat des gens du monde, il ressemble terriblement à celui des Romains dans le temps de leur extrême corruption, et lorsque les personnes sensées n'osaient plus s'exposer aux monstrueux inconvénients du mariage.

Je dis que les plaisirs de l'amour sont permis, et chez tous les peuples les lois mêmes de la religion les ont rendus honnêtes et sacrés; mais je compare ce besoin de l'amour à celui de manger : s'il est permis de manger, il est ordonné d'être sobre. Que penseriez-vous d'un gourmand qui, faisant son dieu de son gosier et de son ventre, ne s'occuperait que des mets dont il veut se gorger; qui aurait de longues conférences avec son maître d'hôtel, et tracasserait ses chefs de cuisine et d'office? Vous auriez sans doute pour ce pourceau d'Épicure le plus souverain mépris. Je regarderai du même œil ces hommes dont l'âme paraît être tout entière dans leurs sens. Le temps les corrigera sans doute. Mais que peut-on espérer de ces Céladons parfaits dont les femmes estiment tant la délicatesse et la sensibilité, et qui prennent pour quelque chose de fort beau ces misères, ces subtilités de sentiment, ces folies dont les romanciers embellissent leurs ridicules ouvrages ? Pour moi, qui suis'trop grossier pour sentir ce mérite, je croirais que l'amour conjugal même a ses règles, ses bornes et ses devoirs, et qu'il n'est pas plus permis de perdre sa raison avec sa femme qu'avec celle de son voisin. Le mariage a sa crapule ; et quelque légitime que soit l'amour qui doit l'accompagner, il devient condamnable dès que, dégénérant en mollesse, en faiblesse, en sottise, il prive nécessairement un mari des vertus les plus indispensables pour un homme.

Que je vous plains, pauvres parents, qui, n'ayant pas eu l'art de préparer par une bonne éducation une jeunesse vertueuse à vos enfants, réparez cette première faute par une seconde, et les unissez par les liens du mariage avant que d'avoir étudié leur caractère, et qu'ils puissent eux-mêmes connaître la dignité de leur état. Pourquoi les abandonner à eux-mêmes dans le moment le plus critique de leur vie ? Ce que vous avez vu ne devrait-il pas vous instruire de ce que vous devez craindre ? Vous êtes assez peu sensés pour vous applaudir de l'extase où vous voyez ces deux jeunes époux. Vous ne sentez donc pas qu'ils abusent du mariage. Pour moi, je prévois, par l'oubli où ils sont d'eux-mêmes et de leur raison, que cet amour peu ménagé 'disparaîtra bientôt pour faire place à une autre passion. Dans quelques mois, le mari ira grossir la liste des hommes à'bonne fortune ; et la femme, après avoir eu de l'humeur et hésité encore pendant quelque temps, comme sept 'ou huit mois, se vengera ---ᶜ-- ¹-- infidélités dont on lui donne l'exemple. C'est alors que je chercherai inutilement dans ce ménage quelques vertus qui en devraient faire l'ornement et le bonheur. Je vois une maison mal gouvernée, la confiance en est bannie, tout devient secret, mystère, chuchoterie. L'espionnage est établi, et des domestiques corrompus, qui vendent indifféremment le mensonge et la vérité, dominent dans la maison. Cette situation est trop gênante pour durer longtemps : on prend son parti, et la plus parfaite indifférence succède à l'humeur. La prudence du mari consiste alors à feindre de ne pas voir ce qui lui saute aux yeux, son courage à braver les lois de l'honneur, et sa patience à ne pas s'indigner, et même quelquefois à rire, pour le bien de la paix, de ce qui devrait le révolter. C'est ainsi que l'âme se flétrit et se familiarise avec toutes sortes de lâchetés. Cet homme, qui ne sait pas exercer sa magistrature domestique, qui néglige ses enfants et l'économie de sa fortune, exercera cependant des fonctions publiques dans l'État; et vous devez sans doute vous attendre à une administration bien sage.

Je sens qu'il n'est pas possible que les lois prescrivent en détail tout ce qu'il faudrait pratiquer pour donner aux enfants de la république une excellente éducation; mais le législateur a rempli son devoir à cet égard quand il a pris des mesures certaines pour empêcher que les pères ne fussent corrompus; la ten-

dresse et la vertu des pères lui répondront des mœurs
naissantes des enfants. L'âge dangereux de l'adolescence est-il arrivé? c'est alors que les lois doivent se
défier de la tendresse trop indulgente des parents.
Qu'elles viennent au secours des parents, qu'elles
les débarrassent d'une partie des soins pénibles et
continuels de cette seconde éducation, et surtout
qu'elles se précautionnent contre les saillies d'une
jeunesse qui, ne sachant point encore être circon-
specte, s'élance avec emportement et sans choix au-
devant de tous les plaisirs. Si elle est abandonnée à
elle-même dans ce moment critique, ne doutez pas
qu'elle ne se laisse prendre aux amorces de la volupté,
et ne parvienne peu à peu à mépriser les conseils et
la censure des citoyens plus âgés. Si elle n'est réprimée, elle opprime tôt ou tard, parce qu'elle est en-
treprenante et téméraire; et ses caprices devenant
enfin la seule règle des mœurs publiques, elle déci-
dera arbitrairement des lois et du sort de la république.

En opposant à l'impétuosité des jeunes gens des
lois trop sévères et trop nombreuses, je craindrais de
les révolter au lieu de les diriger. Je dois avertir souvent, parce qu'ils se défient encore de leurs lumières,
mais n'ordonner que rarement, parce qu'ils souffrent
impatiemment la contrainte. Qu'un législateur soit
effrayé des excès auxquels la jeunesse est toujours
prête à se livrer, j'y consens; mais qu'il sache que
des jeunes gens trop circonspects, et qui n'ont qu'une
prudence timide, ne seront dans un âge plus avancé
que des hommes m⁻ⁱⁱⁱⁱⁱⁱ⁻ et des magistrats mous
et sans caractèr⁻   qui n'annoncent pas

des vices ne sont rien, et des vices qui n'amollissent pas l'âme méritent quelque indulgence. Lorsque mon sang bouillonne avec ardeur dans mes veines, n'exigez pas que toutes mes démarches soient sages et mesurées ; c'est à la loi qui doit me conduire à être prudente pour moi. Si je suis dans un chemin glissant et bordé de précipices, il n'est pas question de m'empêcher de tomber ; mais élevez des barrières pour que je puisse faire un faux pas sans tomber dans un précipice. Le devoir du législateur est d'écarter de moi cette oisiveté toujours compagne de l'ennui et du vice, et qui brise tous les ressorts de l'âme. Ayez soin, en un mot, de m'offrir des plaisirs utiles, si vous ne voulez pas que je m'en fasse de pernicieux. Les institutions des républiques anciennes étaient admirables à cet égard. Voyez avec quelle adresse on s'y servait de l'instinct qui porte les jeunes gens à l'action et aux plaisirs pour les rendre capables de remplir un jour les devoirs de citoyens. Combien les lois de la gymnastique ne préparaient-elles pas la jeunesse à l'ordre, à la règle, au travail et à la tempérance ? Des couronnes étaient distribuées aux vainqueurs, et les plaisirs, ainsi ennoblis par la gloire, élevaient l'âme aux grandes choses. Combien les exercices pénibles, mais agréables, du Champ de Mars, ne développèrent-ils pas de talents et de vertus chez les Romains ? Quelle espérance pour l'État que cette jeunesse infatigable et courageuse parmi laquelle il se formait sans cesse des Camilles et des Scipions.

Pour nous, que pouvons-nous attendre de cette jeunesse évaporée, impudente, présomptueuse et libertine qui nous incommode partout ? Elle ne répond

que trop bien aux soins que nous avons pris de corrompre son enfance. Après avoir, pour ainsi dire, ca-
ressé les passions naissantes de nos enfants, il est
juste que nous en sentions les inconvénients. Ten-
tons-nous au moins de réparer nos premiers torts
quand nous commençons d'en souffrir ? Point du tout.
Nous les prolongeons, nous les multiplions, et nous
avons le bon esprit de finir l'éducation dans le moment où elle est plus nécessaire. Nos jeunes gens,
dégoûtés de tout et fatigués de leur oisiveté, crai-
gnent également de penser et d'agir. Pour se débarrasser d'eux-mêmes, ils s'abandonnent à la crapule
ou à la volupté. Introduits dans le monde par des
coquettes, ils deviennent dignes d'elles pour leur
plaire, et ne s'instruisent qu'à corrompre la pudeur
et l'innocence. Toutes leurs occupations les amollissent, leurs jeux n'ouvrent leur âme qu'à l'avarice, et
ils traînent ainsi jusqu'à la vieillesse des grâces dé-
crépites et de jour en jour plus ridicules.

Je crois que vous serez bientôt persuadé avec moi
que la république ne formera jamais d'excellents
citoyens, tant que l'éducation ne sera pas publique
et générale. Permettez-vous aux pères de famille de
se faire arbitrairement des règles à cet égard ? Il me
semble, dès lors, qu'il doit y avoir dans les mœurs
une variété qui n'y permettra aucune consistance. La
jeunesse trompera des pères et des mères à qui leur
tendresse n'est que trop propre à faire illusion ; et
sans perdre aucun de leurs vices, les enfants se hâteront de prendre ceux de leurs parents. Ces citoyens,
nés avec des caractè   ɴpéraments et des in
clinations différent   ᵗ la république do

donner des principes communs d'union, de paix et de
concorde, pour n'avoir, s'il est possible, qu'un même
esprit, ne porteront dans la société que les préjugés
domestiques de leur éducation et de leur profession.
Chacun ne considérera le bien de l'État que par l'a-
vantage de son ordre en particulier; on se craindra,
on se méprisera, on se haïra. Attendez-vous donc à
n'avoir qu'une république divisée par les intérêts
contraires de ses citoyens, et gouvernés par des intrigants qui ne seront occupés que de leur fortune
domestique.

Dans la situation actuelle des choses en Europe,
je ne nie pas que l'éducation domestique ne puisse
être préférable à ce que nous appelons communément une éducation publique. Je conviens que des
parents vertueux et éclairés donneront une meilleure éducation que des maîtres mercenaires, dont
tout l'objet est d'enseigner péniblement dans un collége un peu de mauvais latin et beaucoup de sottises,
et qui ne rassemblent, pour ainsi dire, une foule
d'enfants que pour qu'ils se communiquent plus aisément leurs vices et leurs préjugés. Je conviens de
tout ce que vous voudrez; mais que résulte-t-il de
cette éducation domestique? Quelques honnêtes gens
qui feront le bonheur de leur famille et de leurs
amis, mais qui n'auront aucune influence sur les
mœurs publiques. Est-ce là tout l'avantage que doit
se proposer un législateur?

Quand je parle de l'éducation publique, Dieu me
préserve de penser aux universités et aux colléges
établis en Europe; il n'appartient pas à des pédants
qui n'ont aucune idée de la société ni des ressorts

qui la font mouvoir et fleurir de prétendre à l'honneur d'élever des citoyens. Je demande que dans
chaque ville et chaque canton, la jeunesse ait un lieu
d'exercice où elle se rassemble à des heures marquées. Je désire avec les plus sages législateurs de
l'antiquité, qu'elle s'y forme à tout ce qui peut for-
tifier son tempérament et élever l'âme en écartant
les voluptés et les délicatesses qui énervent le corps.
Que les jeunes gens trouvent du plaisir et de la
gloire à porter des fardeaux, à courir, à nager, à
lutter, à lancer des pierres et des javelots. Tantôt
qu'ils creusent une tranchée, et que tantôt ils la
comblent. Qu'ils apprennent à braver toutes les intempéries des saisons et à ne rien craindre. Il faut
commencer par s'accoutumer au malaise pour être
heureux toute sa vie. Enfin, que les élèves de la république se familiarisent avec les armes qui doivent
servir à la défense de la patrie, et exécutent avec la
plus grande précision toutes les évolutions militaires.

Si vous avez réglé de telle manière la discipline de
ces champs de Mars, que les jeunes gens distribuent
eux-mêmes les récompenses qui sont dues au mérite, soyez convaincu que vous avez formé une école
où l'amour de la gloire élèvera des héros. Ils s'in-
struiront journellement à la pratique de la justice,
et l'émulation ne dégénérera ni en envie ni en jalousie. Voulez-vous accoutumer la jeunesse à l'o-
béissance et à la subordination si nécessaires parmi
les hommes, et lui apprendre en même temps à
commander? Divisez-la en turmes ou en compagnies,
et que chacune ait ses chefs ou ses capitaines qu'elle

aura choisis. Par cette méthode vous parviendrez
même à vous faire des magistrats qui gouverneront
un jour la république sans arrogance et sans orgueil,
parce qu'ils se seront accoutumés de bonne heure à
commander sans caprice et sans hauteur des camarades qui ignoraient l'art de flatter le vice. Ce n'est
ni un pédant, ni un mercenaire qui doit présider à
la police de ces jeux : cet honneur doit être la paisible récompense des magistrats qui ont vieilli en
servant utilement la patrie, et qui l'aiment assez
pour s'occuper de la génération suivante. Platon
établit les banquets publics pour la jeunesse de sa
république, et il veut que la joie libre et naïve qui
règne dans ces fêtes prête assez de grâces à la frugalité et à la tempérance pour qu'on ne songe point
à la volupté. Cet établissement est très sage ; je voudrais que chaque turme ou chaque compagnie eût
ses festins, et que son chef fût chargé lui-même d'é-
lever une barrière entre les plaisirs et la licence.
Les jeunes gens seront moins tentés de s'écarter de
leurs devoirs, quand ils en seront avertis par un
homme de leur âge. Ne craignez pas que celui-ci se
néglige, il aura sans effort la vigilance et l'exactitude
qui fatiguent souvent un vieux magistrat. Il aimera
à exercer son autorité sur ses pareils ; et s'il s'étudie
à ne leur pas déplaire, il craindra en même temps
les reproches de ses supérieurs (1).

La république n'est pas composée d'hommes seuls,

(1) Les réminiscences antiques et les préjugés de la guerre
abondent dans ce passage ; mais Mably avait senti la nécessité
d'une véritable éducation publique, et en cherchait l'organisation.

et je vous avertis que vous n'avez rien fait si vous négligez l'éducation des femmes. Il faut choisir, ou d'en faire des hommes comme à Sparte, ou de les condamner à la retraite. Si vous ne leur donnez pas la force, le courage et l'élévation dont je parle, elles vous communiqueront toutes leurs faiblesses. Elles veulent dominer comme nous, mais par de petits moyens, la ruse, l'artifice, les larmes, les bouderies, la pitié et toutes les ressources inépuisables de la coquetterie. Il n'en faut pas davantage pour subjuguer le plus brave homme; et si nous sommes domptés, vous n'aurez qu'une république de femmelettes. Nous serons les esclaves de nos femmes, elles seront les tyrans de leur maison, et bientôt des magistrats et des lois. Elles feront un commerce de leur pudeur, et moins elles en auront, plus le commerce sera lucratif. Je vous défie de me citer un État où les femmes aient eu du pouvoir sans détruire les mœurs, les lois et le gouvernement. Élevez donc les jeunes filles à la modestie et à l'amour du travail. Formez leurs premières mœurs de façon qu'elles n'ambitionnent point d'autre gloire que celle d'être d'excellentes mères de famille. Si elles sont oisives dans leur maison, la retraite leur paraîtra insupportable ; et dès que la dissipation leur sera nécessaire, elles aimeront tout autre chose que leur mari et leurs enfants (1).

(1) Il n'est pas étonnant qu'après avoir méconnu le côté religieux et moral de l'amour, Mably n'ait nullement indiqué le rôle véritable des femmes dans une société bien organisée.

Les dissentiments qui règnent parmi les philosophes modernes sur le droit social des femmes prouvent à quelle distance nous

Quelque attention que j'aie apportée pour faire de bons citoyens, je ne pense pas en être quitte à si bon marché. Je connais trop le pouvoir des passions dans une république où l'inégalité des fortunes et des conditions les échauffe et les irrite continuellement, pour ne pas parler encore de quelques établissements que je crois indispensables. Platon, que j'aime à vous citer, croyait que les Grecs pouvaient aisément abuser des qualités un peu rudes et sauvages que leur donnait la gymnastique; et c'est pour prévenir cet abus qu'il voulait tempérer la grossièreté ou l'espèce de brutalité qu'on ne contracte que trop souvent au milieu des exercices violents du Champ de Mars. A son exemple, je voudrais éclairer l'esprit et conduire périodiquement nos jeunes citoyens dans des écoles où l'on formerait leur raison; et c'est là que sans être oisifs, ils se délasseraient utilement de leurs fatigues.

Que la base de ces études soit une saine morale, ou la connaissance des règles par lesquelles doit se con-

sommes du règne de la justice et de l'égalité. La femme est un élément aussi indispensable que l'homme dans la vie sociale, dans l'association; et pourtant la plupart des penseurs proposent encore de l'enfermer. Mably est de ce nombre. Un instant il imagine de les élever comme des hommes, mais il revient bientôt à l'opinion commune : la femme est et ne peut être qu'une ménagère, système qui repose sur cette théorie d'Arnolphe :

Bien qu'on soit deux moitiés de la société,
Entre ces deux moitiés n'est point d'égalité.
L'une est moitié suprême et l'autre subalterne,
L'une en tout est soumise à l'autre qui gouverne,
Etc. , . . . ,

duire un être raisonnable qui ne peut être heureux qu'en obéissant à sa raison. Mais si l'on ne présente pas à nos jeunes élèves des vérités simples, certaines et évidentes, les passions produiront bientôt des sophistes, qui, à force de subtiliser, répandront le doute sur tout, et corrompront les mœurs. Ne faites point à autrui ce que vous ne voudriez pas qu'on vous fît. C'est de cette vérité que part tout législateur qui veut faire de sages lois sur nos devoirs mutuels, et son premier soin est qu'elle soit gravée dans l'esprit de tous les citoyens. Toute la morale consiste à développer les conséquences de ce précepte dont l'observation nous rendra sensibles, humains, bienfaisans, et nous inspirera par conséquent une confiance réciproque. Que le législateur ordonne d'accoutumer les jeunes citoyens à juger du plus grand bien ou du plus grand mal d'une action par le plus grand avantage ou le plus grand tort qui en résultera pour les autres. Avec le secours de cette mesure, nous apprendrons à donner à chaque vertu et à chaque vice la place qui lui appartient naturellement. A la tête de cette échelle morale se trouveront les vertus et les vices qui intéressent le corps entier de la société, et, dans un rang inférieur, ceux qui ne regardent que la vie privée et domestique. Il n'en faut pas davantage pour voir disparaître cette foule innombrable de préjugés qui ont exercé et qui exercent encore aujourd'hui un empire si cruel et si inutile sur le monde entier. Vos citoyens philosophes ne se tourmenteront point pour acquérir et pratiquer des vertus qui ne sont bonnes à rien, et qui ne sont estimées que parce qu'elles sont bizarre˒   ˉˊnaires, peu conformes à notre nature, d'une pratique difficile, et conservées par la mode et l'habitude.

Le but de la société n'étant que de conserver à tous les hommes les droits qu'ils tiennent des mains libérales de la nature, et le législateur ne devant nous imposer que des devoirs qu'il nous importe à chacun de remplir, vous sentez aisément de quelle importance il est d'étudier le droit naturel que je pourrais appeler le droit de l'égalité entre les hommes. Sans cette étude, la morale qui n'a que des principes incertains courra risque de s'égarer à chaque pas. Connaissez ce que la nature exige de nous, et vous verrez qu'il n'y a point, comme nous le croyons ordinairement, différentes morales pour le riche, pour le pauvre, pour le grand, pour le petit, pour le magistrat, le souverain et le simple citoyen ; vous verrez que le père dans sa famille, le sénateur dans la république, et la république dans le monde entier, doivent avoir les mêmes principes de conduite. Enseignez à vos jeunes élèves l'histoire de leur nation, et celle des anciens et de vos voisins ; mais je n'entends point que vous les occupiez de ces événemens obscurs que des pédants ont retirés de l'obscurité où ils devaient tomber et rester. Attachez-les à l'étude des peuples les plus célèbres par leurs mœurs, leur prudence, leur courage et leur amour de la justice et de la patrie. En étudiant leurs lois, faites remarquer le bien et le mal qu'elles ont produits, et votre législation se perfectionnera sans effort. Tous les peuples ont éprouvé des révolutions, et rien n'est plus nécessaire que d'en connaître les causes, si vous voulez prévoir d'avance les biens que vous pouvez espérer et

les maux que vous devez craindre. Plus les jeunes
citoyens acquerront de connaissances dans cette partie, plus ils détesteront cette politique ruineuse qui
croit qu'il est utile d'être injuste, fourbe, dissimulé
et méchant. Ils se convaincront par l'expérience de
tous les temps, que les passions telles que l'avarice
et l'ambition ne donnent qu'une prospérité passagère; que la vertu seule a fait fleurir les sociétés, et
que le vice seul les a ruinées. Ils apprendront à mépriser ce que l'Europe estime, et s'ils ne possèdent
pas encore toutes les vérités, ils seront du moins dé-
gagés d'une foule innombrable d'erreurs.

Pour m'entendre, il faut se rappeler que toute société qui n'est pas parvenue au plus haut degré de
perfection, c'est-à-dire qui n'a pas encore établi la
plus parfaite égalité entre les citoyens, ou du moins
entre leurs différentes classes, éprouve nécessairement mille agitations qui troublent l'harmonie de ses
parties, et doit être tôt ou tard la victime des vices
de son administration. Si dans cette situation fâcheuse la république n'est pas instruite de ce qui lui
manque; si les citoyens ignorent ce qu'ils doivent
désirer, n'en doutez pas, on se conduira au hasard,
les vices de l'État deviendront de jour en jour plus
considérables, et causeront enfin sa ruine. Rappelez-
vous ce que tant de peuples anciens et modernes ont
éprouvé dans de pareilles circonstances. Les citoyens
se sont servis des vices du gouvernement pour avancer leur fortune particulière, et tandis que les lois
perdaient insensiblement leur autorité, les magistrats abusaient de leur pouvoir, et la république est
devenue la proie du despot..... ... 'e l'anarchie.

Voulez-vous persévérer dans votre état de perfec
tion après y être parvenus, ou vous mettre à porté
de vous en approcher chaque jour davantage, qu
les lois de l'éducation établissent l'égalité la plus en
tière entre les enfants. Accoutumez-les à l'aimer
Quand ils seront bien persuadés que la nature n'
point fait des nobles et des roturiers, des riches e
des pauvres ; quand ils auront contracté de bonn
heure l'habitude de ne s'estimer et de ne se considé
rer que par leurs qualités personnelles, soyez sû
que dans la suite, s'ils vivent sous les lois de la dé
mocratie, ils seront moins tentés de créer un ordre
de patriciens et un ordre de plébéiens. S'ils vivent
sous un gouvernement moins sage, les grands et les
riches ne pensant point que tout doit leur appartenir, seront moins attachés à leurs distinctions, et la
réforme de la république sera par conséquent plus
aisée. Moins le premier ordre des citoyens sera avare,
orgueilleux et insolent, plus le peuple, sans haine, et
presque sans envie et sans jalousie, sera disposé à se
tenir sans murmurer dans la place où la fortune
l'aura mis. Quand il s'agira de réformer quelque loi,
et de se rapprocher encore davantage de l'égalité, ce
ne sera point tumultuairement et en formant des conjurations, des cabales et des partis. Je voudrais que
les grands eussent appris dans leur éducation qu'ils
ne peuvent rien perdre à se faire aimer, et à rendre
considérables ceux qui leur sont inférieurs. Je voudrais que ceux-ci fussent convaincus qu'il leur suffit
d'avoir des vertus et des talents pour être sûrs de
l'estime et de la considération du public.

Que le droit naturel, sans lequel il n'y a ni saine
morale, ni vraie politique, ne soit pas ignoré; que
les sociétés connaissent le bonheur auquel elles sont
appelées par la nature; que les principes fondamen-
taux sur ces matières soient communs, et vous verrez
rendre à l'Europe une face nouvelle. N'y a-t-il pas
quelque apparence que des princes et des magistrats
qui font le mal avec sécurité en croyant faire le bien
changeraient de conduite, si la vérité parvenait à les
éclairer? N'est-il pas vraisemblable que ceux qui ne
travaillent qu'à satisfaire quelque passion déréglée,
auraient quelque pudeur, et en cherchant à déguiser
leurs injustices, commenceraient à être moins méchants? Des citoyens instruits sont moins lâches que
les citoyens ignorants, et on les ménage, parce qu'il
faut les respecter. Dans les pays même les plus despotiques, où les sujets sont accablés par la crainte,
l'opinion publique ne laisse pas de donner un frein
aux passions. Il y a des caprices que le despote le
plus absolu n'ose se permettre; et le Grand Seigneur,
dans la crainte d'exciter une sédition à Constantino-
ple, daigne encore consulter et ne pas offenser les
préjugés de ses sujets.

Pourquoi naîtrait-il aujourd'hui dans la pensée
des grands et des magistrats d'une aristocratie de diminuer leurs droits, et de ne se regarder que comme
les administrateurs de l'Etat, tandis qu'ils seront
persuadés de la meilleure foi du monde, que la société est faite pour eux, et qu'ils sont destinés à être
heureux aux dépens de leurs sujets? Tant que le
peuple confondra la liberté et la licence, la subordination et la servitude, tant qu'il ignorera sa dignité,

pourquoi désirerait-il d'obéir à des lois impartiales ?
Vous le verriez toujours dans un excès, ou travailler
lui-même à ruiner les fondements de sa liberté par
l'audace de ses entreprises et de ses emportements,
ou voler au-devant du joug, et croire qu'il est d'une
autre espèce que les grands. Pourquoi un prince qui
ne connaît pas sa destination, au lieu de se soumettre aux règles difficiles de la justice, ne tenterait-il
pas de tout soumettre à sa volonté? Pourquoi ses
courtisans cesseraient-ils de le tromper et d'abuser
de ses passions pour régner à sa place, si ses sujets
n'ont pas l'esprit de connaître et de désirer le bien,
et qu'ils pensent au contraire qu'il leur importe
qu'on les gouverne arbitrairement ?

Je le répète encore, que les citoyens soient instruits
de leurs devoirs et de leurs droits, que les lumières
se multiplient, et la justice et la vérité s'approche-
ront peu à peu des assemblées du peuple, du sénat
des grands et du palais des princes. Dans les anciennes républiques de la Grèce, combien de fois le
peuple ne parut-il pas aussi juste et aussi sage que
l'Aréopage même?

CHAPITRE VI.

DES MAGISTRATURES.

La politique n'a point d'opération aussi délicate et aussi difficile que l'établissement des magistratures. N'ayant que des hommes pour les revêtir d'une autorité qui peut devenir aussi funeste qu'elle peut être salutaire, et qui exigerait la sagesse d'un Dieu, dans quelle balance pèsera-t-on ce pouvoir qu'on doit confier aux magistrats?

Si le citoyen peut désobéir impunément aux magistrats, ne doutez point qu'il ne viole bientôt les lois mêmes qui lui paraîtront les plus sages. Quelques âmes privilégiées, immobiles dans le choc des passions, que la règle ne gêne jamais, et pénétrées de respect pour la justice, n'empêcheront pas par leur exemple le mal public; et l'Etat plus ou moins troublé, suivant que la licence des citoyens sera plus ou moins grande, penchera plus ou moins vers l'anarchie. Si les passions des magistrats ne sont pas au

16

contraire elles-mêmes réprimées avec soin, pendant
qu'ils répriment celles des citoyens, on n'a fui un
écueil que pour échouer contre un autre ; de Carybde
on est tombé dans Scylla. Les passions de la multitude gouvernaient la république ; celles des magistrats vont décider de son sort. La licence des particuliers commettait des désordres dont ils se seraient
peut-être lassés ; car le peuple entend quelquefois
raison : la licence des magistrats en commettra qu'ils
seront intéressés à maintenir. Quelque grand que
soit leur pouvoir, ils le trouveront toujours trop
petit dès qu'ils commenceront d'en abuser. Il s'établira une tyrannie sourde, et d'autant plus dangereuse qu'elle sera soutenue par la dignité même
des lois.

· C'est de la difficulté de saisir avec force et précision
ce point politique où les citoyens seront obligés
d'obéir aux magistrats, tandis que les magistrats
demeureront eux-mêmes soumis aux lois, que sont
nées ces dissensions domestiques, ces querelles et
ces révoltes que vous avez rencontrées dans toutes
les histoires. La plupart des historiens disent que
c'est inconstance, emportement et légèreté de la part
de la multitude : cet animal qu'on n'apprivoise point
court toujours après les nouveautés. Mais dans la
vérité cette agitation des peuples n'est que l'inquiétude d'un malade qui prend sans cesse de nouvelles
attitudes, parce qu'il n'en trouve aucune qui le soulage. Le peuple ne se plaint qu'à la dernière extrémité ; il pardonne plus aisément qu'il ne se venge ; il
n'est volage ni emporté quand il est heureux. Le
bonheur le rend presque aussi immobile que la crainte

inspirée par un despote qui joint l'adresse à la dureté.

Les sociétés en se formant ne donnèrent certainement pas un pouvoir arbitraire à leurs magistrats; et si vous voulez vous arrêter un moment, à considérer comment les hommes se sont réunis pour former des républiques, vous jugerez de l'injustice des reproches qu'on fait au peuple.

Il serait trop absurde de penser que des hommes qui n'avaient pas encore une idée claire et précise du bien qu'ils cherchaient en se réunissant, et gouvernés par des passions brutales, aient passé brusquement de la plus grande indépendance à la soumission la plus entière. Croira-t-on que dans ces sociétés naissantes, il y ait eu des contrats ou des conventions entre les citoyens et les magistrats? Non sans doute. Des hommes égaux et qui avaient les mêmes droits se rapprochaient les uns des autres, parce que leurs qualités sociales et leur faiblesse les avertissaient du besoin de s'unir; mais ils ne faisaient point de lois pour fixer leurs droits respectifs, parce qu'ils ne pouvaient pas même soupçonner qu'ils dussent craindre de perdre leur liberté. Ils se choisissaient un chef tel qu'ils le jugeaient le plus propre à leurs besoins; et tant que ses conseils ou, si l'on veut, ses ordres leur étaient agréables, ils lui obéissaient sans se croire inférieurs à lui. Ils retiraient leur confiance et le déposaient sans trouble, dès que son autorité leur était inutile ou nuisible; et vraisemblablement la société n'eut point d'autre règle de conduite pendant plusieurs siècles.

Il fallut avoir de nouveaux besoins et de nouveaux

intérêts pour prendre de nouvelles idées ; et pour qu'il s'élevât des dissensions domestiques entre les magistrats et les citoyens, la société devait avoir fait assez de progrès pour que l'avantage d'y dominer pût faire naître l'ambition. Serait-il naturel de penser que dans ces circonstances le peuple ait commencé à montrer de l'inquiétude et à s'agiter? N'est-il pas plus vraisemblable que les magistrats fiers de leur dignité aient abusé les premiers de leur crédit? Ils oublièrent leur destination, ils trompèrent le peuple, surprirent sa crédulité et lui proposèrent des règlements ou autorisèrent des usages moins propres à établir l'obéissance du citoyen à la loi qu'à la volonté du magistrat. Les sociétés qui n'avaient eu jusqu'alors que des ennemis étrangers eurent dans leur sein des ennemis domestiques.

Les Romains sans législateurs, et dirigés par la sagesse seule de leur génie, parvinrent à former un gouvernement où l'on échappait à ces dangers. Chacun connaît leurs magistratures, et je me bornerai à faire observer que le partage de la puissance exécutrice en différentes parties était fait avec tant de sagesse, que, sans s'embarrasser et se nuire en dépendant les unes des autres, elles tendaient toutes au même but par des moyens différents. L'ambition du magistrat consistait à remplir si bien ses devoirs, qu'il méritât une seconde fois les suffrages de la place publique. En un mot, l'équilibre de toutes les autorités était d'autant mieux affermi, que les magistratures étaient courtes et passagères.

Il y a des marques certaines pour juger de la justesse des proportions avec lesquelles doit se faire le

partage de la puissance publique. Si on lit avec attention l'histoire des peuples anciens et modernes qui
ont eu un gouvernement mixte, on voit constamment
que ceux qui en ont retiré le plus grand avantage, ce
sont ceux qui ont abandonné la puissance législative
au corps entier de la nation, et confié la puissance
exécutrice à un plus grand nombre de magistrats. Si
un seul ordre de la république fait les lois, doit-on
espérer qu'il sera juste à l'égard des autres? Si le
nombre des magistrats est trop borné, suffiront-ils à
leur emploi? L'expérience de tous les temps vous apprendra encore qu'on ne peut séparer avec trop de
soin la puissance législative de la puissance exécutrice. Par quel miracle la loi serait-elle toute-puis-
sante, si le législateur qui la publie est lui-même le
magistrat qui la fait observer? C'est pour n'avoir pas
fait cette séparation nécessaire, que toutes les républiques de la Grèce, à l'exception de Lacédémone,
ne firent que de vains efforts pour former un gouvernement qui réunît les avantages du gouvernement populaire et de l'aristocratie. Dans les unes, le
peuple législateur, qui s'était réservé le droit de juger les jugements de ses magistrats, de réformer
leurs sentences, et d'annuler leurs décrets, n'avait,
en effet, point de magistrats, et faisait inutilement
des lois. Dans les autres, les magistrats, ayant
trop de part à la législation, exerçaient sur le corps
entier du peuple le pouvoir qu'ils ne devaient exercer que sur chaque citoyen en particulier, et dès
lors leurs passions trop libres n'étaient plus soumises
aux lois.

En méditant l'histoire, ⸍   ⸍i les assem-

blées législatives n'ont pas des magistrats particuliers et distingués des magistrats ordinaires, l'ordre
naturel des choses sera renversé, et que la puissance
législative, qui ne doit rien avoir de supérieur ni
même d'égal, sera cependant subordonnée à des magistrats qu'elle a droit de juger et de punir. Ne doit-
il pas en résulter plusieurs inconvénients? Qu'il soit
permis aux magistrats ordinaires de faire des repré-
sentations et des remontrances; mais que les magistrats des comices et les représentants de la nation
puissent seuls proposer des lois. Ce droit leur appartient, et ne sera pas dangereux, parce qu'ils ne
sont point chargés de faire exécuter les lois, et que
leur pouvoir expirant quand ils se séparent, ils sont
seuls véritablement attachés à la liberté de la nation.
Que les magistrats ordinaires, semblables à Valerius
Publicola qui, par respect pour la majesté du peuple
romain, fit baisser ses faisceaux en entrant dans la
place publique, ne paraissent aux assemblées que
comme de simples citoyens qui viennent apprendre
ce qu'on leur ordonne d'observer et de faire observer.

Avec quelque empire que les magistrats comman-
dent aux citoyens, jamais leur autorité ne sera dangereuse, s'ils doivent rendre compte de leur administration, s'ils sont choisis par le peuple, et surtout
s'ils ne possèdent que des magistratures courtes et
passagères, qui ne leur donneront pas des intérêts
distingués de ceux de la république. Voulez-vous
qu'ils aient une vigilance éclairée, courageuse et toujours égale; que le prix du bien qu'ils auront fait
soit l'espérance de pouvoir, après quelques années
de repos, être encore revêtus de la même dignité.

Qu'il ne soit jamais permis de continuer un magistrat dans ses fonctions, quand le temps de sa magistrature est expiré. Cette règle ne doit souffrir aucune exception; il ne faut pas même y déroger en faveur d'un Aristide, d'un Thémistocle, d'un Camille ou d'un Scipion. L'histoire nous apprend que l'intrigue, la cabale et l'esprit de parti n'ont jamais manqué de profiter des honneurs extraordinaires qu'on a accordés à quelques grands hommes.

La puissance exécutrice doit être partagée en autant de branches différentes que la société a de besoins différents. Les Romains eurent des consuls, des censeurs, des préteurs, des édiles, des questeurs, des pontifes, des tribuns, un sénat, et quelquefois un dictateur. Que le partage de la puissance entre les magistratures ne soit jamais fait avec assez peu d'art, pour que l'une soit un obstacle aux opérations de l'autre. Rien n'est plus dangereux dans un état, que des magistrats qui ont des prétentions indécises et opposées, ou qui ne connaissent ni l'étendue ni les bornes de leur autorité et de leur devoir. Un autre mal qui n'est peut-être pas moins grand, c'est de voir dans une république des magistrats inutiles. C'est parce qu'ils n'ont rien à faire qu'ils veulent se mêler de tout; leur inquiétude n'est propre qu'à embarrasser et gêner les ressorts du gouvernement.

On doit se tenir en garde contre ces historiens timides qui, ne connaissant ni l'homme ni la société, ne voient la paix et l'ordre qu'où ils voient un calme stupide. Si vous les en croyez, jamais le magistrat ne sera assez puissant, jamais le peuple ne sera assez accablé et assez soumis. Leur politique enseigne la

tyrannie, et au lieu de gouverner par les lois, ils
veulent étonner par des coups d'État. Défiez-vous de
ces espèces de romanciers qui, pour intéresser et attacher leurs lecteurs, se plaisent à jeter l'alarme
dans leur esprit, et leur présentent partout des précipices. Ne vous laissez jamais effrayer par ces pein-
tures puériles. Les débats ordinaires dans les gouvernements libres, loin de les ébranler, en affermis-
sent la constitution. Ils prouvent la liberté d'un État,
et, si je puis parler ainsi, la force de son tempérament. Un calme profond est, au contraire, l'avant-
coureur de la décadence. C'est la preuve que les
mœurs se corrompent, que la patrie, la liberté et le
bien public ne sont plus des objets assez intéressants
pour remuer les esprits, et que les citoyens sont en-
chaînés par la crainte, ou vendus à la faveur et à
l'avarice.

Rien n'est plus scandaleux que ces fortunes subites
qui portent les citoyens des occupations les plus
obscures aux emplois les plus relevés et les plus importants. Si la loi ne trace pas la route par laquelle
on parviendra aux magistratures, si elle n'exige pas
des épreuves rigoureuses, vous verrez que des hommes
qui n'ont eu ni le temps ni les occasions de mériter
l'estime et la confiance du public s'empareront du
gouvernement. Quoiqu'on pense aujourd'hui que l'esprit, et peut-être le bel esprit supplée à tout, je
crois que l'art de commander veut être étudié même
par un homme de génie. Avec des talents ordinaires,
qu'on parvienne subitement à un emploi supérieur,
et je suis sûr qu'on ne montrera qu'une présomption
insupportable; avec beaucoup d'esprit même, on fera

cent fautes qu'on sera incapable de réparer, et ce
n'est pas là le seul inconvénient qu'il faille craindre
Dès que les lois ne conduiront pas par degrés le citoyen à la plus haute élévation, toutes les magistratures subalternes en seront avilies et dégradées. On se
croira déshonoré, si on n'est pas consul, quand à
peine on mériterait d'être édile. Une ambition ridicule tournera toutes les têtes, et il n'en faut pas davantage pour dégoûter les personnes qui ont de la
vertu et des talents, et les éloigner du gouvernement.
On ne trouvera dans les premières magistratures que
des intrigants, et dans les magistratures subalternes
que des sots qui n'auront pas même assez d'esprit
pour devenir des intrigants, ou des gens d'esprit qui
se contenteront d'être de bas fripons. La république
est alors perdue; l'ambition n'aura aucune des vertus
avec lesquelles elle peut être associée, et tous les
vices des magistrats se trouveront dans les citoyens.
Qu'il s'élève alors un homme courageux et capable
de profiter de cette anarchie pour établir sa fortune;
s'il ne devient pas un tyran, son ambition causera du
moins des maux innombrables dans l'État.

Le législateur ne doit jamais permettre que, sous
prétexte du bien public, un magistrat conserve la
dignité dont il est revêtu, lorsque le temps où il doit
l'abandonner est arrivé. Les Romains se sont mal
trouvés de n'avoir pas connu cette loi; en prolon-
geant les magistratures, en faisant des proconsuls,
ils dérangèrent tout l'équilibre et toute l'harmonie de
leur gouvernement. L'ambition acquit des forces.
Corrompu par l'exercice d'un trop long pouvoir, on
se livra à de trop vas--- ----------nces. Quand on obéit

à un Thémistocle ou à un Phocion , il est bien sûr
que son successeur ne le vaudra pas. N'importe , il
faut avoir le courage de préférer une bonne constitution à ces grands hommes. Si Thémistocle et Phocion sont prolongés dans leur magistrature, un sot,
un fripon, dans dix ans , obtiendront le même honneur. Je voudrais cependant que le magistrat pût se
flatter de parvenir encore aux premiers honneurs
après avoir été confondu quelque temps avec les
simples citoyens ; cette espérance lui donnera un
zèle qui ne laissera jamais languir les lois et le gouvernement.

Que les citoyens regardent les magistratures
comme la plus haute récompense du mérite et qu'ils
soient sûrs de les obtenir en se distinguant par leurs
vertus et leurs talents. Si les lois sont parvenues à
établir cette manière de penser vous avez excité une
émulation générale, vous aurez de grands magistrats,
et les citoyens qui aspirent aux honneurs de la république empêcheront que ceux qui y sont parvenus
ne se négligent et ne s'égarent. Solon ne consultait
pas cette règle quand il voulait qu'on recueillît une
certaine mesure d'huile ou de froment pour s'élever
aux magistratures ; c'était, si je ne me trompe, un
assez mauvais moyen de corriger les Athéniens de
leurs vices, que de rendre les richesses plus nécessaires que les vertus et les talents pour parvenir aux
honneurs de la république.

Je voudrais que les lois, après avoir établi quelques distinctions pour récompenser le mérite dans
les simples citoyens, ordonnassent que sans ces récompenses de la vie privée, on ne pût aspirer aux

emplois publics. Par là il n'y aura point de jour où l'on ne songe à se faire des titres pour se rendre digne des magistratures. On contractera l'habitude d'aimer le bien et de respecter le mérite. Les esprits en peu de temps seront accoutumés à un certain ordre, et s'il peut paraître ridicule de demander une magistrature sans prouver qu'on l'a méritée, il paraîtra insensé de l'accorder. Ce serait encore une assez bonne loi que celle qui ordonnerait de solliciter ouvertement les honneûrs auxquels on aspire. Je ne crains rien tant que ces ambitieux honteux, qui, sous le masque de la modestie et de la modération, semblent se tenir à l'écart, tandis qu'ils remplissent la république de leurs intrigues. Toutes leurs démarches sont tortueuses et ténébreuses, et qui agit ainsi dans le secret pour tromper et séduire, emploie sans scrupule la fraude, l'artifice, le mensonge et la calomnie.

Sous prétexte d'écarter les cabales du peuple et de faire de meilleures choses, ne permettez jamais aux magistrats de nommer aux magistratures vacantes. Vous ouvririez la porte à un grand abus pour en prévenir un petit. Les magistrats ne manqueraient pas de favoriser leurs parents et leurs amis. Au lieu de songer au bien général, ils s'occuperaient du bien particulier de leurs magistratures; et sous la protection de cette aristocratie naissante, vous verriez bientôt se former des familles privilégiées, qui abuseraient de l'autorité. Si le peuple n'est pas corrompu au point de vendre ses suffrages au plus offrant et dernier enchérisseur, je préfère ses choix à ceux des magistrats. Le peuple peut se tromper, mais ce n'est point une raison pour le priver d'un droit qui lui appartient, et sans lequel il tomberait dans la servitude. S'il a des erreurs, il faut l'éclairer en l'intéressant à la chose publique, et prendre des précautions pour qu'il ne puisse pas persévérer dans ses fautes. Que la loi ne permette donc pas d'opiner secrètement par la voie du scrutin. On sait combien cette méthode introduisit d'abus et de corruption dans les comices des Romains. Cicéron s'en plaint amèrement. Chaque citoyen abusa du mystère qui le dérobait aux reproches, pour commettre les plus hautes injustices. Peu d'hommes, en effet, savent rougir à leurs propres yeux de leurs faiblesses ; on écrit sans pudeur ce qu'on ne prononcerait pas sans être déconcerté. Si le scrutin paraît nécessaire dans quelques États, concluez-en que la vérité et la probité ne peuvent s'y montrer impunément ; dites que la vertu y est timide, et par conséquent sans force ; dites que la main de la tyrannie commence à s'appesantir sur toutes les têtes, et que bientôt rien ne pourra lui résister.

Je fais tous mes efforts pour substituer l'émulation à l'ambition. Je désire que pour affermir l'égalité que nous prétendons tous aimer, et sans laquelle il n'y a point de liberté véritable, les citoyens osent tous aspirer aux mêmes dignités.

Après que le corps législatif a pris les mesures nécessaires pour ne pas abuser de son autorité, il doit travailler à la conserver tout entière, et se défier du pouvoir qu'il confie aux magistrats. J'ai déjà dit comment je croyais qu'on devait se prémunir contre leur ambition ; je me contenterai d'ajouter que les

lois ne peuvent désigner d'une manière trop claire
ni trop détaillée les devoirs de chaque magistrature:
la moindre confusion à cet égard produira des tyrans. Je vous prédis que tout est perdu, si, sous prétexte de faire un plus grand bien qu'on ne demande,
le magistrat abuse du mot d'administration pour
vouloir être plus sage que les lois. Si vous ne pu-
nissez pas un magistrat qui se rend criminel en faisant le bien contre les règles, vous aurez bientôt à la
tête des affaires des intrigants et des fripons qui vio-
leront impunément les lois. Que les magistrats soient
obligés de rendre compte de leur conduite, qu'on
l'examine avec attention, mais sans haine. J'ai bien
peur que l'impunité dont les 'Anglais ont fait une
prérogative royale ne devienne une prérogative mi-
nistérielle; il est trop aisé d'éviter le châtiment
quand on sert un maître qui ne peut être puni.

Dans la situation où la propriété des biens a réduit les sociétés, on ne fait rien pour rien ; l'État
doit donc avoir des revenus pour payer les travaux
ou les services publics. Que chaque année le public
règle les dépenses de la république; puisqu'il doit
les payer, il faut espérer qu'il sera plus économe que
les magistrats. Sous prétexte de subvenir à des frais
imprévus, ne permettez jamais de lever des subsides
surabondants. L'exactitude la plus scrupuleuse est
ici de la plus grande importance; après avoir laissé
aux administrateurs des occasions et des moyens de
les piller, ce serait en vain que vous porteriez les lois
les plus sévères contre leurs malversations. Voilà les
règles fondamentales de la régie des finances; elles
sont si importantes que je serais tenté de vous ré-

péter tout ce que je vous ai dit sur l'avarice ; mais je
me contente d'ajouter que l'honneur et non les richesses doit être la récompense d'une sage administration dans cette partie. L'âme des jeunes gens est
rarement ouverte à l'avarice, confiez-leur donc le
soin de percevoir et de manier les revenus de l'État ;
mais qu'ils aient toujours présent à l'esprit, qu'on
ne veut qu'essayer leur vertu, les accoutumer à
l'ordre, et les préparer à remplir des magistratures
plus élevées.

S'il est nécessaire de refuser aux magistrats des
richesses avec lesquelles ils achèteraient la puissance
législative, il faut se garder avec le même soin de
leur abandonner des forces avec lesquelles ils la sub-
jugueraient. L'histoire n'est pleine que d'hommes
riches à qui on a vendu le privilége de violer toutes
les lois, ou de soldats heureux qui l'ont usurpé.
Rappelez-vous, je vous prie, ce que je disais, il n'y
a qu'un moment, de l'alliance étroite que l'avarice
et l'ambition ont contractée. Si le magistrat est
riche, il aura bientôt des forces ; s'il a des forces, il
vous contraindra bientôt à l'enrichir. Concluez de là
que la principale attention du législateur, en donnant des défenseurs à la république contre ses ennemis étrangers, doit être de n'y pas faire naître des
ennemis domestiques.

Les lois n'opposeront jamais qu'une résistance inutile
aux efforts de l'avarice et des vices qui en découlent,
si elles ne commencent par diminuer les finances de
l'État. Tel fut le principe de Lycurgue ; et je voudrais
que ces petites gens qui se donnent la liberté de
blâmer sa conduite, parce qu'ils sont incapables d'en

comprendre la sagesse, me dissent comment ce législateur s'y serait pris pour obtenir de ses concitoyens qu'ils préférassent leur liberté, leur patrie, la gloire, la justice, la tempérance et la frugalité, à je ne sais combien de choses qu'il est aisé de trouver plus agréables, s'il eût établi sa république de façon qu'un trésor eût été nécessaire à ses succès. Les deux rois du moins, les sénateurs et les éphores, magistrats d'une république riche, auraient d'abord douté qu'il fût de leur dignité de vivre avec la simplicité que prescrivaient les lois. Ils auraient été exposés à une tentation continuelle; y auraient-ils résisté pendant six cents ans? Il y a grande apparence qu'ils se seraient fait des besoins, puisque l'État aurait eu des richesses. Dans la république de Platon, les vices des citoyens devaient corrompre les magistrats; dans celle-ci la corruption des magistrats se serait communiquée promptement aux citoyens.

Il faut que l'État ait peu de besoins, si l'on veut que les magistrats soient justes; et pour les attacher encore plus étroitement à la justice, il faut que les lois ne leur laissent pas d'autres besoins qu'au reste des citoyens. C'est parce qu'en Suisse on est plus attaché qu'ailleurs à ces règles, qu'on y est aussi plus heureux. Le canton de Berne a, dit-on, un trésor, et du moins il est certain qu'il a placé des sommes considérables chez les étrangers. C'est je crois, une imprudence de n'avoir pas assez compté sur le pouvoir de la vertu; et peut-être la république se trouvera-t-elle mal un jour d'avoir établi dans son sein un foyer d'avarice et de discorde. Mais pourquoi ces richesses n'ont-elles pas encore porté dans la Suisse

les maux qui les accompagnent partout ailleurs?
C'est que l'État, ayant moins de besoins, peut n'employer que des moyens plus simples pour y subvenir
et ne laisse au gouvernement aucun prétexte pour
fouler le peuple et détourner les finances du trésor;
c'est que, les besoins de l'État étant médiocres, le
gouvernement, plus aisément gêné dans ses opérations, n'a pu embrouiller l'administration des finances et en faire un chaos; c'est que des magistrats retenus par des lois somptuaires ne sentent pas la
nécessité d'une fortune scandaleuse pour être heureux; c'est que le gouvernement étant toujours riche,
parce qu'il a peu de besoins, il lui a été plus facile
de conserver ses usages antiques, c'est-à-dire de
remplir sa destination naturelle, et d'être bienfaisant.
Ailleurs l'État appauvrit les citoyens, ici il vient au
secours de ceux qui ont souffert une perte; il aide un
citoyen à rétablir sa maison incendiée; il dédommage le cultivateur dont une grêle ou quelque acci-
dent a trompé les espérances; il envoie à des eaux
étrangères un infirme que la médiocrité de sa fortune
ferait languir dans sa maison.

C'est ainsi que les lois, ne contribuant qu'à donner
des besoins et des mœurs simples, ont formé un
système d'administration qui prévient, arrête, ou
retarde les ravages de l'avarice. Laissez perdre cette
simplicité, et je vous réponds que tous les règlements faits pour y suppléer n'auront aucun succès.
Les besoins démesurés de la république ne peuvent
s'associer longtemps avec la modestie des mœurs.
Soyez sûr que les besoins des magistrats qui ébran-
lent sans cesse les lois les renverseront infaillible-

ment. Tout ce qui tend à augmenter les besoins de
l'Etat ou des magistrats est donc par sa nature un
vice ; toute loi propre au contraire à les diminuer
est donc une loi salutaire et sage. Il serait insensé
d'espérer que les citoyens fussent contents de leur
précieuse médiocrité, quand le gouvernement leur
donnera l'exemple, le goût et la passion du luxe et de
la magnificence. On a admiré la somptuosité des
édifices publics que Rome éleva sous le règne même
de ses rois ; cette grandeur, a-t-on dit, était un augure de la haute fortune où la république était ap-
pelée : mais pourquoi n'était-ce pas également un
augure de sa décadence et de sa ruine ? En voyant
le capitole et le palais du prince, le patricien ne
s'accoutumait-il pas à trouver sa chaumière trop
petite et trop peu commode ? Il s'éleva dans son âme
des désirs et des besoins inconnus ; de là une avarice
grossière qui faillit à perdre la république naissante,
qui s'opposa aux progrès de son gouvernement, et
qui, se déguisant ensuite sous le masque de la gloire
et de l'amour de la patrie, profita de toutes les circonstances pour introduire dans Rome un luxe
énorme, qui méprisa à la fois les lois anciennes et
les règlements nouveaux, dont quelques gens de bien
voulurent étayer la république prête à s'écrouler.

L'art du législateur consiste à diminuer les besoins
de l'Etat, et non pas à augmenter ses revenus pour
subvenir plus aisément à ses besoins. Je sais que des
magistrats intègres et incorruptibles ont réussi par
les seules voies de l'économie à grossir le trésor public ; on les a loués, et je puis respecter leur probité
et leur industrie, mais non pas leurs lumières. Ils

17.

devaient prévoir que leurs successeurs n'imiteraient
pas leur vertu, et que le vice abuserait du mauvais
exemple qu'ils avaient donné. L'État enrichi sentira
moins le prix de l'économie; en faisant cas de l'argent, il apprendra aux citoyens à l'aimer; il faudra
enfin les vexer pour satisfaire des besoins dont il aurait été plus court et plus facile d'apprendre à se
passer. À mesure que l'avarice croîtra, il s'établira
une plus grande distance entre les riches et les pauvres; et c'est en vain que les lois tenteront alors de
s'opposer aux progrès rapides des vices qui accompagnent toujours les richesses et la pauvreté.

Toute invention pour augmenter les revenus de
l'État ou les droits du fisc est donc une invention
funeste; et au lieu d'exiger de l'argent, la politique
n'aurait jamais dû demander que des services. Peut-
être suffirait-il de savoir l'histoire de l'établissement
de chaque imposition dans une république pour
savoir l'histoire de ses malheurs, et connaître tous
les pas qu'elle a faits vers sa décadence. Puisque
l'établissement de la propriété a établi la redoutable
maxime : Rien pour rien, et que l'État doit avoir un
revenu, que ce soit du moins une loi inviolable de
n'établir jamais que des impôts directs sur les terres.
Je ne fais pas cette demande, parce que toute autre
imposition est plus onéreuse au peuple, et qu'il est
prouvé que tous les droits levés d'une autre manière
retombent toujours sur les propriétaires des terres.
Ces beaux raisonnements me touchent peu; mais ce
qui me touche, c'est que des hommes qui n'ont rien
soient soumis à quelque tribut; c'est qu'il est injuste
qu'après avoir sacrifié mes bras, mon travail, mes

sueurs à l'État, il reprenne, par un tour de passe-
passe, une partie du salaire que j'ai reçu pour cultiver ou pour défendre des terres où je ne possède
rien (1). Cette injustice me rendra ma patrie moins
chère, et conduit à la mendicité, qui est le dernier
des opprobres pour les hommes. Remarquez que
l'imposition directe sur les terres avertit sans cesse
le gouvernement et les citoyens de leurs besoins
mutuels; au contraire, l'imposition indirecte laisse
aux magistrats mille prétextes et mille moyens arti-
ficieux pour satisfaire leurs passions et tromper les
peuples. L'art de lever les impôts, qui ne peut être
trop simple, deviendra une conscience mystérieuse
dont il sera impossible de connaître les abus : enfin
les citoyens se trouveront opprimés, parce qu'ils
contribuent pour acheter le bonheur public.

Comme les besoins des magistrats contribuent
ordinairement plus que tout le reste à multiplier les
besoins de l'État, et que leurs mœurs décident des
mœurs publiques, je voudrais que les richesses ne
fussent point un titre pour parvenir aux magistratures. Négligez ce point, et on commencera ridiculement à devenir avare et à s'enrichir pour se rendre
digne d'administrer sans prévarication les affaires de

(1) De quelque manière qu'on s'y prenne, c'est le consomma-
teur qui paye l'impôt. Or, comme les pauvres sont de beaucoup les plus nombreux, ils portent toujours le fardeau le plus
pesant.

la république (1). Je voudrais surtout que la loi ne per-
mît d'attacher aucun émolument aux magistratures.
Si Rome avait soudoyé les hommes qui la délivrèrent
du joug des Tarquins, jamais elle ne serait parvenue
à établir sa liberté. Si elle avait ensuite donné des
gages, des appointements et des salaires à ses consuls, à ses dictateurs, à ses tribuns, à ses censeurs,
pourquoi aurait-on vu dans la république plus de
courage, de désintéressement, de magnanimité, de
patience, d'amour des lois, de la gloire, de la liberté
et de la patrie que dans nos États modernes ? Je croirais qu'il est plus aisé de faire des héros avec quelques feuilles de laurier ou de chêne, qu'avec beaucoup d'argent. Ne voyant dans les magistratures que
des devoirs, des peines, des soins et de la gloire, les
âmes communes n'osèrent y aspirer ; voilà ce qui fit
la force et la grandeur des Romains. S'ils avaient
connu nos honoraires, nos pensions, nos profits,
tout citoyen, pourvu qu'il eût aimé l'argent, se serait
cru digne du consulat et de la censure. Il y aurait
aspiré, et en y aspirant il aurait mis l'intrigue et la
corruption à la mode ; il y serait parvenu, et son succès aurait fait voir que le mérite était inutile. Il me
semble que je devine aisément ce que Rome serait
alors devenue. Les honnêtes gens, après quelques
efforts pour sauver la république, en auraient abandonné l'administration, pour chercher le bonheur
dans la retraite ; et vous savez ce que c'est que des
administrateurs sans vertus et sans talents.

(1) On voit que Mably n'aurait pas approuvé le fameux axiôme
social de M. Guizot : Enrichissez-vous !...

Je n'ignore pas les beaux raisonnements que l'avarice et le préjugé m'opposeront. Toute peine, dit-on, mérite un salaire; propos d'esclave. Le magistrat, ajoute-t-on, néglige ses affaires domestiques, et il est juste que l'État le dédommage; propos de commis. La république a tort si elle accable ses magistrats de travail; qu'elle partage leurs fonctions pour les rendre légères et agréables. Le magistrat a tort de son côté, et les lois n'ont pas eu l'art de le rendre digne de sa place, si, aux dépens de sa fortune domestique, il ne sait pas acheter beaucoup de gloire et l'estime de ses concitoyens. Mais il convient, entends-je dire à tout le monde, que des magistrats vivent avec une certaine décence, une certaine pompe, une certaine magnificence; n'est-ce pas là ce qu'on appelle représenter? Voilà les propos d'un homme assez vil et assez corrompu pour que des valets de chambre, une livrée brillante, des équipages, un palais, et une table somptueuse, le touchent plus que ses devoirs. C'est afin qu'un peuple entier ne se dégrade pas jusqu'au point de faire sérieusement de si plates objections, que les lois doivent tout tenter pour empêcher que le magistrat n'ait dans sa maison d'autres besoins qu'un simple citoyen. Jean de Witt, accompagné dans les rues de La Haye, d'un petit laquais, portant devant lui une chandelle pour l'éclairer, n'était-il pas respecté et des siens et des monarques les plus puissants de l'Europe? Vingt chevaux dans ses écuries et trente valets dans ses antichambres, qu'auraient-ils ajouté à la considération dont il jouissait? En perdant la simplicité modeste qui a fondé la république des Provinces-Unies, je voudrais savoir ce qu'elle a gagné.

Je ne finirais point, si je voulais entrer dans le détail de toutes les lois nécessaires pour arrêter les ravages de l'avarice, et porter l'administration d'une république au plus haut degré de perfection. Je vous dirais que les appointements les plus médiocres sont un grand vice, ou du moins le germe d'un grand vice. Un magistrat gagé s'accoutumera peu à peu à peser ses services au poids de sa cupidité, et il ne tardera pas à les estimer plus que ses salaires. Il se négligera, et pour lui rendre une certaine activité, il faudra augmenter ses honoraires, où il saura bien les augmenter lui-même en se payant par ses mains. Mais sans vous parler de la génération et du progrès de nos vices, je vous dirai ce que disait Cicéron à Atticus et à son frère, en les entretenant sur les lois : il suffit de rechercher l'esprit qui doit les dicter, et de trouver, si je puis parler ainsi, une pierre de touche pour juger de leur pureté et une mesure qui nous indique à quelle distance du bonheur ou de la perfection politique chaque État est placé. Il suffit de tracer au législateur la route qu'il doit tenir s'il ne veut pas s'égarer.

Puisque les vices de la république se multiplient nécessairement avec les richesses du fisc, le législateur doit donc travailler sans relâche à diminuer les impôts. Si ce n'est pas là l'objet perpétuel et constant de sa politique, les besoins de l'État augmenteront de jour en jour, parce que les magistrats deviendront de jour en jour plus avides. Ne vous attendez pas à trouver dans vos citoyens cette libéralité que les Ro-

mains montrèrent pendant la seconde guerre puni-
que. Nous ne nous fierions pas à la foi d'un gouvernement qui nous a appris à être avares. Les Anglais
ont tort d'être si fiers de leur crédit public ; s'ils
prêtent leur argent par intérêt, non par générosité,
j'ai peur que ce crédit public si vanté ne soit pour la
république ce que sont les usuriers pour un jeune
libertin pressé de se ruiner.

CHAPITRE VII.

DU GOUVERNEMENT.

.

On l'a dit cent fois, et il faudra encore le dire mille, et peut-être inutilement ; dans les États où un despote possède toute la puissance publique, les su-jets esclaves n'ont ni patrie, ni amour du bien pu-blic. Conduits comme de vils troupeaux, et toujours sacrifiés à quelque passion du maître ou de ses fa-voris, je ne sais quelle indifférence stupide engourdit les ressorts de l'âme, et dégrade l'humanité. Sous ce gouvernement, les mœurs publiques sont nécessaire-ment mauvaises. Les richesses doivent par principe être préférées à tout le reste, parce que le prince qui possède de grands trésors ou de grands revenus doit faire estimer l'avarice, le luxe et la prodigalité. Les lois seront partiales, parce que le prince est homme, et qu'il n'aura jamais la sagesse et le cou-rage de ne pas sacrifier la nation à ses courtisans et à ses valets. On n'obéira pas aux lois, parce qu'on y craint et respecte plus la faveur et le crédit que les lois.

Ne cherchez dans le despotisme aucune suite dans les vues, dans les projets, dans les entreprises : à chaque prince ou à chaque ministre qu'il choisit, il se succède une nouvelle politique, ou plutôt une nouvelle passion. La fortune place les monarques sur le trône ; mais elle les place au hasard. La nature ne les fait pas plus intelligents que les autres hommes, et leur éducation, ordinairement, dégrade encore les dons de la nature. L'État avait besoin d'un homme ferme et courageux, et il obéit à un homme indolent, timide et paresseux. Le poids énorme du despotisme écrase les talents dans le despote comme dans les esclaves. Tel prince est justement méprisé, qui eût été estimé dans un rang inférieur, et peut-être un excellent magistrat dans une république. Le gouvernement de ses prédécesseurs ayant humilié et corrompu toutes les âmes, il ne trouve plus les instruments nécessaires pour faire le bien, et son embarras le jette dans l'inaction. Enfin la nature fait-elle un effort? place-t-elle sur le trône un homme dont le génie et les talents développés par quelques circonstances heureuses rompent tous les obstacles qui les arrêtent? C'est un beau jour, mais court, et la nuit qui succède paraîtra plus obscure. Ce prince paraît grand, parce qu'on le compare à ses pareils; il serait petit, si l'on comparait ses actions aux devoirs indispensables d'un homme qui s'est imprudemment chargé de faire seul le bonheur de ses sujets.

Ce gouvernement éprouve des agitations à sa naissance; car des hommes accoutumés à être libres n'o-
béissent pas sans peine à un maître : mais ces
agitations mêmes, si elles ne rétablissent pas promptement la liberté, sont bientôt traitées d'attentats
contre la tranquillité publique, et servent ordinairement de prétexte pour hâter et affermir la puissance
du prince. On ne doit pas être étonné des délations,
dirai-je, infâmes ou ridicules, qui effrayèrent sous
les premiers empereurs romains. Les actions les
plus indifférentes devinrent des crimes. Plus les citoyens avaient été libres, plus il fallait se hâter d'é-
touffer dans les esclaves le sentiment de l'ancienne
liberté. Après quelques efforts le peuple se lasse, par
paresse, par inconsidération et par ignorance, de défendre les anciennes lois. Content de la plus légère
satisfaction après les plus grandes injures, il ne demande pas mieux que d'espérer un avenir heureux,
pour se consoler du présent qui l'afflige : on dirait
qu'il aime à se tromper, et les plus légères promesses
suffisent pour le tranquilliser.

Quand le prince est enfin parvenu à s'emparer de
toute la puissance publique, et à ne plus craindre ses
sujets, les citoyens les plus considérables se précipi-
tent au-devant du joug par bassesse, par flatterie, par
ambition et par avarice. Le peuple, accoutumé par la
crainte et par l'exemple des grands, à obéir machinalement, ne sait plus s'il est de la même espèce
qu'eux, et croit enfin que sa situation déplorable est
son état naturel. Il parvient à regarder sa stupidité
comme le fondement et le gage de son repos et de la
sûreté publique : il se croirait malheureux s'il lui

était permis de se remuer. Si par hasard on lui laisse la liberté de respirer un moment dans sa misère, il croit recevoir une grâce, et emporté par l'enjouement de sa reconnaissance, il ne manquera pas de se charger de nouvelles chaînes. Dès lors on ne distingue plus les intérêts de la nation des passions et des caprices de son maître. La vérité proscrite est condamnée au silence. Chaque sujet, aussi indifférent sur l'avenir que sur le passé, blâme et loue tout. Il y a une assemblée d'hommes, mais il n'y a plus de société, parce que le propre de l'esclave est de ne penser qu'à lui. Si l'État subsiste, c'est qu'il n'a pas la force de se dissoudre lui-même; mais qu'il s'élève contre lui un ennemi qui n'ait pas les mêmes vices, et rien ne pourra empêcher sa ruine.

L'aristocratie, qui confère le pouvoir souverain à des familles privilégiées, se conduit avec plus d'ordre, de suite et de méthode que le gouvernement dont je viens de parler, à moins que l'État ne soit partagé par deux factions qui cherchent mutuellement à se perdre pour dominer. Ses sujets compteront davantage sur la stabilité des lois que les sujets d'un despote. Ses alliés lui sont plus attachés, parce que ses alliances seront moins incertaines. Cependant la république ne sera pas florissante, si les familles patriciennes, par une espèce de prodige, ne tempèrent la rigueur naturelle de leur joug, et n'invitent leurs sujets à croire qu'ils ont une patrie.

On n'a point vu l'aristocratie se porter à de certains excès de violence et de barbarie qui ont déshonoré quelques princes; mais les hommes ont-ils besoin d'un Caligula ou d'un Néron pour être mal-

heureux? Elle est toujours plus défiante, plus ja-
louse, plus soupçonneuse, plus timide que le gouvernement d'un seul, et par conséquent plus injuste.
Des patriciens qui ne sont pas séparés de leurs sujets
par un long intervalle souffriront-ils patiemment
que des plébéiens faits pour obéir osent avoir des
vertus, des talents, du crédit et de la considération ?
La société fleurira-t-elle sous une tyrannie sourde,
et d'autant plus accablante, qu'elle s'exerce par le
ministère même des lois, ou du moins de formes ju-
ridiques.

Si les institutions particulières de ce gouvernement autorisent les patriciens à avoir des talents, et
donnent l'essor à leur génie, les passions seront plus
libres; et l'État, continuellement vexé par les cabales,
les intrigues et les partis des grands, sera dans le
trouble, jusqu'à ce qu'enfin l'oligarchie ou la tyrannie de plusieurs fasse place à la tyrannie d'un seul.
Si l'aristocratie a pris des mesures efficaces pour
prévenir l'ascendant qu'une famille patricienne pourrait prendre sur les autres par ses services, ses richesses et son mérite, l'État n'évitera les désordres
d'une révolution domestique, que pour tomber dans
la langueur, et préparer à ses ennemis une con-
quête plus aisée. On ne conservera cette égalité nécessaire à l'aristocratie, qu'en gênant tellement les
nobles, qu'ils ne puissent avoir ni montrer impunément des talents supérieurs. Les voies sourdes et
détournées de l'intrigue seront seules en honneur.
Personne n'osera se montrer tel qu'il est. Dès lors
tout doit s'affaisser, se dégrader, s'anéantir, et au
premier orage qui s'élèvera, la république, qui a

craint les talents, manquera de pilotes pour la conduire.

Dans la démocratie, le citoyen, toujours disposé
à confondre la licence et la liberté, craint de s'imposer un joug trop dur par ses propres lois, et ne
regarde ses magistrats que comme les ministres de
ses passions. Le peuple sait qu'il est véritablement
souverain, il aura des complaisants, des flatteurs, et
par conséquent tous les préjugés et tous les vices
d'un despote. Dans les deux gouvernements dont j'ai
d'abord parlé, on manque de mouvement : dans la
démocratie, il est continuel, et devient souvent con-
vulsif. Elle offre des citoyens prêts à se dévouer au
bien public, elle donne à l'âme les ressorts qui produisent l'héroïsme ; mais, faute de règle et de lumières, ces ressorts ne sont mis en mouvement que
par les préjugés et les passions. Ne demandez point
à ce peuple prince d'avoir un caractère, il ne sera
que volage et inconsidéré. Il n'est jamais heureux,
parce qu'il est toujours dans un excès. Sa liberté ne
peut se soutenir que par des révolutions continuelles.
Tous les établissements, toutes les lois qu'il imagine
pour la conserver, sont autant de fautes par lesquelles il répare d'autres fautes, et par là il est toujours exposé à devenir la dupe d'un tyran adroit, ou
à succomber sous l'autorité d'un sénat qui établira
l'aristocratie (1).

(1) Le tableau que Mably fait ici de la démocratie est purement historique. Il est calqué sur ce qui se passait dans les républiques de l'antiquité. Le mot *démocratie* n'a donc point ici
le sens que nous lui donnons aujourd'hui. Pour nous, il signifie
le règne de l'égalité, le gouvernement *organisé* de tous pour

Si la démocratie est plus sujette que les deux gouvernements dont je viens de parler, à éprouver des troubles et des révolutions domestiques, elle est aussi plus propre à résister aux entreprises de ses ennemis. Tant que les citoyens préfèrent leur liberté aux richesses et aux voluptés, ils ne se laissent point accabler par les plus grands malheurs. Le danger suspend leurs dissensions et réunit leurs forces. Chaque homme, ayant tout à perdre, si la patrie est vaincue, devient un héros pour sa défense. Aucun bras n'est inutile, aucun talent n'est perdu. Les ressources se multiplient, et l'amour de la patrie tient lieu des lois qui manquent, et supplée au pouvoir trop faible des magistrats. À mesure que le gouvernement incline davantage vers la démocratie, la république a plus de défenseurs. L'aristocratie, n'ayant pour citoyens que ses nobles, se défendra avec beaucoup moins de fermeté que le gouvernement populaire, mais avec beaucoup plus de courage que le despotisme, où une seule personne est intéressée à la conservation de l'État.

Voilà un tableau fidèle des trois gouvernements les plus ordinaires; et puisque vous les avez rencontrés chez presque tous les peuples de l'antiquité; devez-vous être surpris de cette longue suite de calamités dont l'histoire ancienne vous offre le tableau tragique? Puisque les passions ont été l'âme du monde, les peuples ont dû éprouver au dedans les

tous. Pour Mably, c'est, nous le répétons, le désordre de la place publique. Du reste, il y avait à cet égard confusion nécessaire dans l'esprit d'un auteur, qui n'avait pas distingué le passé de l'avenir, l'histoire de l'idéal.

révolutions les plus effrayantes, et se développer mutuellement par les guerres les plus cruelles. Partout la servitude a dû s'établir sur les débris de la liberté ruinée : partout vous devez rencontrer des empires envahis, subjugués et détruits.

Mais gardons-nous de croire que la différence des climats exige de la part des peuples une politique différente. Il est faux que le despotisme convienne aux pays chauds, la barbarie aux pays froids, et la bonne police aux régions intermédiaires. Il n'est pas vrai que les rayons du soleil, plus ou moins perpendiculaires, plus ou moins obliques, décident du gouvernement que chaque peuple doit avoir, et le portent à l'établir sans qu'il s'en aperçoive. Il n'est pas vrai que la forme de gouvernement qui serait la meilleure dans un pays fût la pire dans un autre. Ces erreurs sont combattues par des faits dont il est impossible de douter. Est-il arrivé des révolutions dans l'ordre des corps célestes ou sur le globe que nous habitons, quand les hommes ont vu la servitude s'établir dans les provinces où la liberté avait régné avec le plus de gloire, et des républiques se former dans le sein même de la tyrannie?

Partout où les hommes seront hommes, partout où ils auront une raison et un cœur capable de s'ouvrir à l'avarice, à l'ambition et aux voluptés, le même gouvernement leur conviendra; parce qu'ils ont partout le même intérêt de se défendre contre ces passions, et d'affermir l'empire de la raison. Je conviens que la différence des climats, influant sur nos organes, donne aux passions plus ou moins d'énergie ou d'activité; mais faut-il conclure de là que l'Asie, par exemple, est destinée à l'esclavage et l'Europe à la liberté? Non ; mais que la politique en Asie et en Europe doit employer les mêmes moyens, avec différentes proportions, pour affermir le bonheur des peuples et prévenir les désordres et les ravages des passions. Les passions des Asiatiques sont enveloppées, et pour ainsi dire, engourdies par la paresse. J'en conclurai qu'on a besoin de beaucoup moins d'institutions chez eux que chez les Européens, pour former et conserver une république. Mais les uns et les autres, quelles que soient leurs passions, ont un égal besoin que leurs lois soient impartiales, et que les magistrats y soient soumis en commandant aux citoyens. Sous l'équateur comme sous le pôle, si l'on veut être constamment heureux, il ne faut pas moins se tenir en garde contre les passions de ses voisins que contre les siennes propres. Quelque pays qu'habitent les hommes, toute société est placée entre deux écueils, le despotisme et l'anarchie. Les passions des magistrats conduisent à l'un, les passions des citoyens conduisent à l'autre : il n'y a, par conséquent, et il ne peut y avoir de bonne forme de gouvernement, que celle qui me garantit tout à la fois des deux dangers dont je suis menacé (1).

Il est évident que la société n'a été formée que

(1) Nous avons expliqué, dans l'Introduction, par suite de lle erreur philosophique et historique Mably, apôtre de l'é-é sociale, semble se faire ici l'apologiste de la politique *-milieu.*

pour ôter aux passions le venin dangereux qu'elles portent, donner du crédit à la raison en affermissant l'empire des lois, et par ce moyen prévenir également la tyrannie et l'anarchie, et composer ainsi un trésor de bonheur public, où chaque citoyen et chaque magistrat puisent son bonheur particulier.

Si l'on avait disposé un gouvernement de manière que les passions ne fussent réprimées que dans une partie des citoyens, ne saute-t-il pas aux yeux que cette police serait détestable ? Que résulte-t-il de là ? vingt conséquences, dont la dernière est que tout gouvernement où les magistratures sont héréditaires, ou même seulement à vie, est diamétralement opposé à la fin que doit se proposer la société. Il renferme nécessairement un vice radical qui gâte, infecte et corrompt toutes les institutions particulières, quelque bonnes qu'elles puissent être en elles-mêmes. Faites-vous un tableau des folies et des misères de l'humanité ; examinez la marche de nos passions, consultez l'histoire, et concluez ensuite. Je suis certain que vous ne balancerez pas à regarder comme une vérité certaine dans tous les temps et dans tous les pays, que la magistrature, ou l'exercice de la puissance exécutive ne doit être conférée que pour un temps limité : cet établissement doit donc être l'objet que doit se proposer tout bon citoyen.

N'est-il pas vrai que les passions, ces ennemies éternelles de l'ordre public, parce qu'elles portent toujours chaque individu à ne voir et à ne sentir que son intérêt particulier, ne seront ni réprimées ni dirigées avec sagesse dans une société, si la loi ne confie pas aux magistrats une force et une puissance

auxquelles le citoyen ne puisse résister? Réfléchis-
sez-y avec attention, et vous verrez que de ce défaut
sont nés tous les désordres anarchiques de ces républiques anciennes et modernes, où les citoyens, ne
sentant pas assez le poids des lois et des magistrats,
sont devenus inquiets, et confondant dans leur indo-
cilité la liberté avec le caprice des mœurs et la licence de tout faire, ont précipité la chute de l'Etat.

Mais si les magistrats ont ce pouvoir étendu dont
je parle, comment s'y prendra-t-on pour réprimer et
régler leurs passions quand ils posséderont leur magistrature à vie, ou qu'elle sera devenue le patrimoine
de leur famille? Partout, dans tous les temps, c'est
la magistrature héréditaire ou simplement à vie, qui
a changé en despotisme et en tyrannie le pouvoir
d'abord le plus étroitement limité. Peut-on connaître
le cœur humain, et en douter un moment? Entassez
précautions sur précautions pour empêcher que votre
magistrat éternel n'abuse de sa puissance, et dans
peu vous verrez que si les citoyens ne peuvent lui
désobéir, il fera lui-même violence aux lois; elles
deviendront les ministres et les instruments de son
avarice, de son ambition, ou de sa vengeance. Les
droits que vous lui aurez accordés lui serviront à
usurper ceux qu'il ambitionne. On le forcera à manquer de modestie et de modération : des citoyens
bientôt assez imbéciles pour oublier leur dignité, et
se croire en effet inférieurs à un homme qui ne peut
plus rentrer dans leur classe, échaufferont ses passions par leurs bassesses, leurs complaisances et
leurs flatteries.

Mais peut-être dira-t-on qu'un État, sans fixer un

temps limité aux magistratures, peut atteindre au but de la société, c'est-à-dire trouver sa sûreté, et contre les passions des citoyens, et contre celles des magistrats. Il ne s'agit que de partager l'autorité en différentes parties qui s'imposeront et se balanceront réciproquement ; de sorte que les magistrats tout-puissants sur les citoyens soient eux-mêmes forcés d'obéir aux lois : telle est, par exemple, l'Angleterre.

Erreur. Si la puissance publique est partagée entre des magistrats rivaux les uns des autres, son action sera nécessairement ralentie par mille obstacles différents, et le bien public en souffrira. D'ailleurs, est-il aussi aisé qu'on le dit à la nation anglaise de se tenir en équilibre avec son roi ? La balance n'est-elle pas perpétuellement inclinée du côté du prince ? N'est-il pas toujours assez puissant pour retenir dans ses mains des prérogatives qu'il serait important de lui arracher ? Ne domine-t-il pas trop souvent dans le parlement ? Quelle en est la cause primitive ? L'hérédité. Et un Anglais ne peut douter de ce que je viens de dire. Il ne suffit point, entre deux personnes qui raisonnent, de prononcer le mot d'équilibre, et de le supposer tout établi. Examinons la chose. Je conviens qu'il est facile de diviser l'autorité en différentes parties, de sorte qu'il en résulte un vrai équilibre, un vrai balancement entre des magistrats passagers ; mais il est impossible à tous les efforts de l'esprit humain d'empêcher qu'une magistrature perpétuelle n'acquière à la longue et insensiblement un poids prépondérant. Quand je consentirais qu'une magistrature à vie ne menace pas la république d'un esclavage prochain, vous avoueriez du moins qu'elle

l'expose à la vieillesse et au radotage du magistrat.
Que d'abus et de sottises vont naître ! Ce qu'on doit
faire toute sa vie, on ne cherche, on ne s'étudie qu'à
le faire à son aise. L'âme languit, l'émulation est
éteinte. Croyez-vous qu'un consul romain qui n'avait
qu'une année pour illustrer sa magistrature, et qui
devait par conséquent aspirer à l'honneur d'obtenir
une seconde fois les faisceaux, ne fût pas un meilleur
citoyen, un magistrat plus occupé et plus actif qu'un
sénateur de Suède, qui, dès qu'il est revêtu de sa dignité, ne peut plus la perdre que pour quelque faute
énorme ?

Une magistrature héréditaire est encore bien pire.
Naître grand, c'est une raison pour être petit toute
sa vie; corrompu dans l'enfance par des flatteries et
des mensonges, ivre de plaisirs et de passions dans
la jeunesse, on se trouve homme sans avoir appris à
penser, et on végète dans sa vieillesse au milieu de
son orgueil, de ses préjugés et de ses courtisans.
Quelques princes ont eu des talents, mais aucun n'a
connu ses devoirs, et n'a été digne de sa fortune; et
quand vous pourriez me citer quelque exception, ce
ne serait pas sur trois ou quatre exceptions que vous
voudriez établir un système du bonheur général de
la société.

Une maxime fondamentale de la constitution d'Angleterre ordonne que le consentement unanime du
roi, des pairs et des communes soit nécessaire pour
faire une loi. Voilà qui va le mieux du monde; mais
il est inutile d'avoir une maxime fondamentale à laquelle on peut désobéir impunément. Comment les
Anglais ne s'aperçoivent-ils pas que cette unanimité

des trois ordres, pour donner force de loi à un bill,
est extrêmement favorable au roi, puisqu'elle lui
laisse le pouvoir de rejeter tout ce qui lui est contraire, tandis qu'il a d'ailleurs tant de moyens pour
ramener les pairs et les communes à son opinion?
Voilà le danger qu'on court à donner une partie de la
puissance législative à ceux qui sont chargés de la
puissance exécutrice. Mais ce n'est pas tout; et voici
un autre inconvénient de ce mélange des deux autorités : il arrive qu'un roi d'Angleterre, dont on ai-
guillonne sans cesse l'avarice et l'ambition, ne peut
être jugé et puni légalement, s'il viole les devoirs
que vous lui avez prescrits, et que vous ne pouvez
rétablir l'ordre que par une émeute, une commotion
et une guerre civile.

Plus les États sont étendus, plus les abus s'y
glissent facilement; on ne peut nier cette vérité.
Quelque vaste cependant que soit un empire, le
nombre ni l'étendue de ses provinces n'opposent pas
à la politique des obstacles insurmontables, soit
qu'on veuille le réformer, soit qu'on veuille simplement y conserver le bon ordre. Les hommes ont partout la même raison, les mêmes besoins, les mêmes
qualités sociales, et le principe des mêmes passions;
voilà un grand point de réunion. Un législateur habile,
en ne donnant à différentes provinces que les mêmes
lois, le même gouvernement et le même intérêt,
peut n'en former qu'un seul État dont les ressorts et
les mouvements seront réguliers. A force d'art, il

peut opposer aux abus qui naissent dans une société
étendue des magistrats aussi vigilants que ceux d'une
petite république. Il ne faut, pour réussir dans cette
entreprise, que décomposer, pour ainsi dire, un État,
et faire de toutes ses provinces autant de républiques
fédératives. Leur union fera leurs forces au dehors,
et la médiocre étendue de leur territoire fera leur
sûreté au dedans (1).

C'est un vice monstrueux en politique d'avoir séparé l'état du soldat de celui de citoyen. Pour ne pas
craindre les militaires, on est obligé de les traiter en
mercenaires et en sujets; et il est insensé d'avilir, de
dégrader ou de mécontenter les défenseurs de la
patrie.

Dès que le luxe eut en quelque sorte avili la profession des armes, que les fatigues de la guerre parurent insupportables, et qu'on voulut être vo-
luptueux ou puissant à Rome, sans avoir passé par
les différents grades de la milice, il fallut remplir

(1) Une organisation fédéraliste qui tendrait à rompre l'unité
d'une grande nation serait un système politique absurde. Mais
l'idée de Mably n'est point celle-là. Il avait compris qu'il y a deux
éléments pour organiser administrativement et politiquement une
société : la commune et l'État. Pour la commune, ou la république fédérative, suivant son langage, il demande une grande
liberté d'action administrative, parce que l'unité de l'État lui paraît suffisamment assurée par la communauté des intérêts et des
institutions politiques.

les légions de cette populace indigente qu'on n'y avait pas autrefois admise. Ces nouveaux soldats n'eurent plus le même intérêt que les anciens, et la révolution fut prompte. A peine Marius, en portant la guerre contre Jugurtha, eut-il donné l'exemple d'enrôler de ces citoyens qui ressemblent à nos mercenaires, que la république dut sentir qu'elle n'avait plus la même autorité sur ses généraux. Des soldats qui, en quelque sorte n'étaient plus citoyens, furent moins attachés au sénat et à la nation qu'au proconsul qui les commandait. De là les guerres civiles, la ruine de la liberté et l'établissement de la tyrannie. De ces événements nécessaires, et tous liés les uns aux autres, ne faut-il pas conclure que la défense de la patrie ne doit être confiée qu'aux citoyens les plus intéressés à sa conservation? Si la milice, en qui réside la force de la république, n'est pas plus considérée que toute autre classe de citoyens, elle aura de la jalousie, elle aura de la haine, et quelque ambitieux profitera de ces passions pour s'emparer de l'autorité publique. Que les lois ne séparent jamais les fonctions militaires des fonctions civiles : si les premières sont subordonnées aux autres, l'État n'aura que les plus mauvaises troupes du monde; si les secondes, au contraire, sont subordonnées aux premières, les lois civiles seront sans force, et la fortune des citoyens ne sera jamais assurée.

Des troupes mercenaires ne conviennent qu'au pouvoir arbitraire, et ne peuvent s'associer avec la liberté. Pour avoir séparé la qualité de soldat de celle de citoyen, combien les Anglais n'ont-ils pas éprouvé de malheurs dans la guerre qu'ils firent à Charles Iᵉʳ.

A peine l'armée du parlement connut-elle ses forces par ses succès, à peine eut-elle triomphé des royalistes, que son général accabla le parlement et soumit la nation. Tout peuple qui veut être libre doit donc adopter la méthode des Suisses, qui, sans troupes réglées et ramassées de toutes parts, ne distinguent point leurs citoyens de leurs défenseurs.

On m'objectera sans doute, que des soldats levés tous les ans et suivant le besoin n'auront jamais les mœurs, l'esprit et la discipline qu'ils doivent avoir. Vos frontières, dira-t-on, ne seront point respectées par des voisins qui auront des milices uniquement et continuellement occupées de la discipline et des exercices militaires. Je le nie hardiment. Ces milices de citoyens auront une discipline et un courage supérieurs à la discipline et au courage de vos soldats mercenaires, si les lois s'étudient à leur faire aimer leurs devoirs. Quand les fonctions du soldat ne seront pas distinguées de celles du citoyen; quand il faudra passer par les grades de la milice pour parvenir aux magistratures, soyez sûr qu'il s'établira dans l'État de nouveaux principes d'éducation. Vous verrez les jeunes gens se former dans leurs jeux aux exercices militaires, et acquérir sans effort les qualités que vous ne donnez qu'imparfaitement à des soldats qui ont vendu leur liberté et leurs services. Votre nation pourra être vaincue à plusieurs reprises; elle sera cependant indomptable, parce qu'il faudrait l'exterminer pour s'établir sur ses terres, et son courage lui fournira sans cesse de nouvelles ressources. La Pologne a certainement un mauvais gouvernement, tout lui manque pour se faire craindre de ses voisins; on la divise sans peine, on pénètre dans ses provinces, on les ravage. Toujours près de succomber, elle a cependant toujours conservé son indépendance. Pourquoi? C'est que le génie militaire de sa noblesse a suppléé jusqu'à présent à tout ce qui lui manque. Que craindrait cette république si elle avait des lois propres à lui faire aimer la discipline, l'ordre et l'union, et que l'intrigue, la faveur, la force et l'esprit de parti n'y décidassent pas de tout? Qu'une armée ennemie descende sur les côtes d'Angleterre, qu'un nouveau Guillaume gagne deux ou trois batailles, et je suis persuadé que les Anglais seront subjugués sans retour. Des citoyens accoutumés aux seules fonctions civiles, au commerce, à l'agriculture, ne jugeront point que leur liberté soit plus précieuse que leur fortune, et, après une molle résistance, traiteront avec le vainqueur (1).

(1) Ces observations sont remarquables en ce sens, que Mably fait de tout citoyen un soldat, et de tout soldat un citoyen; il veut que les fonctions civiles ne soient point distinguées des fonctions militaires, et qu'on puisse passer des unes aux autres en faisant preuve de capacité. C'est le langage de la justice et de la raison. Seulement Mably donne trop d'importance à l'armée et à la guerre dans les temps modernes. Les peuples subjugués, les nations conquises appartiennent à d'autres époques. L'âge des guerriers sera bientôt passé.

CHAPITRE VIII.

DES RÉVOLUTIONS.

On se persuade trop aisément que les droits de l'homme fussent sans bornes avant l'établissement des sociétés ou qu'il n'eût alors aucun devoir à remplir. Cette doctrine pourrait être vraie pour les premiers moments de la naissance du genre humain, en supposant que les premiers hommes, semblables à l'enfant qui vient de naître, fussent d'abord occupés à essayer, développer, étudier et perfectionner l'usage de leurs sens, d'où devaient naître leurs idées. N'étant, pour ainsi dire, encore que dans la classe des brutes, puisque leur raison ne les éclairait pas, ils obéissaient machinalement au sentiment du plaisir et de la douleur. Il n'y avait alors ni droits ni devoirs; la morale n'était pas née pour ces automates, comme elle n'est point née pour les sauvages qui broutent dans les forêts, ou pour l'enfant qui se joue dans les bras de sa nourrice. Que nous importe cette situation? elle n'est pas la nôtre, et n'a peut-être jamais existé (1).

Mais dès que le sentiment répété du plaisir et de la douleur eut gravé un certain nombre d'idées dans la mémoire; quand les hommes, avec le secours de l'expérience, commencèrent à apercevoir des rapports entre les objets qui les environnaient; quand ils purent réfléchir, comparer et raisonner, est-il vrai que leurs droits fussent sans bornes, et qu'ils ne connussent alors aucun devoir? Pourquoi cette raison naissante ne devait-elle exercer aucune autorité sur des êtres qui commençaient à être raisonnables? Ce que nous appelons le juste et l'injuste, l'honnête et le déshonnête, le bon et le mauvais, tout cela avait-il besoin du secours des lois politiques pour ne leur point paraître égal et arbitraire? Avant toutes les conventions civiles, la bonne foi était distinguée de la perfidie, et la cruauté de la bienfaisance; l'homme était fait de manière qu'il devait éprouver un sentiment de plaisir et de douleur par les actions bienfaisantes ou cruelles de ses pareils, et par là devait se développer cet instinct moral qui honore notre nature.

L'idée du bien et du mal a nécessairement précédé l'établissement de la société : sans ce secours, comment les hommes auraient-ils imaginé de faire des lois? comment auraient-ils su ce qu'il fallait défendre ou ordonner? Une autre philosophie nous con-

(1) Aveu précieux à recueillir. Quelle que soit la tendance de Mably à placer la perfection à l'origine des choses, il ne croit pas cependant à l'homme primitif, à l'homme sauvage de Rousseau. Il sent, malgré le préjugé de son siècle, que l'homme n'a jamais pu vivre hors de la société.

duirait à reconnaître des effets qui n'auraient point
de cause. Si les hommes connaissaient le mal dans
l'état de nature, ils ne pouvaient donc pas tout faire;
leur raison était leur loi et leurs magistrats, leurs
droits étaient donc bornés; s'ils connaissaient le bien,
ils avaient donc des devoirs à remplir. Loin de dégrader notre nature, l'établissement de la société l'a
au contraire perfectionnée. Les lois et toute la machine du gouvernement politique n'ont été imaginées
que pour venir au secours de notre raison presque
toujours impuissante contre nos passions.

De ce principe que je crois incontestable je dois
conclure, si je ne me trompe, que le citoyen est en
droit d'exiger que la société rende sa situation plus
avantageuse. Je conviens que les lois, les traités ou
les conventions que les hommes font en se réunissant en société sont en général les règles de leurs
droits et de leurs devoirs; le citoyen doit y obéir tant
qu'il ne connaît rien de plus sage; mais dès que sa
raison l'éclaire et le perfectionne, est-elle condamnée à se sacrifier à l'erreur? Si des citoyens ont fait
des conventions absurdes; s'ils ont établi un gouvernement incapable de protéger les lois; si en cherchant
la route du bonheur ils ont pris un chemin opposé;
si malheureusement ils se sont laissé égarer par des
conducteurs perfides et ignorants, les condamnerez-
vous inhumainement à être les victimes éternelles
d'une erreur ou d'une distraction? La qualité de citoyen doit-elle détruire la dignité de l'homme? Les
lois faites pour aider la raison et soutenir notre liberté doivent-elles nous avilir et nous rendre esclaves? La société destinée à soulager les besoins des

hommes doit-elle les rendre malheureux? Ce désir immense que nous avons d'être heureux réclame continuellement contre la surprise ou la violence qui nous a été faite. Pourquoi n'aurais-je aucun droit à faire valoir contre des lois incapables de produire l'effet que la société en attend? Ma raison me dit-elle alors que je n'ai aucun devoir à remplir ni pour moi, ni pour la société dont je suis membre?

Notre attribut le plus essentiel et le plus noble, c'est la raison. Elle est l'organe par lequel Dieu nous instruit de nos devoirs, et le seul guide qui puisse nous conduire au bonheur. C'est cette loi éternelle et immuable dont le sénat ni le peuple, dit Cicéron, ne peuvent nous dispenser; elle est la même à Athènes et à Rome; elle subsistera dans tous les temps, et ne pas s'y conformer, c'est cesser d'être homme. Si le gouvernement sous lequel je vis me laissait l'usage libre et entier de ma raison; s'il ne servait qu'à m'affermir dans la pratique des devoirs que je crois essentiels, je sens à merveille que je dois le respecter. Le magistrat remplit les devoirs de l'humanité : le mien est de lui obéir et de voler à son secours quand quelques passions voudront déranger l'harmonie de la société. Mais si par hasard vous vous trouviez dans un pays où l'État fut sacrifié aux passions du magistrat; si le despotisme, ennemi de la nature et jaloux des droits qu'elle nous a donnés, vous conduisait vous et vos concitoyens esclaves comme un fermier conduit les troupeaux de sa ferme, votre raison vous dirait-elle que c'est là la fin merveilleuse que les h‑‑‑‑‑‑ ‑e sont proposée, quand renonçant à leu‑   ‑e naturelle, ils ont formé des gouvernements et des lois?.Quand Dieu vous ordonne d'être homme, n'avez-vous aucun droit à faire valoir contre un despote qui vous ordonne d'être une brute, et votre devoir consiste-t-il à seconder son injustice?

Remarquons que la liberté est un second attribut de l'humanité, qu'elle nous est aussi essentielle que la raison, et qu'elle en est même inséparable. A quoi nous servirait que la nature nous eût doué de la faculté de penser, de réfléchir et de raisonner, si faute de liberté nous étions condamnés à ne pas faire usage de notre raison? Si Dieu avait voulu que la volonté d'un magistrat m'en tînt lieu, il aurait sans doute créé une espèce particulière d'êtres pour remplir cette auguste fonction. Il ne l'a point fait; je dois donc être libre dans la société. Les lois, le gouvernement, les magistrats ne doivent donc exercer dans le corps entier de la société que le même pouvoir que la raison doit exercer dans chaque homme. Ma raison m'a été donnée pour diriger, régler et tempérer mes passions, m'avertir de leurs erreurs et les prévenir. Voilà quel est aussi le devoir du gouvernement; car les hommes n'ont fait des lois et des magistrats, et ne les ont armés de la force publique que pour prêter un nouveau secours à la raison particulière de chaque individu, affermir son empire chancelant sur les passions, et, par une espèce de prodige, les rendre aussi utiles qu'elles pourraient être pernicieuses.

Après ces réflexions sur la nature de l'homme dont je ne vous offre que l'ébauche, m'est-il possible de jeter les yeux sur les folies que nous honorons du

beau nom de police et de gouvernement, et de m'a-
veugler jusqu'au point de croire que les devoirs du
citoyen soient de s'abandonner au torrent de l'erreur,
et que son seul droit soit de souffrir patiemment des
injustices? Que veulent dire ces flatteurs des cours
quand ils recommandent un respect aveugle pour le
gouvernement auquel on est soumis? Je suppose que
les premiers hommes, encore sans expérience, et par
conséquent peu éclairés, se méprirent dans l'arrangement de leurs lois et de leur gouvernement; ils
devaient donc se regarder comme irrévocablement
assujettis à la première police politique qu'ils avaient
établie. Il me semble que ce serait imposer une loi
bien insensée à des êtres que la nature a doués d'une
raison lente à se former, sujette à l'erreur, et qui n'a
que le secours de l'expérience pour se développer et
se conduire avec sagesse. Je demande à ces partisans
de tout gouvernement actuel, s'ils refuseront impi-
toyablement aux Iroquois le droit de réparer leurs
sottises et de se policer quand ils commenceront à
rougir de leur barbarie: Si un Américain a droit de
réformer le gouvernement de ses compatriotes, pourquoi un Européen n'aurait-il pas aujourd'hui le même
privilége, si ses concitoyens croupissent encore dans
leur première ignorance, ou qu'après avoir connu les
vrais principes de la société, le temps et les passions,
qui altèrent tout, les leur aient fait oublier? S'est-on
avisé de traiter Lycurgue de brouillon et de séditieux,
parce que sans avoir commission de faire des lois, il
réforma le gouvernement de Sparte, et fit de ses
compatriotes le peuple le plus vertueux et le plus
heureux de la Grèce?

Je ne connais que les pays soumis depuis quelques générations aux volontés capricieuses et momentanées d'un despote, dans lesquels il n'arrive et ne peut arriver aucune révolution. L'ignorance est dans les esprits ; les plaintes, les murmures sont secrets ; les cris des esclaves sont étouffés par la crainte, la plus impérieuse et la plus stupide des passions : chaque homme ne voit donc, ne sent donc que sa faiblesse ou plutôt son néant ; et c'est pourquoi les événements les plus importants, tels que des guerres malheureuses, la déposition du prince, les meurtres de ses visirs, la révolte des soldats, qui devraient changer la face de la Turquie et donner un nouveau cours aux passions, ne produisent aucun changement au dehors du sérail. Mais dans tout État qui, n'étant pas encore arrivé à ce terme immuable de calamité, soupçonne qu'il peut y avoir des lois parmi les hommes, et qu'il est plus avantageux d'y obéir qu'aux caprices d'un maître, la puissance souveraine, qu'il est permis de considérer sans frissonner de crainte, est exposée à recevoir des secousses, fruit des passions du citoyen, des magistrats ou du monarque, et des mesures plus ou moins efficaces que le gouvernement a prises pour perpétuer et affermir son autorité. Quoique le corps de la nation ne soit pas lui-même son propre législateur, il lui reste encore une sorte de considération qu'il doit à sa fierté et qui le fait craindre et respecter. En un mot, tant que la puissance souveraine tend à faire de nouveaux progrès, elle peut trouver des obstacles ; elle peut être retardée dans sa marche, elle peut par conséquent être ébranlée et déplacée. Je crois alors les révolutions encore possibles : un bon citoyen doit donc espérer ; et il est obligé, suivant son état, son pouvoir et ses talents, de travailler à rendre ces révolutions utiles à sa patrie.

Un peuple souverain, qui fait lui-même les lois auxquelles il se soumet, obéirait bientôt à un monarque absolu, ou à quelques familles privilégiées, s'il cessait d'affermir continuellement sa liberté, et de réparer les torts insensibles qu'on fait à sa constitution ; car les magistrats établis pour veiller à l'exécution des lois ont un avantage considérable sur les simples citoyens, souvent distraits de la chose publique, et qui doivent obéir. Ne doutez donc pas à plus forte raison, que si les sujets d'une monarchie, telle, par exemple, que la France, sont assez inconsidérés pour s'abandonner sans précaution au cours des événements et des passions, le despotisme, de jour en jour plus libre dans ses entreprises, ne fasse des progrès continuels. Un Anglais a fort bien dit que si la peste avait des charges, des dignités, des honneurs, des bénéfices et des pensions à distribuer, elle aurait bientôt des théologiens et des jurisconsultes qui soutiendraient qu'elle est de droit divin, et que c'est un péché de s'opposer à ses ravages. Faites encore attention, je vous prie, que les passions les plus favorables au succès du despotisme, telles que la crainte, la paresse, l'avarice, la prodigalité, l'amour des dignités et du luxe, sont aussi communes que le courage de l'âme, la modestie dans les mœurs, le goût de la frugalité et du travail, et l'amour du bien public sont rares.

Tandis qu'un peuple libre ne s'occupe pas assez du

danger qui le menace, et s'endort quelquefois avec
trop de sécurité; tandis que les grands d'une monarchie courent au-devant de la servitude, et que de
petits bourgeois orgueilleux croient augmenter leur
état en imitant le langage et la bassesse des courtisans, il est du devoir des honnêtes gens de faire
sentinelle, et de venir au secours de la liberté, si
elle est sourdement attaquée, ou d'élever des barrières contre le despotisme. Commençons par ne pas
croire que ce qu'on fait doive être la règle de ce qu'il
faut faire, que notre gouvernement est très sage
dans ses principes, et qu'il ne s'agit que d'en corriger les abus. C'est là une des erreurs les plus générales et les plus dangereuses pour la société. Elle a
été un des obstacles éternels aux progrès de presque
tous les gouvernements : c'est vouloir sur un plan
bizarre élever un édifice régulier. Les hommes en
vérité sont trop stupides! Voulez-vous arrêter le
cours du mal, remontez à la source qui le produit.
Voulez-vous dessécher ce bassin, commencez par
détourner les eaux qui s'y rendent. Ce qu'imaginent
les paysans les plus grossiers, nos politiques les plus
habiles n'ont pas l'esprit de le penser. Pour réprimer
des abus qui découlent nécessairement de tel ou de
tel gouvernement, ils se contenteront de porter une
loi qui les défende.

Ne croupissons pas dans une monstrueuse ignorance. Que les gens de bien travaillent à dissiper ces
préjugés qui, comme autant de chaînes, nous attachent au joug. Tâchons de faire connaître aux derniers des hommes leur dignité. Que l'étude des lois
naturelles ne soit pas méprisée. Éclairons-nous. Des

citoyens instruits de leurs droits et de leurs devoirs imposeront à un gouvernement qui s'est rendu déjà assez puissant pour violer les lois, ou ne souffrir qu'avec peine les plus légères contradictions. Si le public estime et considère les patriotes, les magistrats d'une république seront eux-mêmes de zélés protecteurs de la liberté; il se formera parmi eux des tribuns. Au milieu même des agitations que peut encore éprouver une monarchie, des sujets amis de l'autorité des lois gagneront du terrain si la nation est éclairée; au lieu que le despotisme profitera toujours des révolutions pour appesantir le joug sur des sots et des ignorants.

Une nation ne se corrigera jamais de ses vices sans désirer d'abord avec ardeur un changement; et elle ne peut souhaiter un changement qu'autant que ses lumières la mettent à portée de connaître ce qui lui manque, et de comparer sa situation présente à une autre situation plus avantageuse. Si elle ne connaît pas les vérités les plus importantes de la société, son objet, sa fin et les moyens, en un mot, les plus capables d'assurer le bien public et de faire fleurir l'État, elle fera au hasard des changements qui, sans la rendre moins malheureuse, ne feront que changer la nature de ses maux; elle s'accoutumera à croupir dans sa misère, et, faute de savoir prendre un parti, deviendra enfin incapable de se corriger. Un peuple ignorant éprouvera en vain les événements les plus favorables : il ne sait profiter de rien. Au milieu des mouvements nécessaires pour faire des révolutions et produire le bien, il obéit à la fortune au lieu de la diriger, et il ne sera que las, ennuyé et fatigué; il est sans vœux, sans projets, sans idée du mal, du bien, du mieux, et le poids de l'habitude le ramènera au même point où il était auparavant.

On veut que le peuple soit ignorant; mais remarquez qu'on n'a cette fantaisie que dans les pays où l'on craint la liberté. L'ignorance est commode pour les gens en place : ils dupent et oppriment avec moins de peine. On appelle le peuple insolent, parce qu'il n'a pas toujours la complaisance de souffrir que les grands le soient. Il est indocile, et l'on veut le punir parce qu'il refuse d'être une bête de somme. Pour prévenir je ne sais quelles prétendues commotions, qui ne sont dangereuses que quand on n'a pas l'esprit d'en tirer parti, est-il sage de s'exposer aux injustices d'un gouvernement qui se croira tout permis, lorsqu'il aura lieu d'espérer une entière impunité? Je crois, en effet, que si les citoyens sont bien sots, bien stupides, bien ignorants, ils vivront dans le repos : mais quel cas devons-nous faire de ce repos? Il ressemble à cet engourdissement qui lie les facultés d'un paralytique : votre citoyen, vil mercenaire, servira l'État comme un laquais vous sert; il obéira parce que la patience et la continuité de sa misère l'auront abruti. Mais est-ce cet engourdissement, cette patience imbécile et ce malheureux repos, semblable à la mort, que les hommes se sont proposés en se réunissant? Est-ce là ce qui fait le bonheur et la force de la société? Voulez-vous que de froides momies deviennent de bons citoyens?

Vous autres Français, me disait un jour un Anglais, vous vous croyez perdus quand tous vos jours ne se ressemblent pas. Vous n'arrivez jamais à

Londres sans croire avoir essuyé une tempête dans la traversée de Calais à Douvres : c'est que vous n'avez pas le pied marin. De même vous ne voyez jamais chez vous la moindre agitation, le moindre murmure, sans imaginer que vous êtes à la veille de vous égorger dans une guerre civile : c'est que, occupés sérieusement de vos goûts frivoles, vous ne savez pas le premier mot de ce qui fait le véritable bien de la société. J'ai ouï dire que dans les derniers différends de votre clergé avec le parlement, vous vous croyiez dans l'anarchie la plus monstrueuse, parce que de misérables colporteurs criaient à la fois dans les rues des arrêts opposés du parlement et du conseil. Vous vous estimiez très malheureux, et moi je disais : Que Dieu bénisse ce commencement de prospérité; l'esprit des Français commence à s'éclairer. De petites divisions sont nécessaires pour remonter leur âme; nous nous piquerons d'honneur en Angleterre, et, pour conserver notre supériorité, nous ferons quelque effort pour perfectionner notre gouvernement. Je voyais que nos plus grands politiques étaient déjà inquiets et jaloux des progrès que vous alliez faire.

Un homme habile dans la connaissance du cœur humain se gardera bien d'aspirer à un repos qui pétrifie les citoyens, et qui détruit nécessairement les lois. Laissons cette sottise à un despote qui ne peut se résoudre à abandonner le pouvoir arbitraire dont il jouit, et qui; ne pouvant cependant se dissimuler les dangers auxquels il est exposé, ne sent que sa faiblesse au milieu de sa grandeur, et craint tout ce qui l'environne. Il faut du mouvement dans le corps politique, ou ce n'est qu'un cadavre. Avec votre grand

20.

amour pour l'ordre et le repos, que n'établissez-vous donc pour principes que les lois ne sont rien devant le roi? Que ne condamnez-vous vos parlements à se taire? Que ne traitez-vous leurs très humbles remontrances de libelles séditieux? Vous jouiriez alors de cette, bienheureuse stupidité qui règne dans les États florissants du Grand Seigneur. Craignez les passions; mais que cette crainte ne vous porte pas à vouloir les étouffer : vous iriez contre le vœu de la nature; contentez-vous de les tempérer, de les régler, de les diriger : voilà pourquoi elle nous a donné une raison.

Quels biens les querelles éternelles des patriciens et des plébéiens n'ont-elles pas produits autrefois dans la république romaine ! Si le peuple avait préféré le repos à tout, il aurait été bientôt esclave de la noblesse, et nous ignorerions aujourd'hui jusqu'au nom des Romains. Leurs divisions, au contraire, portèrent le gouvernement au plus haut degré de perfection ; elles excitèrent l'émulation entre les citoyens. Les lois seules régnèrent, les âmes devinrent fortes, et voilà ce qui fait la force des États. Aucun talent ne fut perdu ; le mérite perçait, se mettait à la place qui lui était due, et la république, pleine de bons citoyens et de grands hommes, fut heureuse au dedans et respectée au dehors. Après cet exemple, vous citerai-je l'Angleterre, qui doit son bonheur à cette fermentation qu'on regarde comme un mal? Intimidés par Henri VIII, et séduits par les talents d'Élisabeth, qui accoutumait et façonnait les Anglais à la servitude en les rendant heureux (1), ne dépendraient-ils

(1) Mably a tort d'employer ici le mot heureux. Il confond les

pas aujourd'hui d'un Stuart, de sa maîtresse ou de son ministre, si leurs pères avaient eu assez peu de sens pour préférer leur repos à la liberté ?

La guerre civile elle-même est quelquefois un grand bien. Ne vous scandalisez pas ; je vais vous développer ma pensée que je vous ai dite par malice trop brusquement et trop crûment. La guerre civile est un mal dans ce sens, qu'elle est contraire à la sûreté et au bonheur que les hommes se sont proposés en formant des sociétés, et qu'elle fait périr bien des citoyens ; de même que l'amputation d'un bras ou d'une jambe est mal pour moi, parce qu'elle est contraire à l'organisation de mon corps et me cause une douleur cuisante. Mais quand j'ai la gangrène à la jambe ou au bras, cette amputation est un bien. Ainsi la guerre civile est un bien lorsque la société, sans le secours de cette opération, serait exposée à périr dans la gangrène, et, pour parler sans métaphore, courrait risque de mourir du despotisme. Quand la guerre civile est l'ouvrage de l'anarchie, c'est-à-dire quand les citoyens, sans mœurs, sans connaissance de leurs droits et de leurs devoirs, méprisent et haïssent autant les lois que les magistrats ; qu'on se soulève contre le châtiment, parce qu'on veut être un scélérat sans crainte ; que le plus adroit peut tout oser, tout entreprendre, tout exécuter : dans ces circonstances, la guerre civile est un très grand mal. Ce n'est plus une opération qui puisse

---

voluptés matérielles et le bonheur. Le bonheur pour l'homme est où est la vie. Or elle n'est certes pas dans l'abrutissement d'un repos imbécile.

rendre la santé. La gangrène a déjà infecté toute la masse du sang, la mort est déjà répandue dans chaque membre du corps : ce serait tourmenter, sans espérance de succès, un agonisant qui ne veut qu'expirer sans douleur et sans convulsions.

Il n'en est pas de même des guerres civiles qu'allument l'amour de la patrie, le respect pour les lois, et la défense légitime des droits, de la liberté d'une nation. Les guerres de César, de Pompée, d'Octave et d'Antoine étaient une sottise ; quel que fût le vainqueur, un maître devait se mettre à la place des lois qui ne subsistaient plus. Tous ces citoyens ambitieux et leurs complices, qui parurent alors à la tête des affaires, se seraient mutuellement exterminés : il serait né d'autres tyrans de leurs cendres. Mais regardez-vous du même œil la guerre que soutinrent les Provinces-Unies pour se soustraire à la domination de Philippe II? Le remède était dur, j'en conviens ; mais il m'est salutaire, mais il m'est nécessaire de me couper un bras ou une jambe pour me sauver la vie. On ne persuaderait pas aisément aux Hollandais que leurs pères, à jamais célèbres par leur courage, leur constance et leurs travaux, ont eu le plus grand tort du monde d'acheter aux dépens des dangers et des maux inséparables de la guerre civile la liberté dont ils jouissent aujourd'hui.

Ce qui doit nous consterner, c'est cette langueur, cet anéantissement, cette stupidité, cette solitude, cette dévastation lente, vaste et perpétuelle que produit notre despotisme d'Europe, et qui semble anéantir une nation. Une guerre civile causât-elle plus de maux, ces maux sont du moins passagers, et, en se-

couant l'âme, ils lui donnent le courage nécessaire
pour les supporter. Je me rappelle ce que dit un
écrivain célèbre, que jamais un peuple n'est plus
fort, plus respecté ni plus heureux qu'après les agitations d'une guerre domestique. Les Corses semblent devenir une nation nouvelle depuis que l'a-
mour de la liberté leur a mis les armes à la main. Si
l'on ne devient pas toujours meilleur citoyen au milieu
des troubles, les lumières du moins et les talents se
multiplient, et les âmes acquièrent une certaine fierté.
Voyez ce qu'était la France après que Henri IV eut
triomphé de la Ligue. C'est peut-être notre Fronde,
dont les héros cependant avaient bien peu de sens,
qui rendit à la nation cette activité et cette noblesse
que le ministère du cardinal de Richelieu avait al-
térées, qui a fait tout l'éclat du dernier règne, et dont
des ministres, plus sages que ceux de Louis XIV, auraient tiré un parti plus avantageux.

Il entre certainement du préjugé dans la différence qu'il nous plaît d'établir entre la guerre domestique et la guerre étrangère. J'aime à remonter
à l'origine de ce préjugé.

Tous les peuples, grâce à leur ignorance dans le
droit naturel et à leurs passions, sont naturellement
portés à penser comme les premiers Romains, qui ne
distinguaient point un étranger ou un voisin d'un
ennemi? Les historiens, les poëtes et les orateurs
sont partis de ces opinions populaires et peu réflé-
chies ; ils nous représentent la guerre étrangère sous
l'image de gloire et de conquêtes, tandis qu'ils ne
parlent de la guerre civile qu'avec les noms odieux
de désordre, d'injustice et de confusion. Voilà nos

premiers maîtres dans un âge où la raison qui n'est
pas encore formée reçoit comme des vérités toutes
les erreurs qu'on lui présente; et dans la suite on
présume qu'ils ont réfléchi à ce qu'ils écrivent, parce
qu'ils s'expriment avec agrément : on les croit sur
leur parole, et j'en ai été la dupe comme tout le
monde.

Dans la vérité, toute espèce de guerre est également pernicieuse à l'humanité; l'étrangère n'est pas
moins funeste à la société générale que la domestique
à la société particulière; et certainement les intérêts
des deux sociétés sont égaux aux yeux de Dieu, qui
n'a pas créé les hommes pour se haïr et se déchirer
quand ils seraient séparés par une rivière, des montagnes, ou un bras de mer. Mais si par une suite
malheureuse de l'empire qu'exercent les passions, la
guerre étrangère est quelquefois utile, si le droit naturel la rend même quelquefois nécessaire, car elle
est quelquefois le seul moyen qu'ait un État pour
repousser une injure, obtenir ce qui lui appartient
légitimement, et prévenir sa ruine; je demanderai
qu'après avoir calmé son imagination, comme je suis
parvenu à calmer la mienne, on me dise pourquoi la
guerre, civile de même que la guerre étrangère, ne
serait pas quelquefois autorisée par la morale la plus
exacte. Un ennemi étranger qui veut subjuguer un
peuple, ou qui refuse de réparer les torts qu'il lui a
faits, est-il plus coupable qu'un ennemi domestique
qui veut l'asservir, ou qui méprise ouvertement ses
lois? Tous deux ne commettent-ils pas une injustice?
Si la raison les condamne également, pourquoi per-
mettrait-elle de repousser l'un par la force, et défen-

drait-elle de résister à l'autre? Est-il plus avantageux pour une nation de disputer aux dépens du sang
de cent mille hommes une ville en Europe et quelques déserts en Amérique, ou de faire respecter son
pavillon sur mer et ses ambassadeurs dans une cour
étrangère, qu'il ne lui importe d'avoir un gouvernement sous lequel le citoyen jouisse avec sécurité de
sa fortune, et ne craigne rien quand il n'a pas violé
les lois?

Un citoyen vertueux peut faire avec justice la
guerre civile, puisqu'il peut y avoir des tyrans, c'est-
à-dire, des magistrats qui prétendent exercer une
autorité qui ne peut et nedoit appartenir qu'aux lois.
Regarder toujours la guerre civile comme une injustice, inviter les citoyens à ne jamais opposer la force
à la violence, c'est la doctrine la plus contraire aux
bonnes mœurs et au bien public. Convenons que les
gens qui sont chargés parmi nous de nous enseigner
les règles de nos devoirs ont des vues bien courtes
et bien misérables; ils ne s'aperçoivent pas, ou, pour
flatter les puissances, ils ne veulent pas s'apercevoir
que condamner les sujets à une patience éternelle et
inaltérable, c'est porter les princes à la tyrannie et
leur en aplanir le chemin. Si un peuple ne se croyait
point en droit de se défendre contre des étrangers
qui l'attaqueraient, il serait certainement subjugué.
Une nation qui ne veut jamais résister à ses ennemis domestiques doit donc être naturèllement opprimée; or je voudrais que nos théologiens m'expli-
quassent pourquoi Dieu prend sous sa protection les
ennemis domestiques des nations, et livre les ennemis étrangers à notre ressentiment. Si le droit de la

force n'est pas le plus sacré des droits, s'il subsist
parmi les hommes quelque principe de raison et d
morale, la justice permet donc de recourir aux ar
mes pour résister à un oppresseur qui viole les lo
ou qui en abuse avec adresse pour usurper un pou
voir arbitraire.

Si un peuple disait à son monarque : « Nous nou
engageons par serment à ne respirer, ne boire et n
manger que par vos ordres et avec votre permission,
que penseriez-vous de la validité d'un pareil contrat
Mais supposons que ce peuple tînt cet autre lan
gage : « Nous nous soumettons, grand, auguste
sage monarque, à toutes vos volontés, et vous conf
rons librement, et parce que nous le voulons, tou
la puissance que la nation entière possède. Tout
les lois vous obéiront désormais ; vous êtes le maît
de les interpréter, de les abroger, d'y ajouter et d'
déroger selon votre bon plaisir, certaine science
pleine puissance ; ôtez, donnez, reprenez, redonn
les emplois à votre fantaisie ; disposez arbitraireme
des forces du royaume ; faites la guerre ou la pai
levez des tributs comme il vous plaira : tout pouvoi
est en vous, nul pouvoir n'est hors de vous. »

Voilà, si je ne me trompe, une concession asse
ample. Mais quand le despote ignorant ne saura c
qu'il doit faire, ou que commençant à gouverner s
lon l'intérêt de ses passions, il retirera ses esclave
de leur engouement ou de leur ivresse, croyez-vou
s'il leur reste quelque moyen de sortir de l'abîme
ils se sont précipités, que leur raison doive leur dir
qu'ils sont irrévocablement condamnés à n'avoir plus
le droit d'aspirer à être heureux ? Devant quel tribu-

nal suffira-t-il de deux ou trois mauvaises phrases pour détruire la vérité et la justice, renverser tous les droits de la nature, et bouleverser toutes les notions de la société! Non, non, c'est un acte de raison, et non pas un acte de folie, qui peut lier un être raisonnable! C'est un acte de folie que celui par lequel on ne prendrait aucune sûreté contre les passions ou la sottise d'un prince. C'est un acte de folie que celui par lequel des hommes, en formant une société, dérogeraient précisément à la fin essentielle de la société, qui est de conserver leur vie, leur liberté, leur bien? Le magistrat civil, dans tous les pays policés, annule les contrats passés dans un accès de démence; il casse les conventions injustes et scandaleuses que deux citoyens ont faites entre eux; et la raison, suprême magistrat des peuples et des princes, défend d'obéir aux pactes ridicules qui blessent la sainteté de ses lois.

Un pareil acte est nécessairement illusoire, parce qu'il est évidemment déraisonnable : pour lui donner quelque sorte de validité, il faut lui donner quelque sorte de raison; il faut supposer qu'il renferme quelque clause tacite, présumée et sous-entendue; et cette clause, c'est sans doute que le prince usera de son pouvoir pour travailler au bonheur de ses sujets (1). Ne croyez pas que ce soit là une pure suppo-

(1) Ce que Mably dit ici de la royauté absolue s'applique à merveille au mandat des représentants élus par le suffrage universel. On dit qu'ils ont tout pouvoir, puisqu'ils sont les délégués du souverain. Oui, s'ils en usent bien. Cette toute-puissance n'a pu leur être donnée que pour faire le bonheur du peuple qui les nomme. Dès qu'ils manquent à ce devoir, elle

sition de ma part, une subtilité de jurisconsulte; c'est une vérité constante, puisque dans aucune occasion, dans aucune circonstance, dans aucun temps, dans aucun instant, les sujets n'ont pu se séparer du désir d'être heureux : leur contrat est donc conditionnel, quoique la condition ne soit pas exprimée; et dès lors ils ne sont obligés d'y obéir qu'autant que le prince de son côté y est religieusement attaché.

Quand l'acte constitutif du gouvernement serait aussi sage qu'il peut l'être, la nation n'en serait pas moins en droit de reprendre l'autorité qu'elle aurait confiée à ses magistrats, et d'en faire le partage suivant un nouveau plan et de nouvelles proportions. Elle pourrait peut-être manquer de prudence, en dérangeant un ordre dont elle se trouve bien, mais elle ne pécherait pas contre la justice: La preuve en est simple et claire. Le vrai caractère de la souveraineté, son attribut essentiel, ainsi que l'ont démontré cent fois tous les jurisconsultes, c'est l'indépendance absolue, ou la faculté de changer ses lois, suivant la différence des conjonctures et les différents besoins de l'État. Il serait en effet insensé de penser que le souverain pût se lier irrévocablement par ses propres lois, et déroger d'avance aujourd'hui à celles qu'il croira nécessaires d'établir demain. Le peuple, en qui réside originairement la puissance souveraine; le peuple, seul auteur du gouvernement politique, et distributeur du pouvoir confié en masse ou en diffé-

disparaît; car il n'est pas plus permis à un peuple d'autoriser ses délégués à lui nuire qu'à un homme de donner à un autre homme le droit de le tuer.

rentes parties à ses magistrats, est donc éternellement en droit d'interpréter son contrat, ou plutôt
ses dons, d'en modifier les clauses, de les annuler,
et d'établir un nouvel ordre de choses.

Eh! plût à Dieu, les révolutions fussent-elles
moins rares et moins difficiles! Nous autres philosophes, descendons en nous-mêmes, examinons-
nous de bonne foi, et nous rougirons de nous trouver
presque toujours d'assez plats routiniers. Une nation
s'accommode souvent d'un gouvernement bizarre et
vicieux dont tous les ressorts se contrarient; comment penserait-elle à changer un gouvernement qui
ne la rend pas malheureuse? Plus d'États ont dû leur
ruine ou des malheurs passagers à l'attachement opiniâtre qu'ils ont eu pour leurs coutumes ou leurs
lois, qu'à la passion de les changer. Parcourez l'histoire, et montrez-moi des peuples qui soient tombés
dans l'anarchie à force de changer leur gouvernement : c'est parce qu'ils sont routiniers, qu'ils ou-
blient au contraire, et perdent enfin leurs lois fondamentales. De simples coutumes introduites par le
temps, le besoin des circonstances, ou la négligence
et les passions des magistrats, acquièrent peu à peu
de l'autorité; elles n'en ont pas assez pour faire taire
les lois, et les lois, quoique languissantes, ont encore assez de force pour lutter contre les coutumes,
et c'est alors, et de cette seule manière que les nations tombent dans l'anarchie.

Puisque les hommes, toujours portés à la tyrannie
ou à la servitude par leurs passions, sont assez méchants ou assez sots pour faire des lois injustes et
absurdes, quel autre remède peut-on appliquer à ce

mal que la désobéissance ? Il en naîtra quelques troubles ; mais pourquoi en être effrayé ? Ce trouble est lui-même une preuve qu'on aime l'ordre et qu'on veut le rétablir. L'obéissance aveugle est, au contraire, une preuve que le citoyen hébété est indifférent pour le bien et pour le mal, et dès lors que voulez-vous espérer ? L'homme qui pense travaille à affermir l'empire de la raison ; l'homme qui obéit sans penser se précipite au-devant de la servitude, parce qu'il favorise le pouvoir des passions.

Ces petits troubles qui vous alarment sont, il est vrai, un inconvénient ; mais ils sont accompagnés d'un avantage qui fait la sûreté et le salut de l'État. Voilà les tribuns, à Rome, qui ont quelquefois eu tort, et mis quelquefois des obstacles à des entreprises salutaires ; mais en s'opposant constamment à la tyrannie des patriciens et à l'ambition du sénat, ils ont conservé la dignité du peuple, qui a fait la dignité de la république. Ils ont affermi les lois et empêché qu'elles ne devinssent oppressives ; ils ont animé le courage et l'émulation, et procuré aux citoyens tous les biens dont ils ont joui. Que de choses on approuverait qu'on prend la liberté de blâmer, si l'on se donnait la peine de les examiner par toutes leurs faces ; de voir, non pas seulement leurs rapports et leurs effets les plus prochains, mais les plus éloignés !

Nous voudrions des biens sans mélange, et cependant c'est une grande folie d'en espérer de tels, puisque la société n'est composée que d'hommes, c'est-à-dire de matériaux très imparfaits. Contentons-nous de l'espèce de perfection à laquelle la nature nous a permis d'atteindre, et des moyens qu'elle nous a donnés pour y parvenir : le moindre mal. Voilà notre plus grand bien. Dans le physique comme dans le moral, la nature a attaché je ne sais quelle amertume aux remèdes ; faut-il pour cela refuser d'y recourir, ou faire, en les prenant, les grimaces d'un enfant?

L'empire absolu du magistrat sur le citoyen, et des lois sur le magistrat, est indispensable pour parvenir à ce bonheur qui est la fin de la société. Tous les anciens l'ont pensé, et le bon sens le crie à tout le monde. Par quels arguments contesteriez-vous donc au citoyen d'un État mal gouverné, où les lois sont flottantes et l'autorité des magistrats accablante ou incertaine, le droit de faire tout ce qui dépend de lui pour conduire et porter ses compatriotes à cette administration que nous désirons. Convenons franchement de ce droit, ou bien osons dire qu'il est du devoir d'un citoyen qui aime sa patrie de trahir l'intérêt le plus essentiel de la société..... Non! il est du devoir d'un citoyen d'user de ce droit : je crois en honneur qu'il ne peut s'en dispenser sans trahison.

La raison dont la nature nous a doués, la liberté dans laquelle elle nous a créés, et ce désir invincible du bonheur qu'elle a placé dans notre âme, sont trois titres que tout homme peut faire valoir contre le gouvernement injuste sous lequel il vit. Un citoyen n'est ni un conjuré ni un perturbateur du repos public, s'il propose à ses compatriotes une forme de politique plus sage que celle qu'ils ont adoptée librement, ou que les événements, les passions et les circonstances ont insensiblement établie. J'en tire la

Lightning Source UK Ltd.
Milton Keynes UK
UKHW020506070119
334942UK00007B/754/P